REPÈRES
PRATIQUES
NATHAN

Le précis d'orthographe

Christian De Marez
Francis Desmarchelier
Danielle Gonifei

THEODORE LOWNIK LIBRARY
BENEDICTINE UNIVERSITY
5700 COLLEGE ROAD
LISLE, IL 60532-0900

NATHAN

G.EVERLING
ARLON

914.4
R425
v. 10

THEODORE LOWNIK LIBRARY
BENEDICTINE UNIVERSITY
5700 COLLEGE ROAD
LISLE, IL 60532-0900

DANGER

LE
PHOTOCOPILLAGE
TUE LE LIVRE

"Le photocop.
de la photocop.
et des éditeurs.
Largement répandu
d'enseignement, le ph.
l'avenir du livre, car il n.
équilibre économique. Il prive.
juste rémunération.
En, dehors de l'usage privé du cop.
reproduction totale ou partielle de cet .
est interdite".

©Éditions Nathan, Paris France, 199
I.S.B.N. 2-09-177-686-6.

Mode d'emploi

☐ Pour trouver la réponse à un problème :

— Vous hésitez sur un accord, sur l'orthographe d'un mot ou un signe orthographique : consultez l'**index page 158**.

— Vous hésitez sur la terminaison d'un verbe : consultez la **liste des principaux verbes page 157**.

☐ Chaque double page fait le point sur une notion.

La notion   L'explication

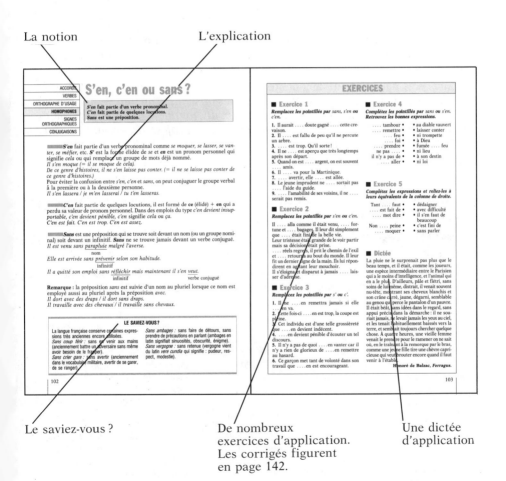

Le saviez-vous ?

De nombreux exercices d'application. Les corrigés figurent en page 142.

Une dictée d'application

ACCORDS

VERBES

ORTHOGRAPHE D'USAGE

HOMOPHONES

SIGNES
ORTHOGRAPHIQUES

CONJUGAISONS

Nom masculin ou féminin ?

Le masculin se reconnaît aux articles *le, un* placés devant le nom.
Le féminin se reconnaît aux articles *la, une* placés devant le nom.
Les noms désignant des êtres humains ou des animaux ont généralement
un féminin et un masculin. Les autres noms n'ont qu'un genre, que l'on
reconnaît souvent au suffixe du nom.

Généralement, pour les êtres humains ou les animaux, le féminin se distingue du masculin par un *e* final : *un cousin, une cousine ; un Anglais, une Anglaise.*

Pour certains noms, le féminin se distingue du masculin par une terminaison différente : *un musicien, une musicienne ; un vendeur, une vendeuse ; un rédacteur, une rédactrice ; un prince, une princesse ; un canard, une cane.*

D'autres noms ont la même forme au masculin et au féminin.
Seul l'article permet de distinguer le genre : *un secrétaire, une secrétaire ; un touriste, une touriste ; un pensionnaire, une pensionnaire.*

Certains mots masculins désignent aussi bien un homme qu'une femme. Il s'agit surtout de noms de profession. En voici quelques-uns : *un acquéreur, un assassin, un auteur, un censeur, un détracteur, un écrivain, un homme d'État, un imposteur, un maire, un médecin, un possesseur, un procureur, un professeur, un sauveur, un successeur, un témoin, un vainqueur.*

De même certains noms féminins désignent des hommes ou des femmes :
une canaille, une vedette, une recrue, une idole, une personnalité.

Si le suffixe du nom est l'un des suivants, le nom est masculin : *-age, -aire, -ement, -ier, -illon, -in, -is, -isme, -oir, -teur.*

Si le suffixe du nom est l'un des suivants, le nom est féminin : *-ade, -aie, -aille, -aine, -aison, -ance, -ande, -ée, -ie, -ille, -ise, -ison, -itude, -oine, -té, -tion, -trice, -une.*

LISTE DE NOMS SUR LE GENRE DESQUELS ON HÉSITE

Sont masculins :

un abîme	un antidote	un haltère	un ivoire	un planisphère
un armistice	un éclair	un harmonica	un jade	un sépale
un ambre	un effluve	un hémisphère	un mausolée	un solde
un apogée	un épisode	un hymne	un pétale	un tentacule
un astérisque	un escompte	un insigne	un pétiole	
un arôme	un emblème	un intervalle	un rail	

Sont féminins :

des alluvions	une ébène	une équivoque	une omoplate	une réglisse
une amnistie	une ecchymose	une espèce	une orbite	une vésicule
une anagramme	une écritoire	une estafette	une oasis	une vis
une atmosphère	une encaustique	une gemme	une oriflamme	
une autoroute	une épigramme	une mandibule	une otarie	
une chrysalide	une équerre	une octave	une primeur	

■ Exercice 1

Notez le féminin des mots suivants :

un conducteur . . . .
un paysan . . . .
un épicier . . . .
un serviteur . . . .
un héros . . . .
un artiste . . . .
un compagnon . . . .

■ Exercice 2

Mettez un ou une devant les noms en italique.

1. . . . . *amnistie* a suivi l'élection du président de la République.
2. Elle a acheté un tissu doux et léger comme . . . . *pétale* de rose.
3. Les écologistes allemands ont protesté contre la construction d'. . . . *autoroute* traversant une forêt.
4. La pepsine est . . . . *enzyme* du suc gastrique.
5. . . . . *trophée* superbe récompense le vainqueur du tournoi de tennis d'Anvers.
6. Ils admiraient une statuette faite dans . . . . *ivoire* et . . . . *ébène* de qualité exceptionnelle.
7. Il avait pu obtenir . . . . *interview* de cette célèbre actrice.
8. Existe-t-il . . . . *antidote* contre ce poison ?
9. Chacun doit porter au revers de sa veste . . . . *insigne* indiquant son club sportif.

■ Exercice 3

Accordez les adjectifs avec le nom auquel ils se rapportent.

1. Son omoplate est déboîté. . : il ne pourra participer à la compétition.
2. L'exode général. . des touristes au moment des vacances provoque de nombreux accidents.
3. Les primeurs sont très apprécié. . par les citadins.
4. Les hémisphères Nord et Sud sont limité. . par l'équateur.
5. Les alluvions déposé. . par ce fleuve ont rendu la terre fertile.

■ Exercice 4

Formez les couples d'animaux en replaçant le nom de la femelle en face du nom du mâle correspondant.

sanglier	jument
verrat	chèvre
lièvre	biche
étalon	laie
cerf	oie
jars	hase
bouc	truie

■ Exercice 5

Ces professions ont-elles un féminin ? Si oui, notez-le à droite.

un ingénieur	
un professeur	
un sénateur	
un préfet	
un médecin	
un maire	
un promoteur	
un artisan	

■ Dictée

Soudain, au milieu de l'éther, dans ces ténèbres profondes, une masse énorme avait apparu. C'était comme une Lune, mais une Lune incandescente et d'un éclat d'autant plus insoutenable qu'il tranchait nettement sur l'obscurité totale de l'espace. Cette masse, de forme circulaire, jetait une lumière telle qu'elle remplissait le projectile. (...) Ce globe de feu était un bolide. Mais si ces météorites cosmiques, observés de la Terre, ne présentent généralement qu'une lumière un peu inférieure à celle de la Lune, ici, dans ce sombre éther, ils resplendissaient. Ces corps errants portent en eux-mêmes le principe de leur incandescence. L'air ambiant n'est pas nécessaire à leur déflagration.

Jules Verne,
Autour de la Lune.

ACCORDS

VERBES

ORTHOGRAPHE D'USAGE

HOMOPHONES

SIGNES
ORTHOGRAPHIQUES

CONJUGAISONS

Mettre un nom au pluriel

La marque du pluriel des noms communs est généralement le *s*.
Certains noms ne suivent pas cette règle : ce sont les noms en *-ail, -ou,*
-al, -au, -eau, -eu.
D'autres s'écrivent de la même façon au singulier et au pluriel.

▬▬▬Règle générale. On ajoute un *s* au nom singulier : *un avion, des avions; le*
fleuve, des fleuves.

☐ Les noms qui se terminent en *-ail* prennent un *s* au pluriel : *des rails.*
Sauf dans *bail, corail, émail, soupirail, travail, vantail, vitrail.*
Le vent s'engouffre dans les soupiraux. On doit réviser les baux commerciaux.

☐ Les noms qui se terminent en *-ou* prennent un *s* au pluriel.
Par mesure de sécurité, la portière possède trois verrous.
Sauf dans *bijou, chou, caillou, genou, hibou, joujou, pou.*
Les hiboux sont des oiseaux nocturnes. Savez-vous planter les choux ?

▬▬▬Cas particuliers.

☐ **Les noms qui se terminent en *-al* font leur pluriel en *-aux.***
On trouve de nombreux minéraux dans les Alpes.
Toutefois, huit noms prennent un *s* au pluriel :
bal, carnaval, cérémonial, chacal, festival, pal, récital, régal.
Les récitals de Maria Callas attiraient un fervent public.

☐ **Les noms qui se terminent en *-au, -eau, -eu* prennent un *x* au pluriel.**
Il a lu des fabliaux du Moyen Âge. Les canards sauvages se cachent dans les roseaux.
Toutefois, cinq noms prennent un *s* au pluriel :
bleu (personne sans expérience), *émeu* (sorte d'autruche), *landau, pneu, sarrau.*
Il est imprudent de rouler avec des pneus lisses.

☐ **Les noms qui se terminent en *-s, -z, -x* ne changent pas au pluriel.**
Tous les mois, l'INSEE nous donne l'indice des prix. L'oxygène et l'hydrogène sont
des gaz. Il existe de nombreuses variétés de riz.

☐ *Ail, ciel* ou *aïeul* **admettent deux pluriels :**
— *ail* s'écrit indistinctement *ails* ou *aulx* au pluriel;
— *ciel* s'écrit *cieux* au pluriel s'il est employé avec un sens religieux (le royaume
des *cieux*) et *ciels* dans les autres cas (les *ciels* de Provence);
— *aïeul* s'écrit *aïeuls* au pluriel s'il s'agit des grands-parents et *aïeux* s'il s'agit des
ancêtres en général.

CES NOMS NE S'EMPLOIENT QU'AU PLURIEL

affres	brisées	environs	funérailles	obsèques
aguets	calendes	épousailles	gravats	prémices
ambages	catacombes	fiançailles	laudes	relevailles
arrhes	dépens	floralies	mânes	saturnales
besicles	écrouelles	fonts	matines	vêpres
bestiaux	entrailles	frusques	mœurs	

■ Exercice 1

Après avoir mis les mots suivants au pluriel, replacez-les dans les phrases ci-dessous :

portail, éventail, landau, jumeau, vitrail.

1. Elle collectionne les .... chinois.
2. Le parc possède deux .... en fer forgé.
3. Elle a acheté deux .... pour ses poupées.
4. Les .... de la cathédrale de Reims sont magnifiques.
5. Elle a mis au monde des .....

■ Exercice 2

Complétez les noms par eux, eus ; aux, aus ; ails, aux ; oux, ous.

1. La mode des sarr.... est révolue.
2. Les carib.... vivent au Canada.
3. Elle aime les chand.... aux tons fauves.
4. L'aspirine combat les m.... de tête.
5. Il les suppliait à gen.....
6. Au zoo de Vincennes, il y a des ém.....
7. Dans la tribune, étaient assis trois génér.... et deux amir.....
8. Il n'a pas l'habitude de couper les chev.... en quatre.
9. Ispahan était connue pour sa Grande Mosquée et pour ses sér.....
10. Les pointes à chevron sont de très grands cl.....
11. Il fabrique des pendentifs avec des ém.....
12. Les bl.... ont subi le « bizutage ».

■ Exercice 3

Replacez les mots suivants dans les phrases (au besoin aidez-vous du dictionnaire) :

dépens, brisées, arrhes, bestiaux, prémices, calendes.

1. Ce marchand de .... est un fameux maquignon.
2. Aller sur les .... de quelqu'un.
3. Renvoyer aux .... grecques.
4. Pour toute commande, il est convenu de verser des .....
5. Les gelées blanches sont les .... de l'hiver.
6. Tout flatteur vit aux .... de celui qui l'écoute.

■ Exercice 4

Trouvez les anagrammes des mots proposés et mettez-les au pluriel.

MOT	ANAGRAMME	PLURIEL
Bali	bail	baux
lime		
roussi		
lai		
lice		
zen		
Mali		
morues		
Sam		
clorai		
gels		
large		
primes		

■ Dictée

La ferme avait un caractère d'ancienneté. Les poutrelles du plafond étaient vermoulues, les murailles noires de fumée, les carreaux gris de poussière. Un dressoir en chêne supportait toutes sortes d'ustensiles, des brocs, des assiettes, des écuelles d'étain, des pièges à loup, des forces pour les moutons ; une seringue énorme fit rire les enfants. Pas un arbre des trois cours qui n'eût des champignons à sa base, ou dans ses rameaux une touffe de gui. Le vent en avait jeté bas plusieurs. Ils avaient repris par le milieu ; et tous fléchissaient sous la quantité de leurs pommes. Les toits de paille, pareils à du velours brun et inégaux d'épaisseur, résistaient aux plus fortes bourrasques. Cependant la charretterie tombait en ruines.

Gustave Flaubert,
Un cœur simple.

ACCORDS
VERBES
ORTHOGRAPHE D'USAGE
HOMOPHONES
SIGNES
ORTHOGRAPHIQUES
CONJUGAISONS

Mettre un nom composé au pluriel

Les noms composés sont formés de plusieurs mots reliés par un trait d'union ou par une préposition. Certains sont formés de deux mots soudés. Dans les noms composés, le verbe et l'adverbe restent invariables alors que le nom et l'adjectif peuvent varier selon le sens.

Quand le nom composé est formé de deux noms, les deux mots se mettent au pluriel :
un laurier-rose, des lauriers-roses; un chou-fleur, des choux-fleurs.

☐ Si le deuxième nom est précédé d'une préposition (*de, à*), il reste invariable :
une pomme de terre, des pommes de terre; une armoire à glace, des armoires à glace.

☐ Certains noms ne se mettent pas au pluriel en raison du sens. Il faut alors décomposer l'expression :
un timbre-poste, des timbres-poste (= des timbres pour la poste).

Quand le nom composé est formé d'un adjectif et d'un nom, les deux mots se mettent au pluriel :
un beau-frère, des beaux-frères.

☐ On peut écrire *des grand-mères* ou *des grands-mères, des grand(s)-messes, des grand(s)-tantes, des grand(s)-voiles.*

☐ *Demi* reste invariable dans les noms composés :
une demi-finale, des demi-finales.

Quand le nom composé est formé d'un verbe et d'un nom, seul le nom se met au pluriel, le verbe restant invariable : *un couvre-lit, des couvre-lits.*

☐ Le nom qui désigne quelque chose d'unique, qu'on ne peut dénombrer, reste invariable : *un gratte-ciel, des gratte-ciel.*

☐ Si le verbe a une valeur de nom et désigne une personne, il s'accorde :
des gardes-malades mais *des garde-manger.*

Quand le nom composé est formé de deux mots soudés, seul le deuxième prend la marque du pluriel :
un portefeuille, des portefeuilles; un portemanteau, des portemanteaux.

Toutefois, pour cinq noms composés soudés, les deux éléments se mettent au pluriel :
madame, mesdames; mademoiselle, mesdemoiselles; monsieur, messieurs; bonhomme, bonshommes; gentilhomme, gentilshommes.

LE SAVIEZ-VOUS ?

Dans *œil-de-bœuf, œil-de-chat, œil-de-perdrix* et *œil-de-pie*, le pluriel de *œil* est *œils* (et non *yeux*) : *œils-de-bœuf, œils-de-chat, œils-de-perdrix, œils-de-pie.*

De même, dans *ciel de lit*, le pluriel de *ciel* est *ciels* (et non *cieux*) : *des ciels de lit.*

Certains noms composés restent invariables : *pot-au-feu, pur-sang, cache-pot, tête-à-tête.*

■ Exercice 1

Écrivez trois noms composés à partir de chacun des verbes suivants :

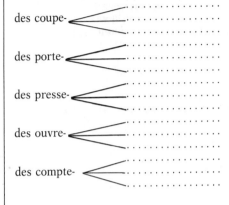

des coupe-

des porte-

des presse-

des ouvre-

des compte-

■ Exercice 3

Complétez les noms composés, et mettez-les au pluriel (les flèches indiquent que le même mot doit être réutilisé).

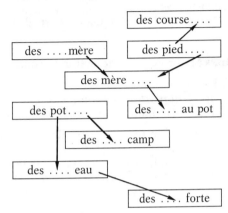

des course. . . .

des . . . .mère

des pied. . . .

des mère . . . .

des pot. . . .

des . . . . au pot

des . . . . camp

des . . . . eau

des . . . . forte

■ Exercice 2

Retrouvez les noms composés en vous servant de la liste ci-dessous et mettez-les au pluriel :

souris, eau, d'œuvre, volant, soleil, pain, cou, poste, matin, abri, fort, croûte, d'œuvre.

DES
- sans . . . .
- réveille . . . .
- grille . . . .
- hors . . . .
- timbre . . . .
- coffre . . . .
- chef . . . .
- chauve . . . .
- casse . . . .
- casse . . . .
- cerf . . . .
- grille . . . .
- chauffe . . . .
- pare . . . .

■ Dictée

Une journée de Charles-Edouard de Cent-Folies

Une multitude de réveille-matin sonnèrent et sortirent Charles-Edouard de ses rêves d'adolescent attardé. Il s'extirpa péniblement de son lit, vida deux garde-robes et trois armoires à glace pour en extraire une collection de queues-de-pie, en choisit une, en fit autant pour les nœuds papillons et les chapeaux-cloches. Il avait une sainte horreur des hauts-de-forme. Il prit la plus belle de ses cannes-épées et sortit.

Il sauta dans sa voiture sans remarquer qu'il manquait les pare-chocs, les essuie-glaces et les garde-boue. Il fit un demi-tour sur les plates-bandes de son voisin.

Après avoir effectué plusieurs tête-à-queue, il décida de ne pas rejoindre la compagnie d'hommes-sandwichs qui l'employait et de terminer la journée en dégustant de savoureux amuse-gueules chez ses grands-parents.

ACCORDS

VERBES

ORTHOGRAPHE D'USAGE

HOMOPHONES

SIGNES
ORTHOGRAPHIQUES

CONJUGAISONS

Mettre un adjectif qualificatif au féminin

L'adjectif qualificatif indique une qualité du nom. Il s'accorde en genre et en nombre avec le nom auquel il se rapporte.
Généralement, le féminin de l'adjectif se forme en ajoutant un *e* au masculin; mais il existe de nombreuses exceptions à cette règle.

■ Pour certains adjectifs, la consonne finale est doublée.

□ L'adjectif terminé par *-el, -eil, -en, -on* fait son féminin en *-elle, -eille, -enne, -onne* :
un accident mortel, une chute mortelle; un teint vermeil, une bouche vermeille; un résultat moyen, une note moyenne; un bon principe, une bonne idée.

□ L'adjectif terminé par *-et* fait son féminin en *-ette* :
un corps fluet, une taille fluette.
Toutefois 8 adjectifs en *-et* font leur féminin en *-ète* :
complet, concret, désuet, discret, inquiet, replet, incomplet, secret.
Un garçon très discret, une fille très discrète.

■ Pour d'autres, la consonne ou la syllabe finale est modifiée.

□ L'adjectif terminé par *-f* fait son féminin en *-ve* :
un pantalon neuf, une robe neuve.

□ L'adjectif terminé par *-x* fait son féminin en *-se* :
un objet curieux, une chose curieuse.

□ L'adjectif terminé par *-er* fait son féminin en *-ère* :
un menu trop cher, une consommation trop chère.

□ L'adjectif terminé en *-eau* ou *-ou* fait son féminin en *-elle* ou *-olle* :
un beau paysage, une belle perspective;
ce terrain est mou, cette terre est molle.

□ L'adjectif terminé par *-eur* fait, selon les cas, son féminin en *-eure, -euse, -eresse, -rice* :
un problème majeur, une raison majeure; un calme trompeur, une gaieté trompeuse; un geste vengeur, une parole vengeresse; le principe directeur, l'idée directrice.

■ Cas particuliers. Les adjectifs qualificatifs ayant un féminin irrégulier :

aigu, aiguë	*favori, favorite*	*public, publique*
andalou, andalouse	*frais, fraîche*	*rigolo, rigolote*
bénin, bénigne	*franc, franche*	*sauveur, salvatrice*
caduc, caduque	*grec, grecque*	*sec, sèche*
blanc, blanche	*hébreu, hébraïque*	*tiers, tierce*
coi, coite	*laïc ou laïque, laïque*	*traître, traîtresse*
esquimau, esquimaude	*long, longue*	*turc, turque*
exprès, expresse	*malin, maligne*	*vieux, vieille*

■ Exercice 1

Remplacez les adjectifs qualificatifs par un adjectif de sens voisin et faites l'accord :

coquet, secret, cruel, ancien, gentil, moyen, mou.

1. Cette fillette est très mystérieuse.
2. Il répare une vieille voiture.
3. C'est une personne très douce.
4. Il a obtenu une note passable.
5. Cette dame est toujours très soignée.
6. Il a fermé les yeux, la scène était trop violente.
7. Il aime les bonbons à la pâte tendre.

■ Exercice 2

Trouvez les adjectifs qualificatifs de la même famille que les mots suivants et mettez-les au féminin.

	Adj. masc.	Adj. féminin
penser	*pensif*	*pensive*
mère		
enchanter		
combat		
combustion		
maladresse		
retordre		
vie		
rêver		

■ Exercice 3

Complétez les phrases par les adjectifs suivants et faites l'accord :

incomplet, vainqueur, caduc, grec, turc, nouveau.

1. Il chante ses .... chansons.
2. Elle a été déclarée .....
3. Nous estimons que la liste est .....
4. Les conifères ne sont pas des arbres à feuilles .....
5. Les armées .... et .... se sont longtemps combattues.

■ Exercice 4

Retrouvez les spécialités gastronomiques en suivant l'exemple.

fondue •   • Norvège = ...
potée •   • Béarn = ...
tranche •   • Poitou = ...
croûte •   • Savoie = ...
omelette •   • Bourgogne = ...
sauce •   • Angleterre = ...
chouée •   • Naples = ...
salade •   • Normandie = ...
rouelle
de veau •   • Vendée = *chouée*
                             vendéenne
crème •   • Mexique = ...

■ Dictée

La rue Mouffetard semble dévouée à une gloutonnerie farouche. Elle transporte sur des dos, sur des têtes, au bout d'une multitude de bras, maintes choses nourrissantes aux parfums puissants. Tout le monde vend, tout le monde achète. D'infimes trafiquants promènent leurs fonds de commerce dans le creux de leur main; trois têtes d'ail, ou une salade, ou un pinceau de thym. Quand ils ont troqué cette marchandise contre un gros sol, ils disparaissent, leur journée est finie.
Sur les rives du torrent s'accumulent des montagnes de viandes crues, d'herbe, de volailles blanches, de courges obèses. Le flot ronge ces richesses et les emporte au long de la journée. Elles renaissent avec l'aurore. Les maisons sont peintes de couleurs brutales qui semblent les seules justes, les seules possibles. Chaque porte abrite une marchande de friture, et l'arôme des graisses surchauffées monte entre les murailles comme l'encens réclamé par une divinité carnassière.

Georges Duhamel,
Confession de minuit.

11

ACCORDS
VERBES
ORTHOGRAPHE D'USAGE
HOMOPHONES
SIGNES
ORTHOGRAPHIQUES
CONJUGAISONS

Mettre un adjectif qualificatif au pluriel

L'adjectif qualificatif indique une qualité du nom.
Généralement, le pluriel de l'adjectif se forme en ajoutant un s au singulier; mais certains adjectifs échappent à cette règle.

Généralement, le pluriel de l'adjectif se forme en ajoutant un s au singulier :
un jardin public, des jardins publics;
la grande avenue, les grandes avenues.

L'adjectif en -al fait son pluriel en -aux :
un avis général, des avis généraux.

Toutefois, neuf adjectifs prennent un s : *bancal, banal, fatal, final, glacial, natal, naval, tonal, tribal.*
Un vent glacial, des vents glacials.

L'adjectif en -eau ou -eu prend un x au pluriel :
un nouveau modèle, des nouveaux modèles.

L'adjectif terminé par s ou x ne change pas au pluriel :
un cheveu gris, des cheveux gris;
un faux tableau, des faux tableaux.

Certains adjectifs restent invariables : *chic, kaki, snob.*
Des gens chic et snob.

Cas particuliers.

☐ *Demi* et *nu*, placés avant le nom et liés à lui par un trait d'union, restent invariables; placés après le nom, ils s'accordent :
une demi-heure, six heures et demie; nu-pieds, jambes nues.

☐ *Feu* ne s'accorde que si aucun mot ne le sépare du nom :
la reine feue, feu la reine.

☐ *Possible* reste invariable s'il accompagne *le plus, le moins, le meilleur* :
le candidat essaie de recueillir le plus de suffrages possible.

COMMENT ACCORDER UN ADJECTIF QUALIFICATIF SE RAPPORTANT À PLUSIEURS NOMS ?

L'adjectif qualifie plusieurs noms masculins : il se met au masculin pluriel.
Il a acheté un tableau, un cartel et un violon anciens.

L'adjectif qualifie plusieurs noms féminins : il se met au féminin pluriel.
Les robes, coiffes et ombrelles des comédiennes sont très originales.

L'adjectif qualifie plusieurs noms de genres différents : il se met au masculin pluriel.
La poule et le canard étaient trop gras.

■ Exercice 1

Complétez les phrases en utilisant l'adjectif qui convient et faites l'accord :

bancal, martial, faux, automnal, tribal, songeur.
1. Un coucher de soleil nous rend . . . . .
2. On a arrêté l'auteur des . . . . billets.
3. Les meubles anciens sont souvent . . . . .
4. Des conflits . . . . se sont déroulés en Inde.
5. Les romantiques aiment les paysages . . . . .
6. On assiste depuis dix ans à un développement de la pratique des arts . . . . .

■ Exercice 2

Accordez les adjectifs s'il y a lieu.

1. Il a en horreur les gens (snob).
2. Il se nourrit de repas (frugal).
3. Les Dames et les Échecs sont des sports (cérébral).
4. Il a escaladé des parois et des rocs (abrupt).
5. Elle aime les gravures et les dessins (original).
6. Il collectionne les (beau) timbres.
7. L'équipe a obtenu le moins de pénalités (possible).
8. Les Vallière de la Miraille sont des personnes très (chic).

■ Exercice 3

Complétez les phrases en utilisant l'adjectif qui convient. Faites l'accord si nécessaire :

possible, excepté, kaki, étant donné, mi, possible.
1. Elle avait les paupières . . . . closes.
2. Pour le camouflage, les militaires portent des vêtements . . . . .
3. Ces résultats ne sont pas . . . . .
4. Il accumule le plus de documents . . . . .
5. . . . . ses antécédents, son comportement n'est pas surprenant.
6. Ses deux derniers records . . . ., il n'a pas beaucoup brillé sur les pistes.

■ Exercice 4

Mettez les adjectifs suivants au pluriel et retrouvez l'intrus qui se cache dans chaque série.

1	2	3
las	loyal	vieil
épais	rural	bel
bas	fatal	gentil
vieux	amical	mol
franc	social	fol

■ Exercice 5

Remplacez les mots en italique par un adjectif équivalent, et faites l'accord.

1. Les repas *du dimanche* . . . .
2. Des termes *de médecine* . . . .
3. Des coups *de maître* . . . .
4. Les décisions *du préfet* . . . .
5. Les signes *des astres* . . . .
6. Les héros *du moyen âge* . . . .

■ Dictée

C'était une bibliothèque. De hauts meubles incrustés de cuivre supportaient sur leurs larges rayons un grand nombre de livres uniformément reliés. Ils suivaient le contour de la salle et se terminaient à leur partie inférieure par de vastes divans, capitonnés de cuir marron, qui offraient les courbes les plus confortables. De légers pupitres mobiles, en s'écartant ou se rapprochant à volonté, permettaient d'y poser le livre de lecture. Au centre se dressait une vaste table, couverte de brochures, entre lesquelles apparaissaient quelques journaux déjà vieux. La lumière électrique inondait tout cet harmonieux ensemble et tombait de quatre globes dépolis à demi engagés dans les volutes du plafond. Je regardais avec une admiration réelle cette salle si ingénieusement aménagée, et je ne pouvais en croire mes yeux.

Jules Verne,
Vingt Mille lieues sous les mers.

ACCORDS

VERBES

ORTHOGRAPHE D'USAGE

HOMOPHONES

SIGNES
ORTHOGRAPHIQUES

CONJUGAISONS

Accorder un adjectif composé

> Un adjectif composé est formé de deux ou trois éléments reliés ou non par un trait d'union. Le dernier élément d'un adjectif composé est toujours un adjectif qui s'accorde en genre et en nombre avec le nom auquel l'adjectif composé se rapporte.

Lorsque les deux éléments d'un adjectif composé sont des adjectifs, ils s'accordent en genre et en nombre :
un citron aigre-doux, des oranges aigres-douces;
une fillette sourde-muette, des enfants sourds-muets.

Toutefois, *mi-, demi-, semi-* restent invariables dans les noms composés :
un volet mi-clos, des paupières mi-closes;
un élève demi-pensionnaire, des élèves demi-pensionnaires;
un appareil semi-automatique, des machines semi-automatiques.

Quand seul le deuxième élément est un adjectif, le premier mot reste invariable et l'adjectif s'accorde :
l'avant-dernier match, l'avant-dernière journée (avant est une préposition);
un personnage haut-placé, des personnes haut-placées (haut = hautement = adverbe);
mon frère bien-aimé, ma sœur bien-aimée;
un chocolat extra-fin, des haricots extra-fins;
un boxeur super-léger, des boxeurs super-légers.

Les adjectifs *ci-joint, ci-inclus* restent invariables quand ils sont placés avant le nom auquel ils se rapportent.
Quand ils sont placés après le nom, *joint* et *inclus* s'accordent; *ci* est invariable :
ci-joint un timbre, ci-joint deux timbres;
le certificat ci-joint, les photocopies ci-jointes;
ci-inclus un certificat, ci-inclus les certificats;
le chèque ci-inclus, les photographies ci-incluses.

LE SAVIEZ-VOUS ?

Les adjectifs composés exprimant un rapport entre deux peuples utilisent parfois comme premier élément un mot différent de l'adjectif communément utilisé :

une rencontre sino-vietnamienne	sino = chinois
les relations nippo-américaines	nippo = japonais
le pacte germano-soviétique	germano = allemand
la frontière hispano-française	hispano = espagnol
l'empire austro-hongrois	austro = autrichien
des ruines gallo-romaines	gallo = gaulois

■ Exercice 1

Accordez comme il convient les adjectifs composés.

1. C'était une personne (bien-pensant).
2. Pendant un orage, il est prudent de ne pas laisser les fenêtres (grand ouvert).
3. Les candidats (non inscrit) sont priés de se présenter à la session suivante.
4. Il invoquait les divinités (tout-puissant).
5. Trois voyantes (extralucide) occupent un stand à la foire.
6. Les aigles bâtissent des nids (haut perché) dans la montagne.
7. Cette émission est destinée aux personnes (sourd-muet).

■ Exercice 2

Replacez les adjectifs suivants dans les phrases et accordez-les comme il convient :

ivre mort, superactif, non aligné, avant-coureur, mal famé, contre-indiqué, franco-italien.

1. Une conférence des pays .... se tiendra à Lomé le mois prochain.
2. La police a ramassé deux clochards .... sur la voie publique.
3. Un accord facilitant les échanges .... vient d'être signé.
4. Ces rues sont .... .
5. Ces lotions .... agiront efficacement sur votre cuir chevelu.
6. Les savants remarquèrent des fumées, signes .... d'une éruption volcanique.
7. Ces médicaments sont .... pour les cardiaques.

■ Exercice 3

Complétez ces adjectifs composés commençant tous par sous et faites l'accord :

alimenté, marin, cutané, jacent, traitant, titré, développé.

des injections sous-..................
des firmes sous-....................
des populations sous-................
des films sous-.....................
des volcans sous-....................
des pays sous-......................
des pensées sous-...................

■ Exercice 4

Retrouvez les deux parties de ces adjectifs composés, puis replacez-les dans les phrases en les accordant comme il convient .

non	mort
agro-	aimé
péri-	violent
anti-	démocrate
bien-	urbaine
demi-	alimentaire
social-	figuratif
non	inflationniste

1. Une exposition de peinture se déroule actuellement à l'hôtel de ville.
2. Une agriculture .... dynamique s'est installée au NE des États-Unis.
3. Des manifestations .... ont eu lieu hier dans les grandes villes de RFA.
4. Certaines entreprises .... américaines sont devenues des multinationales puissantes.
5. La politique .... de la Suède a beaucoup changé depuis deux ans.
6. Chaque matin, elle retrouvait ses fleurs .... .
7. Le gouvernement a annoncé la mise en place de sévères mesures .... .
8. Ils mettent à l'abri les oiseaux .... morts de froid.

■ Dictée

Une chaleur étouffante régnait sur la ville assoupie. L'après-midi ne faisait que commencer. Dans la chambre de l'hôtel aux persiennes mi-closes et aux fenêtres grandes-ouvertes, Julien savourait un repos bien mérité. Il devait hélas quitter cette fraîcheur pour assister à l'avant-dernière réunion de discussion préparant les accords franco-allemands. Résigné à affronter à nouveau la chaleur, il se leva et fit appeler un taxi. Mi-surpris, mi-fâché, il constata au bout d'une demi-heure que son taxi n'était toujours pas arrivé. Allait-il être en retard ?

| ACCORDS |
| VERBES |
| ORTHOGRAPHE D'USAGE |
| HOMOPHONES |
| SIGNES ORTHOGRAPHIQUES |
| CONJUGAISONS |

Accorder un adjectif de couleur

> Les adjectifs de couleur s'accordent en genre et en nombre avec le nom auquel ils se rapportent.
> Cependant, les adjectifs formés à partir de noms et les adjectifs composés sont invariables.

■■■■ **Généralement, les adjectifs de couleur s'accordent** en genre et en nombre avec le nom auquel ils se rapportent :
un ciel bleu, une mer bleue ;
un cheval noir, des persiennes noires.

■■■■ **Cependant, lorsque l'adjectif de couleur est à l'origine un nom,** il ne s'accorde pas.
Les principaux adjectifs formés à partir de noms sont : *abricot, acajou, argent, azur, brique, bronze, café, caramel, chamois, crème, ébène, grenat, kaki, marron, mastic, or, orange, perle, prune.*

Un chapeau marron
Des coussins marron } de la couleur d'un marron.

Une veste orange
Des chaussures orange } de la couleur d'une orange.

Toutefois six adjectifs de couleur formés à partir de noms s'accordent en genre et en nombre avec le nom auquel ils se rapportent : *écarlate, fauve, mauve, pourpre, rose, incarnat.*
Des joues écarlates.
Des tons fauves.
Des lilas mauves.
Des hêtres pourpres.
Des tissus roses.

■■■■ **Par ailleurs, si l'adjectif de couleur est un adjectif composé** formé d'un adjectif de couleur précisé par un autre adjectif ou un nom, il est invariable :
une chemise bleu ciel, des foulards bleu ciel ;
une voiture rouge vif, des chandails rouge vif.

LE SAVIEZ-VOUS ?

Cramoisi : d'une couleur rouge foncé tirant sur le violet
Incarnat : d'un rouge clair et vif
Pers : se dit de diverses couleurs où le bleu domine
Pourpre : d'une couleur rouge foncé
Vermeil : d'un rouge vif et léger (cet adjectif s'emploie pour qualifier le teint, la peau)
Écarlate : d'un rouge éclatant

■ Exercice 1

Accordez les adjectifs de couleur comme il convient.

1. Il a acheté une perruche aux plumes (vert) et (jaune).
2. Ses cheveux (noir) ont des reflets (bleu sombre).
3. L'incendie ne laissa qu'une masse informe de pierres (noirâtre).
4. Elle avait composé un bouquet de fleurs des champs (rouge), (vert) et (jaune vif).
5. Les nouvelles tenues de la police sont (gris cendré).
6. La mode, cet automne, est aux teintes (roux) et (fauve).
7. Le coucher de soleil inondait le ciel de nappes (rouge vif) et (pourpre).
8. J'aime surtout chez Picasso sa période (bleu).

■ Exercice 2

Remplacez les expressions soulignées par des expressions équivalentes contenant un adjectif de couleur.

1. Après cette fête bien arrosée, ils étaient <u>ivres</u>.
2. Ils ont éprouvé <u>une frayeur intense</u> quand ils se sont rendu compte qu'ils n'avaient plus de freins.
3. Le garçon ne comprenait rien à <u>la langue argotique</u> des deux voleurs.
4. C'est une jeune fille rêveuse, <u>une personne sentimentale</u>.
5. En entendant cette mauvaise nouvelle, ils firent <u>un mauvais visage</u>.
6. Qui donc est <u>le dernier du classement</u> aujourd'hui ?

■ Exercice 3

Reliez chaque nom à l'adjectif de couleur qui lui convient et faites l'accord.

Noms	Adjectifs
des joues	argenté
une lumière	bis
une robe	acajou
des peaux	bleu marine
des cheveux	écarlate

■ Exercice 4

Voici un bordereau de commande provenant d'un magasin de prêt-à-porter. La vendeuse a fait un certain nombre d'erreurs. Corrigez-les.

Au bonheur des dames		
Commande du 18 décembre 1988		
Quantité	Nature de l'article	Taille
20	Chemisiers verts bouteille	T2 T3
40	Tee-shirts prunes	T3
12	Pulls ambre	T1 T3
12	Pantalons blancs cassé	T4
30	Jupes bleues outremer	T1 T2
6	Tailleurs lie-de-vin	T4

■ Dictée

C'était une foule de maisons dévalées vers la rivière, en désordre, comme un troupeau de brebis, et s'y baignant les pieds. (...) Tout cet ensemble de constructions bizarres, irrégulières, entassées en désordre ; tout cet amas de pignons, de galeries, d'escaliers extérieurs, d'appentis, d'auvents écaillés d'ardoises, de baies larges ou étroites, de piliers, de poutres entrecroisées, de corbeaux de pierre, d'étages surplombants, de balcons de bois, de lucarnes, de toits pointus ou plats, bleus ou rouges, de cheminées étranges, de girouettes rouillées — tout cela s'étalait au soleil en un fouillis enchevêtré où se jouaient les ombres sur des teintes bleuâtres, vertes, rousses, bistrées, grisâtres, où parmi des hardes étendues, piquait comme un coquelicot quelque jupon rouge séchant à une fenêtre : ça n'est pas pour dire, mais c'était plus beau qu'aujourd'hui.

Eugène Le Roy,
Jacquou le Croquant.

ACCORDS

VERBES

ORTHOGRAPHE D'USAGE

HOMOPHONES

SIGNES
ORTHOGRAPHIQUES

CONJUGAISONS

Accorder un adjectif numéral

Les adjectifs numéraux cardinaux indiquent un nombre : *un, deux, trois...*
Ils sont presque tous invariables.
Les adjectifs numéraux ordinaux indiquent le rang, l'ordre : *premier, deuxième...* Ils s'accordent en genre et en nombre avec le nom auquel ils se rapportent.

L'adjectif numéral cardinal (*deux, trois, quatre,* etc.).

☐ Règle générale : l'adjectif numéral cardinal est invariable.
Les onze joueurs de l'équipe saluèrent le public.
Il avait remplacé les quatre pneus de sa voiture.

☐ Trois adjectifs numéraux cardinaux sont variables :
— *un* devient *une* au féminin, mais ne prend pas la marque du pluriel.
Les vingt et une voitures s'alignent pour le départ.

— *vingt* et *cent* prennent *s* s'ils sont multipliés par un nombre qui les précède et ne sont pas immédiatement suivis d'un autre adjectif numéral.
Malgré ses quatre-vingts ans, il pratique encore la course à pied.
Malgré ses quatre-vingt-deux ans, il pratique encore la course à pied.
Quatre cents candidats sont inscrits à ce concours.
Quatre cent huit candidats sont inscrits à ce concours.

Cependant, dans les dates, *vingt* et *cent* ne prennent pas la marque du pluriel.
Il est né en mille neuf cent.
Il a obtenu cet emploi en mille neuf cent quatre-vingt.

☐ *Millier, million, milliard, billion,* etc. ne sont pas des adjectifs numéraux cardinaux. Ce sont des noms, ils prennent donc la marque du pluriel.
Un joueur a gagné deux millions cinq cent mille francs au loto.

L'adjectif numéral ordinal *(premier, deuxième...)* s'accorde en genre et en nombre avec le nom auquel il se rapporte.
La seconde manche débute dans un instant.
Les premiers résultats de l'enquête seront publiés demain.

LE SAVIEZ-VOUS ?

Où mettre un trait d'union aux nombres ?
On met un trait d'union à l'intérieur d'un nombre entre les dizaines et les unités, sauf si elles sont unies par *et*. La suppression du trait d'union peut être tolérée :
dix-sept ou *dix sept,*
soixante et onze,
mille deux cent quatre-vingt-deux ou *mille deux cent quatre vingt deux.*

Quand écrit-on les nombres en toutes lettres ?
Dans les textes non techniques, il est d'usage d'écrire les nombres en toutes lettres, sauf :
les dates, *12 janvier 1987* ;
les numéros des siècles et des chefs d'État,
Louis XV, le 16ᵉ siècle ;
les prix, poids et mesures, *un billet de 100 F, 25 kg de pommes de terre.*

■ Exercice 1

Complétez ce chèque afin de payer la bicyclette que vous venez d'acheter à 1 480 F chez M. Bertrant, à Lille.

	B.P.F. _____
Payez contre ce chèque non endossable	
_____	
_____	
A _____	
A _____, le _____	

■ Exercice 2

Écrivez en toutes lettres les nombres suivants :

19, 80, 620, 4 300, 25, 4 508, 11 892, 280, 73, 787, 2 853 971, 1 206, 1 001, 599, 292 005, 456.

■ Exercice 3

Écrivez en toutes lettres les nombres contenus dans les phrases suivantes.

1. Les 14 000 personnes venues assister à ce concert se montrèrent enthousiastes.
2. Les 5 gagnants se partageront le gros lot.
3. Ici, la vitesse est limitée à 80 km à l'heure.
4. Les 24 heures du Mans attirent chaque année une foule de spectateurs.
5. Ils ont fêté cette année leur 25e anniversaire de mariage.
6. Les 12 coups de minuit sonnèrent à l'horloge de l'église.
7. L'exposition universelle de 1970 eut lieu à Osaka.
8. Ils ont été passionnés par les *Contes des 1 001 Nuits.*
9. Les 11 programmes nationaux de recherche viennent d'être lancés.
10. Sur les 12 centimètres d'un disque CD-ROM, l'équivalent de 250 000 pages d'informations pourront être stockées.

■ Exercice 4

Complétez ces titres de films en vous aidant des nombres notés à droite en désordre. Vous écrirez ces nombres en toutes lettres.

Les .... Mercenaires	3e
Les .... Dalmatiens	55
.... hommes en colère	7
Les .... Lanciers du Bengale	12
Les .... Jours de Pékin	3
.... Odyssée de l'espace	101
Les .... Coups	2 001
Le .... Homme	25e
La .... Heure	400

■ Dictée

« Je serai monsieur Quatre-Millions, citoyen des États-Unis, j'aurai cinquante ans (...). En deux mots, si je vous procure une dot d'un million, me donnerez-vous deux cent mille francs ? Vingt pour cent de commission hein ! Est-ce trop cher ? Vous vous ferez aimer de votre petite femme. Une fois marié, vous manifesterez des inquiétudes, des remords, vous ferez le triste pendant quinze jours. Une nuit, après quelques singeries, vous déclarerez, entre deux baisers, deux cent mille francs de dette à votre femme, en lui disant : Mon amour ! »

Balzac,
Le Père Goriot.

ACCORDS

VERBES

ORTHOGRAPHE D'USAGE

HOMOPHONES

SIGNES
ORTHOGRAPHIQUES

CONJUGAISONS

Accorder le verbe

Le verbe est un mot dont la forme change. Ces formes varient en nombre (singulier ou pluriel), en personne (je, tu, il, nous, vous, ils) et en genre (masculin ou féminin).

C'est avec son sujet que le verbe s'accorde en genre, en nombre et en personne.
Vous nous rejoindrez dimanche en forêt de Fontainebleau. Elles sont parties hier.

Comment accorder les verbes avec leurs sujets ?

☐ Quand le sujet est constitué de plusieurs noms, le verbe se met à la 3ᵉ personne du pluriel.
France Inter et Europe 1 diffuseront cette émission.

☐ Quand le sujet est constitué de plusieurs mots et quand l'un de ces mots est *moi* ou *nous*, le verbe se met à la 1ʳᵉ personne du pluriel.
Mes amis et moi sommes inséparables - Vous et nous avons des points communs.

☐ Quand le sujet est constitué de plusieurs mots reliés et quand l'un de ces mots est *toi* ou *vous*, le verbe se met à la 2ᵉ personne du pluriel.
Tes parents et toi serez toujours les bienvenus chez nous.

☐ Lorsque plusieurs sujets sont reliés par *ni* ou par *ou*, le verbe se met généralement au pluriel.
Ni lui ni son frère ne trouvent la solution. Fuir ou se taire sont deux attitudes lâches.

☐ Quand le sujet est le pronom relatif *qui*, il faut rechercher l'antécédent du pronom pour accorder le verbe avec lui.
Toi qui connais cette ville, peux-tu nous guider ?
Si c'est moi qui ai raison, tu perdras ton pari.

☐ Quand le sujet est un nom collectif ou singulier, le verbe se met à la 3ᵉ personne du singulier ; mais quand ce nom collectif est suivi d'un complément au pluriel, le verbe peut se mettre à la 3ᵉ personne du singulier ou du pluriel.
La foule envahit la place. Une bande de moineaux s'envola / s'envolèrent.

C'est ou ce sont ?

L'auxiliaire *être* se met au singulier s'il est suivi d'un nom singulier ; il se met généralement au pluriel s'il est suivi d'un nom au pluriel ou d'une énumération.
C'est une très bonne nouvelle. Ce sont de très bonnes nouvelles.

COMMENT TROUVER LE SUJET ?

Repérez le verbe, puis posez-vous la question : «*qui est-ce qui*», ou «*qu'est-ce qui*» fait l'action exprimée par le verbe ?
La réponse à cette question vous donne le sujet. Accordez alors le verbe en nombre et en personne avec ce sujet.

Cette pâte à bois sèche en trente minutes.
Qu'est-ce qui sèche ? *cette pâte à bois.* Donc, *sèche* est à la 3ᵉ personne du singulier.

La vie que mènent les navigateurs me passionne.
Qui est-ce qui mène ? *les navigateurs.*
Donc, *mènent* est à la 3ᵉ personne du pluriel.

■ Exercice 1

Reliez chaque sujet au verbe qui lui convient.

Je	aimons les jeux de société
Mes amis et moi	viendra à huit heures
Les piétons	pouvez le dire
Le livreur	l'assaillait
Vous	suis enchanté
Nous	attendent le feu vert
Une multitude de questions	irons au cinéma

■ Exercice 2

Mettez les verbes au présent de l'indicatif et accordez-les comme il convient.

1. Il les (photographier) devant l'Arc de triomphe.
2. Les tarifs (varier) selon la saison et la catégorie de l'hôtel que vous (choisir).
3. Mathématiciens, informaticiens et électroniciens (trouver) dans les laboratoires les moyens de se passionner pour les technologies nouvelles.
4. À quoi (servir) ces documents ? Pas un des employés ne le (savoir).

■ Exercice 3

Replacez les sujets suivants dans le texte, à l'endroit qui convient :

ce, ce, des madrépores, une multitude d'individus semblables, qui, ces animaux, un atoll.

.... est un récif de corail. .... n'est pas un rocher ordinaire mais un édifice que construisent .... se fabriquent ainsi un squelette. .... naît de chaque madrépore, et sécrète de même un squelette externe. Au fil des ans, ... sont des atolls de dimensions gigantesques .... s'édifient ainsi.

■ Exercice 4

Anagrammes : retrouvez à partir de ces mots des verbes conjugués au présent.

nette	je . . . .
miels	tu . . . .
vraie	il . . . .
sonars	nous . . . .
édits	vous . . . .
natives	ils . . . .

■ Exercice 5

Accordez les verbes comme il convient.

Chère Anne,
Philippe et moi (être) bien arrivés à Istanbul. C'(être) une ville captivante où (régner) une animation continuelle : une foule de petits vendeurs (proposer) aux touristes des objets plus curieux les uns que les autres. Le guide touristique nous (indiquer) une multitude de visites qui (sembler) très intéressantes. L'une d'elles nous (tenter) plus particulièrement : le palais de Topkapi. Nous nous y (rendre) cet après-midi. Paul et Lise nous (accompagner). Toi qui (aimer) les musées, tu aimerais cette visite.
Je t'embrasse,

Béatrice

■ Dictée

Sans autre lumière qu'un vague rayon de lune, la danse semble fantastique. Tout est gris, noir ou blanc, dans une neutralité de teinte qui accompagne les choses rêvées plutôt que les choses vues. Peu à peu, à mesure que la lune monte, les croix du cimetière, celle du grand calvaire qui est au coin, s'allongent, rejoignent la ronde et s'y mêlent... Enfin dix heures sonnent. On se sépare. Chacun rentre chez soi par les ruelles du village d'un aspect étrange en ce moment. Les marches ébréchées des escaliers extérieurs, les coins de toit, les hangars ouverts où la nuit entre toute noire et compacte se penchent, se contournent, se tassent.

A. Daudet, *Contes du lundi*.

ACCORDS

VERBES

ORTHOGRAPHE D'USAGE

HOMOPHONES

SIGNES
ORTHOGRAPHIQUES

CONJUGAISONS

Participe présent ou adjectif verbal?

> Le participe présent est une forme verbale. Il se termine toujours par *-ant*; Il est invariable.
> L'adjectif verbal est un participe présent employé comme adjectif. Il s'accorde en genre et nombre avec le nom auquel il se rapporte.

Devant un nom, le mot terminé par *-ant* est un adjectif verbal épithète : il s'accorde avec le nom auquel il se rapporte.
On a assisté à un étonnant combat de boxe. Quelle surprenante victoire chinoise!

Après les verbes d'état (*être, paraître, sembler, devenir,* etc.), le mot terminé par *-ant* est un adjectif verbal attribut du sujet : il s'accorde avec le sujet.
Son état paraît inquiétant. La situation devient inquiétante.

Après des verbes comme *croire, trouver, estimer, nommer, rendre,* etc., le mot terminé par *-ant* est un adjectif verbal attribut du complément d'objet direct : il s'accorde avec le complément d'objet direct.
Je le trouve rassurant. Je les trouve rassurants.

Après un nom, le mot terminé par *-ant* peut être :

□ un adjectif verbal épithète ; il s'accorde ; on peut alors le remplacer par un adjectif qualificatif.
Les films parlants ont eu un succès immédiat.
On peut remplacer *parlants* par *burlesques,* c'est donc un adjectif verbal qui s'accorde avec *films.*

□ un participe présent invariable ; il remplit la fonction d'un verbe, et est suivi d'un complément.
Les secrétaires parlant l'anglais sont très demandées.
(On ne peut pas remplacer *parlant* par un adjectif qualificatif, c'est donc un participe présent ; il a pour complément d'objet direct *l'anglais* ; il est invariable.)

Certains adjectifs verbaux ont une orthographe différente de celle des participes présents. Voici les principaux :

part. présents	adj. verbaux	noms	part. présents	adj. verbaux	noms
adhérant	*adhérent*	*adhérent*	*excellant*	*excellent*	
afférant	*afférent*		*fatiguant*	*fatigant*	
coïncidant	*coïncident*		*naviguant*	*navigant*	*navigant*
communiquant	*communicant*		*négligeant*	*négligent*	*négligent*
convainquant	*convaincant*		*précédant*	*précédent*	*précédent*
convergeant	*convergent*		*provoquant*	*provocant*	
déférant	*déférent*	*déférent*	*suffoquant*	*suffocant*	
différant	*différent*	*différend*	*vaquant*	*vacant*	
équivalant	*équivalent*	*équivalent*			

Après les articles *le, la, les, un, une, des,* le mot terminé par *-ant* est un nom qui peut prendre la marque du pluriel.
Les postulants doivent se présenter à vingt heures. Les gagnantes sont très fières.

■ Exercice 1

Replacez les mots suivants dans les phrases ci-dessous :

intéressants, revitalisants, provenant, décapants, demandant.

1. Cette émulsion est riche en principes . . . . .
2. Elle avait acheté des produits . . . . pour rénover ses vieux meubles.
3. En moins d'une heure, vous êtes servi à domicile avec des plats chauds . . . . de restaurants connus.
4. Cette revue contient beaucoup d'articles . . . . .
5. Les lettres . . . . une réponse doivent contenir une enveloppe timbrée.

■ Exercice 2

Complétez par -ant ou -ants.

1. Ils étaient toujours part . . . . pour organiser des activités.
2. Ces horaires sont contraign . . . . .
3. Les voyageurs change . . . . de ligne doivent emprunter le passage souterrain.
4. Le journaliste rappela les faits marqu . . . . de ces dix dernières années.
5. Les étudiants désir . . . . une réduction sont priés de présenter une carte.

■ Exercice 3

Complétez avec un adjectif verbal ou un participe présent formé à partir du verbe entre parenthèses.

1. (Précéder) le cortège, les motards dégageaient la route.
2. Le CIDJ organise des journées d'information sur les (différer) secteurs d'activité.
3. Les deux jours (précéder), il était nerveux.
4. Un accident (provoquer) la fermeture de l'autoroute s'est produit ce matin.
5. Ses arguments ne sont pas (convaincre).
6. Longtemps, les Japonais ont ignoré les Coréens, (estimer) qu'ils n'étaient pas des concurrents à la hauteur.
7. Ses résultats sont (décevoir).
8. Le personnel (naviguer) de cette compagnie est en grève.

■ Exercice 4

Retrouvez les proverbes en reliant les deux parties de phrase qui conviennent, et faites l'accord si nécessaire.

- Les armes (parlant)
- Le bois noueux veut
- Les hypocrites (régnant)
- L'eau (courant)

- une hache (tranchant)
- la vérité se cache
- ne se corrompt jamais
- les lois se taisent

■ Exercice 5

Complétez cette annonce en utilisant les verbes suivants : posséder, avoir, aimer, débuter.

Importante société banlieue sud de Paris recherche :

INGÉNIEURS
GRANDES ÉCOLES

. . . . ou . . . . une première expérience industrielle, et . . . . des qualités de méthode et de rigueur. Les candidats devront être des hommes de communication . . . . le travail en équipe.

■ Dictée

D'abord le bruit, un bruit effroyable, assourdissant, trois cents marteaux retombant en même temps sur l'enclume, des sifflements de lanières, des déroulements de poulies, et toute la rumeur d'un peuple en activité, trois cents poitrines haletantes et nues qui s'excitent, poussent des cris qui n'ont plus rien d'humain, dans une ivresse de force où les muscles semblent craquer et la respiration se perdre. Puis, ce sont des wagons, chargés de métal embrasé, qui traversent la halle en roulant sur des rails, le mouvement des ventilateurs agités autour des forges, soufflant du feu sur le feu, alimentant la flamme avec de la chaleur humaine. Tout grince, gronde, résonne, hurle, aboie. On se croirait dans le temple farouche de quelque idole exigeante et sauvage.

Alphonse Daudet, Jack.

ACCORDS

VERBES

ORTHOGRAPHE D'USAGE

HOMOPHONES

SIGNES
ORTHOGRAPHIQUES

CONJUGAISONS

Accorder un participe passé conjugué avec être (ou un verbe d'état)

> Le participe passé conjugué avec *être* s'accorde généralement en genre et en nombre avec le sujet du verbe.

Le participe passé s'accorde avec le sujet du verbe :

☐ Les verbes intransitifs (*aller, arriver, choir, décéder, devenir, échoir, entrer, intervenir, mourir, naître, partir, parvenir, rentrer, repartir, rester, revenir, survenir, venir*) se conjuguent traditionnellement avec *être* à la voie active.
Les invités sont partis. Les maires des grandes villes sont intervenus auprès du ministre.

☐ Si le verbe est conjugué à la voie passive.
Des soucoupes volantes ont été aperçues dans le champ de lavande.
Elle avait été complètement envahie par les rats.
Les employés furent convoqués par le directeur.

Le participe passé employé comme attribut après un verbe d'état (*sembler, paraître, apparaître, croire, devenir, trouver, rester, se montrer, se sentir, s'avérer,* etc.) s'accorde
☐ avec le sujet s'il est attribut du sujet.
La vendeuse semblait agacée par les exigences de sa cliente.
☐ avec le COD s'il est attribut du COD.
Mon ami ne voulait pas offrir ces fleurs qu'il trouvait flétries.

Le participe passé employé avec un verbe pronominal suivi d'un complément direct ne s'accorde pas (voir p. 30 : Accorder le participe passé d'un verbe pronominal).
Elle s'est acheté une voiture neuve.

Comment accorder le participe passé ?
☐ Généralement, le participe passé s'accorde avec le sujet du verbe en suivant les règles de l'accord de l'adjectif et du nom.
Elles sont parties en voiture. Ma femme et mon fils avaient été informés de son absence.

☐ Toutefois, quand le sujet est un pronom, l'accord se fait avec le nom que remplace ce pronom.
Les deux adversaires, qui semblaient fatigués, terminèrent à égalité.

Quand le sujet *nous* désigne une seule personne (un haut personnage qui parle), le participe passé reste au singulier.
Nous, président de la République, sommes résolu à prendre les mesures qui s'imposent.

Quand le sujet *vous* désigne une seule personne (dans le vouvoiement), le participe passé reste au singulier. *Madame, vous semblez préoccupée.*

AVOIR L'AIR

Après le verbe *avoir l'air*, le participe passé s'accorde ou ne s'accorde pas, suivant le sens de la phrase.
Elle a l'air intéressé (son air est intéressé). *Elle a l'air intéressée* (elle semble intéressée).

■ Exercice 1

Accordez les participes passés.

1. Nous sommes attendu.... par les journalistes.
2. Les maisons étaient détruit...., les champs défoncé.....
3. Les tonneaux ont été vidé.... par les moissonneurs assoiffés.
4. Les bœufs étaient assailli.... de mouches.
5. La montagne était recouvert.... d'une neige récemment tombée.
6. Avec ce four moderne, toutes vos recettes seront réussi.....

■ Exercice 2

Accordez les participes passés, après avoir rajouté l'un des 5 verbes suivants à la forme qui convient :

revenir, demeurer, retrouver, tenir, parvenir.
1. Les alpinistes sont .... harassé.... au sommet du pic du Midi.
2. Elle est .... enchanté .... de son séjour en Bretagne.
3. Mes clefs ont été .... enfoui .... sous la neige.
4. A la suite de l'accident, la passagère est .... inanimé.... un instant.
5. Vu les événements graves des dernières 24 heures, les soldats ont été .... consigné.... au quartier.

■ Exercice 3

Accordez le participe passé conjugué avec le verbe avoir l'air *de deux façons différentes, suivant les deux sens possibles de la phrase.*

1. Les deux amies avaient l'air effaré.... (effaré....) de ce qu'on leur offrait.
2. Monsieur le directeur a l'air intrigué.... (intrigué....) par sa nouvelle concierge.
3. Ta sœur avait l'air embarrassé.... (embarrassé....) quand on lui a demandé son emploi du temps.
4. Les clients ont l'air attiré.... (attiré....) par la nouvelle vitrine.

■ Exercice 4

Retrouvez les expressions courantes en reliant chaque chiffre à une lettre.

1. être considéré   A. sous une bonne étoile
2. être tenu   B. comme perdu
3. être parvenu   C. à carreau
4. se tenir   D. pour responsable
5. se retrouver   E. coi
6. se passer   F. bon joueur
7. se montrer   G. à ses fins
8. naître   H. de commentaire
9. rester   I. sur la paille

■ Exercice 5

Mots croisés.

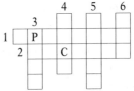

1. liées par le mariage
2. mis d'accord
3. devenu visible
4. le sort d'un bonbon
5. égaré
6. risqué

■ Dictée

Nous avons l'habitude de poser de longues pointes sur les rails en les calant avec les cailloux de la voie. Chaque pointe est savamment disposée pour que son extrémité soit aplatie sous les roues du « cheval noir ». Or, il arrive que le mécanicien s'aperçoive de nos préparatifs... Il donne alors deux ou trois coups de sifflet brefs pour avertir le chef de gare que nous avons encore encombré la voie. Notre bande se disperse comme un tas de moineaux, sous les mille imprécations et menaces où il est surtout question d'oreilles à couper. Aucun de nous ne perd ses oreilles mais certains d'entre nous sont ramenés à leurs parents par le cheminot qui les tient suspendus à ce petit morceau de chair, comme des gorets rebelles.

P.J. Hélias, *Le Cheval d'orgueil.*

ACCORDS

VERBES

ORTHOGRAPHE D'USAGE

HOMOPHONES

SIGNES
ORTHOGRAPHIQUES

CONJUGAISONS

Accorder un participe passé conjugué avec avoir

> Le participe passé conjugué avec le verbe avoir ne s'accorde pas avec le sujet. Il peut s'accorder avec le COD quand celui-ci le précède.

▰▰▰▰ **Généralement, le participe passé conjugué avec l'auxiliaire avoir ne s'accorde pas :**

☐ quand le verbe n'a pas de COD.
Nous avons travaillé toute la matinée ; ils ont joué.

☐ quand le COD est placé après le verbe.
Les enfants ont déserté le stade ce matin.

▰▰▰▰ **Toutefois, le participe passé conjugué avec l'auxiliaire avoir s'accorde** en genre et en nombre avec le COD quand celui-ci le précède.
Quels souliers ai-je égarés ? (interrogation directe)
Laquelle des deux a-t-il choisie ? (interrogation directe).

Le COD est le plus généralement un pronom personnel ou un pronom relatif.
Cette chanson que j'ai entendue dans ma jeunesse me fascinera toujours.
« Mes amis m'ont félicitée pour ma promotion », me dit-elle.

☐ Si ce pronom remplace deux noms, l'un masculin, l'autre féminin : l'accord se fait au masculin pluriel.
Ma sœur et moi étions très en retard, notre mère nous a sermonnés.

☐ Si ce pronom remplace un groupe nominal introduit par *la plupart* : l'accord se fait alors au pluriel.
La plupart des enfants que tu as rencontrés sont musiciens.

☐ Si ce pronom remplace l'un des noms d'un groupe nominal : l'accord se fait en fonction du sens de la phrase.
Le nombre de voitures accidentées qu'il a vues sur les routes...
(*il a vu les voitures*, le participe s'accorde avec *voitures*)
Le nombre de voitures accidentées que la télévision a mentionné...
(*la télévision a mentionné le nombre*, le participe s'accorde avec *nombre*).

☐ Le pronom personnel *en* n'entraîne jamais d'accord ; lorsqu'il est COD, on peut considérer qu'il est neutre.
Ta tarte était tellement bonne que j'en ai repris.

LE SAVIEZ-VOUS ?

L'accord du participe passé, bête noire des écoliers, date de Jacques Amyot, évêque d'Auxerre (1513-1593), grand aumônier de Charles IX et d'Henri III.
Sur la demande de François Ier, la règle fut énoncée par Clément Marot (1496-1544). Cette règle fut enfin imposée par le grammairien Vaugelas en 1647...

EXERCICES

■ Exercice 1

Accordez les participes passés s'il y a lieu.

1. Le fermier a coupé.... ses foins et les a engrangé.....
2. Papa a déclaré qu'il avait passé.... une journée agréable.
3. La jeune fille qu'on a ramené.... venait d'avoir un accident.
4. La lettre que nous avons reçu.... ce matin nous a rassuré.....
5. Malgré la pluie battante, elles nous ont guetté.... tout le matin.
6. Ces livres que vous avez lu.... ont été emprunté.... à la bibliothèque municipale.

■ Exercice 2

Complétez les phrases ci-dessous à l'aide des verbes que vous mettrez au participe passé.

réduire, retrouver, disposer, quitter, économiser, brosser, donner, dételer, projeter.

1. J'ai .... ma petite-fille en hiver et je l'ai .... en été.
2. Les verres que vous avez .... sur la table proviennent de la réception.
3. L'ouragan avait .... les bateaux sur les récifs et les avait .... en morceaux.
4. Quand tu auras .... les chevaux, tu les rentreras, après les avoir .... soigneusement.
5. Elle m'a .... cinq francs, je les ai .... pour la fête.

■ Exercice 3

Accordez les participes passés si nécessaire.

1. Comme il y avait des jonquilles dans les prés, nous t'en avons rapporté.... pour ta fête.
2. J'aimais ma grand-mère. La plus belle image que j'en aie gardé.... est celle de ses noces d'or.
3. La tempête qu'ils ont affronté.... n'a pas arrêté.... les alpinistes.
4. Les vitamines qu'il a avalé.... lui ont rendu.... sa pleine forme.
5. Les économies qu'il a réalisé.... lui permettront d'envisager un nouvel achat.

■ Exercice 4

Classez les verbes sous forme de participes passés dans le tableau, suivant qu'ils ont un rapport avec l'idée de vouloir ou l'idée d'attendre.

VOULOIR	ATTENDRE

remettre - exiger - languir - demander - consentir - différer - accepter - guetter - suspendre - souhaiter - essayer - espérer - permettre - patienter - prétendre - compter - commander - tenir - se morfondre.

■ Exercice 5

Trouvez les six participes passés qui se cachent dans cette grille.

E	U	C	A	V	E
I	G	U			R
D	I				S
U		T	T		E
T				I	E
E	T	I	R	E	M

■ Dictée

Ensommeillés, nous partions ensemble dans la nuit, guidés vers l'école par les seize fenêtres faiblement éclairées du dortoir. Il suffisait d'une marche de vingt minutes, sans allonger le pas, pour en venir à bout. Et cependant, quel tourment par les grands froids, lorsque la bise remontait la vallée de la Dore[1], soufflant une fine poussière de neige ! Nous marchions d'un même pas dans la neige craquante, bientôt arrêtés par la nécessité de vider nos sabots qui se feutraient promptement d'une garniture de glace fondante. Le Sugère[2], qui possédait un couteau solidement fixé à la ceinture par une chaîne d'acier, opérait avec diligence le curetage indispensable de nos quatre chaussures. Pendant cette opération, je dansais sur mes pieds déchaussés, parfaitement averti que la neige durcie par le gel serait moins cruelle à mes extrémités que le bloc glacé qui m'enrobait les orteils.

Antoine Sylvère, *Toinou*. Éd. Plon.

1. La Dore : petite rivière d'Auvergne.
2. Le Sugère est un camarade de Toinou, le narrateur.

ACCORDS

VERBES

ORTHOGRAPHE D'USAGE

HOMOPHONES

SIGNES
ORTHOGRAPHIQUES

CONJUGAISONS

Écrire un participe passé suivi d'un infinitif

> On écrit : *les marins que j'ai vus pêcher venaient d'Espagne*, et : *les poissons que j'ai vu pêcher seront vendus sur le marché*.
> Le participe passé s'accorde si le COD, placé avant le participe, fait l'action de l'infinitif.
> Dans le premier cas, *que* est complément de *j'ai vu* ; dans le second cas, *que* est complément de *pêcher*.

▬▬▬ **Le participe passé suivi directement d'un infinitif :**

☐ s'accorde si le COD placé avant le participe fait l'action exprimée par l'infinitif.
Les marins que j'ai vus pêcher venaient d'Espagne.
Le COD *que* remplace *les marins* ; ce sont eux qui pêchent, le participe passé s'accorde.

☐ ne s'accorde pas si le COD ne fait pas l'action.
Les poissons que j'ai vu pêcher seront vendus au marché.
Le COD *que* remplace *les poissons* ; ils ne font pas l'action mais la subissent, le participe ne s'accorde pas.

☐ ne s'accorde pas quand le verbe à l'infinitif est sous-entendu.
J'ai ramassé les outils que j'ai pu (ramasser).

▬▬▬ **Le participe passé séparé de l'infinitif** par la préposition *à* ou *de* ne s'accorde qu'avec le COD qui dépend de lui.
Elle a deviné toutes les difficultés que j'ai eues à l'affronter.
(Dans ce cas, *les difficultés* est le COD de *eues*.)
Elle a deviné toutes les difficultés que j'ai eu à affronter.
(Dans ce cas, *les difficultés* est le COD de *affronter*.)

▬▬▬ **Le participe passé des verbes** employés comme auxiliaires reste invariable.
Les travaux que j'ai dû accomplir étaient harassants.
La maison que j'ai fait construire enchantera mes visiteurs.

COMMENT NE PAS CONFONDRE
participe passé en *é*, infinitif en *er*, et formes de l'imparfait ?

*Il a **parlé** calmement* : participe passé.
*Il souhaite **parler*** : infinitif.
*Il **parlait** calmement* : imparfait.
Le participe passé en *é* peut se remplacer par un participe passé en *u* (*il a entendu*). L'infinitif en *er* peut se remplacer par un infinitif du 3e groupe (*il souhaite revenir*). L'imparfait peut se remplacer par un autre temps, le futur par exemple (*il parlera calmement*).

■ Exercice 1

Accordez les participes passés, s'il y a lieu.

1. J'admire les coureurs. Je les ai vu.... grimper le col.
2. Quant à ma grand-mère, nous ne l'avons jamais entendu.... se plaindre.
3. Pour que les poulets fussent meilleurs, le cuisinier les avait laissé.... cuire plusieurs heures.
4. Cette villa, elle l'a fait.... construire l'an dernier.
5. L'avion qu'on a vu.... survoler Paris est recherché.
6. Les fourmis qu'elle avait senti.... monter le long de sa jambe étaient inoffensives.

■ Exercice 2

Même exercice.

1. Il a supporté toutes les souffrances qu'il a pu.....
2. Toute sa vie, mon père a fait face aux problèmes qu'il a eu.... à résoudre.
3. L'erreur qu'il a commis.... de croire à sa parole lui a coûté cher.
4. La lettre qu'il a cru.... bon de déchirer ne lui était pas destinée.
5. Les économies que mon père nous a laissé.... pour voyager sont assez maigres.

■ Exercice 3

Évitez les répétitions en employant l' ou les.

1. Les *moutons* craignent la pluie. J'ai fait rentrer les *moutons* plus tôt.
2. Ma *voiture* est en panne. J'ai fait réparer ma *voiture* chez le garagiste.
3. Nous avions une *tante* dans le Midi. Nous avons fait monter la *tante* dans le Nord.
4. Depuis longtemps les jeunes époux rêvaient d'une *petite maison*. Ils ont fait construire la *petite maison* à la campagne.
5. Il aime trop ses *pigeons*, si bien qu'il a laissé s'échapper ses *pigeons* un beau jour.

■ Exercice 4

Reconstituez les phrases selon le modèle |A|3|N| *et accordez les participes passés.*

A. la toiture. **B.** la fillette.
C. les conserves. **D.** les menaces.
E. la fusée. **F.** la montre. **G.** la piscine.
H. la partie

1. qu'elle a laissé.... cuire
2. qu'il a entendu.... proférer
3. qu'il a fait.... réparer
4. qu'on a porté.... à réparer
5. qu'on a dû.... arrêter
6. qu'on a vu.... décoller
7. à qui il a appris.... à nager
8. qu'on a fait.... remplir

K. est devenu championne. **L.** est un souvenir de famille. **M.** s'est perdue. **N.** fuit encore. **O.** est spacieuse. **P.** lui étaient adressées. **Q.** sera à rejouer. **R.** ont brûlé

■ Dictée

Je frémis encore au souvenir de cette aventure de mon enfance, où je faillis me noyer. C'était en automne, sur un étang encombré de nénuphars. Tandis que je poussais ma barque à l'aide d'un long bâton, soudain tout disparut dans un brouillard épais. Je me souviens encore des prouesses de navigateur qu'il m'a fallu réaliser pour retrouver la bonne direction de la rive. Maintes fois, je me suis imaginé que des êtres étranges assiégeaient mon frêle esquif. Je les ai vus tenter de monter à bord et je les ai même sentis me frôler de leurs mains glacées. J'éprouvais un malaise terrible, complètement désorienté, au beau milieu de ces lambeaux de brume blanche, qui découvraient en se déplaçant lentement, ici un bouquet de roseaux, là un vieux saule à demi immergé. Puis, enfin sorti d'un court moment de panique, je me suis jeté à l'eau et j'ai nagé, de toutes mes forces, dans la direction que j'ai cru être la meilleure.

ACCORDS

VERBES

ORTHOGRAPHE D'USAGE

HOMOPHONES

SIGNES
ORTHOGRAPHIQUES

CONJUGAISONS

Accorder le participe passé d'un verbe pronominal

Les verbes pronominaux ne peuvent jamais être utilisés sans pronom de conjugaison. Leurs temps composés sont toujours formés avec l'auxiliaire être. Le participe passé de ces formes s'accorde avec le COD quand celui-ci est placé avant le participe.

Pour savoir comment accorder le participe passé, il faut remplacer l'auxiliaire *être* par l'auxiliaire *avoir*, et chercher le COD en posant la question *qui?* ou *quoi?*

Le participe passé s'accorde avec le COD :

☐ si la réponse renvoie au pronom personnel *se*.
Les coureurs se sont entraînés avant le départ.

☐ si le COD précède le verbe sous la forme d'un pronom, *que* par exemple.
Les genoux, qu'il s'est égratignés, saignent encore.

Le participe passé s'accorde avec le sujet :

☐ si le verbe pronominal est réciproque (l'un agit sur l'autre) et si la question *qui?* ou *quoi?* est possible.
Les enfants se sont battus (l'un a battu qui? l'autre).
Elles se sont parlé (l'une a parlé à qui? pas de COD).

☐ quand le verbe n'existe qu'à la forme pronominale et qu'on ne peut remplacer l'auxiliaire *être* par l'auxiliaire *avoir*.
Les Romains se sont emparés de la Gaule.

☐ quand il s'agit d'une locution verbale.
Elle s'est portée garante de sa réussite.

☐ quand le verbe pronominal est suivi d'un infinitif et que le sujet fait l'action exprimée par l'infinitif.
Elle s'est vue tomber (qui tombe? elle, le participe passé prend un *e*).

Le participe passé est invariable :

☐ si le verbe n'a pas de COD.
Les deux amis se sont téléphoné tous les jours.
(Un ami a téléphoné à qui? à l'autre. C'est un COI et non un COD.)

☐ si le COD suit le verbe.
Elles se sont égratigné les genoux.

☐ quand le verbe pronominal est suivi d'un infinitif et que le sujet ne fait pas l'action exprimée par l'infinitif.
Elles se sont fait construire un chalet dans les Alpes.

■ Exercice 1

Accordez ou non le participe passé.

1. Il s'est cassé.... une jambe en sautant.
2. Les vaches s'étaient perdu.... dans le bois.
3. Les sirènes se sont déclenché.... seules.
4. Trois Américains se sont partagé.... les premières places du podium.
5. Comme le directeur refusait, ils se sont passé.... de son autorisation.
6. De grandes fêtes se sont déroulé.... sur le Champ-de-Mars pour l'anniversaire de la Révolution.

■ Exercice 2

Même exercice.

1. Toute la peine qu'il s'est donné.... a eu sa récompense.
2. Elle a atteint les limites qu'elle s'était fixé.... avant de commencer.
3. Les tableaux qu'il s'est acheté.... dans sa jeunesse, ont aujourd'hui beaucoup de valeur.
4. La barque qu'il s'est fabriqué.... suffira pour traverser le fleuve.
5. Il a oublié les sandwiches qu'il s'était préparé.....

■ Exercice 3

Même exercice : accordez, s'il y a lieu, ces participes passés suivis d'un infinitif.

1. Elle s'est entendu.... regretter la vie d'autrefois.
2. Ils se sont laissé.... insulter sans broncher.
3. Grand-mère s'est fait.... cuire une tarte aux pommes.
4. La voisine s'est fait.... couper les cheveux à ras.
5. Ils se sont fait.... donner les subventions nécessaires.
6. La reine Elisabeth II d'Angleterre s'est vu.... succéder à son père.

■ Exercice 4

Classez les verbes en deux colonnes.

Colonne 1 : verbes « essentiellement pronominaux » (qui ne peuvent être que pronominaux).
Colonne 2 : les autres verbes.

- s'arranger - s'aventurer - se dissoudre - s'évanouir - se divertir - se succéder - s'envoler - s'emparer - s'effacer - s'enfuir - s'exprimer - s'enquérir - s'encasteler - s'empresser - s'enivrer - s'ennuager - s'ensuivre - s'ébrouer - s'énerver - s'effilocher - s'arroger.

1	2

■ Exercice 5

Retrouvez les expressions populaires en reliant chaque lettre au chiffre convenable.

A. s'arracher	**1.** du danger
B. se débattre	**2.** de rire
C. se payer	**3.** les cheveux
D. se tordre	**4.** la tête de quelqu'un
E. se creuser	**5.** les ailes
F. se tailler	**6.** les méninges
G. se rire	**7.** comme un diable
H. se brûler	**8.** les puces
I. se secouer	**9.** la part du lion

■ Dictée

Après quelques heures de montée par les chemins obscurs, labourés d'ornières séchées, la colonne s'était arrêtée, là-bas, sur un ordre bref. De proche en proche, les soldats s'étaient assis quelques instants au hasard de quelque monticule. D'où nous étions parvenus, nous découvrions le paysage noyé dans l'ombre bleue. Tout autour, des collines aux pentes douces se détachaient à peine, piquées çà et là de lumières falotes. La section s'était dispersée, s'était creusé un trou où elle s'était enterrée sans un bruit. On n'apercevait plus, maintenant, de chacun, qu'une forme ronde qui devait être un casque.

ACCORDS
VERBES
ORTHOGRAPHE D'USAGE
HOMOPHONES
SIGNES
ORTHOGRAPHIQUES
CONJUGAISONS

Conjuguer un verbe au présent de l'indicatif

Le présent est une forme simple du verbe. Les trois personnes du pluriel prennent les désinences -ons, -ez, -ent. Toutefois les trois personnes du singulier peuvent recevoir plusieurs désinences.

Prennent au présent les désinences -e, -es, -e, -ons, -ez, -ent :

☐ les verbes du premier groupe (à l'exception de *aller*).

☐ quelques verbes du troisième groupe : *cueillir, ouvrir* et leurs composés, *offrir, souffrir, couvrir, assaillir*, etc.

je téléphone	*j'accueille*	*j'offre,*
tu téléphones	*tu accueilles*	*tu offres*
il téléphone	*il accueille*	*il offre*
nous téléphonons	*nous accueillons*	*nous offrons*
vous téléphonez	*vous accueillez*	*vous offrez*
ils téléphonent	*ils accueillent*	*ils offrent*

Prennent les désinences -s, -s, -t (-d), -ons, -ez, -ent les autres verbes des deuxième et troisième groupes :

je garantis	*j'écris*	*je joins*	*je perds*
tu garantis	*tu écris*	*tu joins*	*tu perds*
il garantit	*il écrit*	*il joint*	*il perd*
nous garantissons	*nous écrivons*	*nous joignons*	*nous perdons*
vous garantissez	*vous écrivez*	*vous joignez*	*vous perdez*
ils garantissent	*ils écrivent*	*ils joignent*	*ils perdent*

Prennent les désinences -x, -x, -t, -ons, -ez, -ent les verbes *pouvoir, vouloir, valoir, équivaloir, revaloir* :

je peux ou *je puis*	*je veux*	*je vaux*
tu peux	*tu veux*	*tu vaux*
il peut	*il veut*	*il vaut*
nous pouvons	*nous voulons*	*nous valons*
vous pouvez	*vous voulez*	*vous valez*
ils peuvent	*ils veulent*	*ils valent*

OÙ TROUVER LA CONJUGAISON DES VERBES ?

■ Exercice 1

Écrivez les verbes au présent de l'indicatif.

démarrer : ils ....
plaindre : tu ....
lire : il ....
remarquer : vous ....
attendre : j'.......................
voir : tu ....
grandir : nous ....
remercier : je ....
confondre : il ....
courir : tu ....

■ Exercice 2

Réécrivez ces phrases en conjuguant les verbes entre parenthèses au présent de l'indicatif.

1. Toute la famille te (transmettre) ses amitiés.
2. (Partir)-tu en train ou en voiture ?
3. Si je (résoudre) ce problème, je (gagner).
4. Il (repeindre) sa façade en blanc.
5. Je (vouloir) bien te prêter ma bicyclette si tu (promettre) d'en prendre soin.
6. Il ne se (plier) pas facilement aux contraintes du règlement.
7. Quelle carte (choisir)-tu ?

■ Exercice 3

Réunissez les trois parties de chaque phrase et conjuguez le verbe au présent de l'indicatif.

La France	convaincre	pour votre invitation.
Les candidats		
Les arguments de la défense	tenir	le jury.
La nouvelle tenue des hôtesses	rompre	beaucoup aux usagers.
	attendre	au concours.
Mes parents et moi vous	plaire	compte de sa situation.
Jacques	remercier	ses relations diplomatiques avec ce pays.
Bien entendu, je	s'inscrire	le livreur.

■ Exercice 4

Distinguez le nom du verbe au présent de l'indicatif en plaçant un *ou* une *devant les noms et en plaçant* je *ou* il *devant les verbes.*

.... prie	.... travail
.... prix	.... travaille
.... plaie	.... bats
.... plais	.... bas
.... veut	.... bois
.... vœu	.... bois
.... clou	.... vent
.... cloue	.... vend
.... scie	.... vole
.... scie	.... vol

■ Exercice 5

Replacez les verbes dans les petites annonces en les conjuguant au présent de l'indicatif :

donner, vendre, offrir, louer.
.... R5 GL 47 000 km, bon état.
.... à La Plagne studio 4 personnes.
.... cours d'anglais tous niveaux.
.... contre bons soins adorable chaton noir.

■ Dictée

Le ballon est placé au centre du terrain. Un coup de sifflet, un joueur donne un coup de pied. Le match est commencé... Le ballon vole, rebondit. Un joueur le suit et le poursuit, le pousse du pied, se le fait voler par un adversaire qui à son tour le conduit vers les buts. Quand l'occasion est bonne, il fonce et d'un grand coup de pied lance le ballon dans les buts. Alerté, le gardien se jette sur le ballon, l'attrape et le renvoie vers un de ses équipiers. L'attaque reprend... Avec une habileté et une rapidité qui ressemblent à de l'acrobatie, avec une force qui dégénère en brutalité et qui se mêle à la ruse, les équipes des deux camps feintent, trompent et finissent par faire entrer le ballon entre les poteaux. L'arbitre siffle. Le résultat déchaîne l'enthousiasme des joueurs et des partisans.

Philippe Soupault.

ACCORDS

VERBES

ORTHOGRAPHE D'USAGE

HOMOPHONES

SIGNES
ORTHOGRAPHIQUES

CONJUGAISONS

Conjuguer un verbe au futur de l'indicatif

Les désinences du futur sont toujours les mêmes : *-ai, -as, -a, -ons, -ez, -ont*. Ce sont les désinences du présent de l'indicatif du verbe avoir. Pour conjuguer un verbe au futur, on ajoute ces désinences à la forme infinitive du verbe ; toutefois, il est nécessaire de connaître un certain nombre de particularités orthographiques.

Comment le futur est-il formé ?

1er groupe	2e groupe	3e groupe
je marcherai	*je fournirai*	*je fuirai*
tu marcheras	*tu fourniras*	*tu fuiras*
il marchera	*il fournira*	*il fuira*
nous marcherons	*nous fournirons*	*nous fuirons*
vous marcherez	*vous fournirez*	*vous fuirez*
ils marcheront	*ils fourniront*	*ils fuiront*

Quelles particularités orthographiques faut-il connaître ?

☐ Les verbes terminés par *-re* à l'infinitif perdent le *-e* devant les désinences du futur :
il vendra, il lira, il répondra, il croira, il mettra, il suivra.

☐ Les verbes terminés par *-éer, -ier, -ouer, -uer, -yer* conservent le *e* de l'infinitif, même s'il ne s'entend pas :
créer : il créera ; nier : il niera ; louer : il louera ; continuer : il continuera.

☐ Les verbes terminés par *-eler, -eter, -oyer, -ayer, -uyer* : voir pages 38 et 40.

☐ Les verbes *mourir, courir, quérir* et les verbes composés avec *courir* ou *quérir* perdent la voyelle finale. Les deux consonnes *r* sont juxtaposées.
Ces verbes sont les suivants : *accourir, concourir, discourir, encourir, parcourir, recourir, secourir, conquérir, s'enquérir, acquérir, reconquérir, requérir.*

je mourrai	*je courrai*	*j'acquerrai*
tu mourras	*tu courras*	*tu acquerras*
il mourra	*il courra*	*il acquerra*
nous mourrons	*nous courrons*	*nous acquerrons*
vous mourrez	*vous courrez*	*vous acquerrez*
ils mourront	*ils courront*	*ils acquerront*

Les principaux verbes irréguliers :

aller	*j'irai, tu iras, il ira, nous irons, vous irez, ils iront*
avoir	*j'aurai, tu auras, il aura, nous aurons, vous aurez, ils auront*
être	*je serai, tu seras, il sera, nous serons, vous serez, ils seront*
faire	*je ferai, tu feras, il fera, nous ferons, vous ferez, ils feront*
savoir	*je saurai, tu sauras, il saura, nous saurons, vous saurez, ils sauront*
tenir	*je tiendrai, tu tiendras, il tiendra, nous tiendrons, vous tiendrez, ils tiendront*
valoir	*je vaudrai, tu vaudras, il vaudra, nous vaudrons, vous vaudrez, ils vaudront*
vouloir	*je voudrai, tu voudras, il voudra, nous voudrons, vous voudrez, ils voudront*

EXERCICES

■ Exercice 1

Conjuguez les verbes suivants au futur simple aux personnes indiquées :

changer : tu ....
s'installer : il ....
finir : nous ....
accourir : j'.........................
envoyer : ils ....
clouer : vous ....
apprécier : il ....
prévoir : nous ....
entrevoir : ils ....
évaluer : j'..........................
parier : vous ....

■ Exercice 2

Conjuguez au futur simple les verbes entre parenthèses.

1. Quand ils (venir) nous voir, nous leur (montrer) notre collection de cartes postales.
2. Dès qu'il le (pouvoir), il nous (rejoindre).
3. Vous (courir) le relais à quinze heures.
4. (Louer)-nous le même chalet que l'an dernier ?
5. Nous (étudier) votre proposition et nous vous (faire) parvenir notre réponse dans les meilleurs délais.
6. Ils (conclure) cette affaire lors de leur prochaine entrevue.

■ Exercice 3

Trouvez les homonymes des noms suivants en transformant leur orthographe ; vous obtiendrez des verbes conjugués au futur. Notez devant chacun d'eux un pronom personnel sujet :

un perron (petit escalier se terminant par une plate-forme) : ....
un verrat (porc mâle) : ....
une orée (bordure) : ....
un liron (petit mammifère rongeur) : ...
....
du tendron (morceau de viande) : ......
....
un couperet (couteau à large lame) : ....
....
une coudraie (terrain planté de coudriers) :
....

■ Exercice 4

Complétez ces phrases avec des verbes au futur que vous choisirez.

1. Ne m'interrogez plus, vous ne .... rien de plus.
2. Demain, nous .... une carte routière et nous choisirons notre itinéraire.
3. Quand tu reviendras, je .... ce travail.
4. Vous remplirez ces imprimés dès que vous le .... .
5. Il téléphonera quand il ..... .
6. Au signal, les concurrents ..... .

■ Exercice 5

Replacez ces verbes dans le texte en les conjuguant au futur :

souffler, être, faiblir, localiser.
Sur la majeure partie du pays, le temps .... variable avec de belles éclaircies et une menace d'averses de pluie qui se .... en fin d'après-midi sur la moitié nord du pays. Le vent de secteur nord-ouest .... en Méditerranée mais il .... en fin d'après-midi.

■ Dictée

Au-dessus de votre appartement, au cinquième, il y a une chambre qui en dépend, j'y demeurerai. Je me fais vieux, je suis trop loin de mes filles. Je ne vous gênerai pas. Seulement je serai là. Vous me parlerez d'elle tous les soirs. Ça ne vous contrariera pas, dites ? Quand vous rentrerez, que je serai dans mon lit, je vous entendrai, je me dirai : Il vient de voir ma petite Delphine. Il l'a menée au bal, elle est heureuse par lui. Si j'étais malade, ça me mettrait du baume dans le cœur de vous écouter revenir, vous remuer, aller. Il y aura tant de ma fille en vous ! Je n'aurai qu'un pas à faire pour être aux Champs-Élysées, où elles passent tous les jours, je les verrai toujours, tandis que quelquefois j'arrive trop tard. Et puis elle viendra chez vous peut-être ! Je l'entendrai, je la verrai dans sa douillette du matin, trottant, allant gentiment comme une petite chatte.

Balzac, *Le Père Goriot.*

ACCORDS

VERBES

ORTHOGRAPHE D'USAGE

HOMOPHONES

SIGNES
ORTHOGRAPHIQUES

CONJUGAISONS

Conjuguer un verbe au passé simple

Le passé simple, parfois appelé passé défini, est une forme verbale qui n'existe qu'à l'indicatif. Elle appartient surtout à la langue écrite.
Au singulier, les désinences varient suivant les verbes.
Au pluriel se retrouvent toujours les mêmes désinences : -mes, -tes, -rent.

▰▰▰▰ **Les verbes du 1ᵉʳ groupe en -er :**

je regardai	j'essayai	je traçai
tu regardas	tu essayas	tu traças
il regarda	il essaya	il traça
nous regardâmes	nous essayâmes	nous traçâmes
vous regardâtes	vous essayâtes	vous traçâtes
ils regardèrent	ils essayèrent	ils tracèrent

▰▰▰▰ **Les verbes du 2ᵉ groupe en -ir** (participe présent en -issant) :

j'avertis	je réussis	je garantis
tu avertis	tu réussis	tu garantis
il avertit	il réussit	il garantit
nous avertîmes	nous réussîmes	nous garantîmes
vous avertîtes	vous réussîtes	vous garantîtes
ils avertirent	ils réussirent	ils garantirent

▰▰▰▰ **Les verbes du 3ᵉ groupe terminés par *dre* à l'infinitif** prennent le plus souvent les désinences -is, -is, -it, -îmes, -îtes, -irent.
C'est le cas de *prendre, tendre, vendre, rendre* et des verbes composés avec ces verbes comme *apprendre, comprendre,* etc.
D'autres verbes du 3ᵉ groupe prennent les mêmes désinences : *cueillir, offrir, mentir, dire, voir, mettre, produire, traduire,* etc.
Je pris, je vendis, je tendis, j'appris, je compris, je cueillis, je mentis, j'offris, je dis, je vis, je mis, je produisis, je traduisis.

▰▰▰▰ **D'autres verbes du 3ᵉ groupe** prennent les désinences -us, -us, -ut, -ûmes, -ûtes, -urent (*élire, courir, recevoir, paraître, mourir, conclure, lire, accroître, vouloir, valoir, savoir,* etc.) :

il reçut	il voulut	il sut
nous reçûmes	nous voulûmes	nous sûmes

▰▰▰▰ **Les verbes *tenir, venir* et leurs composés** prennent les désinences -ins, -ins, -int, -înmes, -întes, -inrent :

il tint	il vint
nous tînmes	nous vînmes

LE SAVIEZ-VOUS ?

Le verbe *croître* prend un accent circonflexe à toutes les personnes au passé simple : *je crûs, tu crûs, il crût...* ; on évite ainsi la confusion avec le verbe *croire* : *je crus, tu crus, il crut...*

Les verbes *clôre, éclore, paître, traire, extraire, distraire, soustraire, absoudre, dissoudre, quérir, braire, seoir, gésir* n'ont pas de passé simple.

Exercice 1

Conjuguez les verbes au passé simple aux personnes indiquées :

envoyer : nous ....
écrire : il ....
prendre : ils ....
conduire : je ....
servir : tu ....
venir : il ....
descendre : nous ....
répondre : vous ....
ouvrir : ils ....
s'arrêter : tu ....

Exercice 2

Replacez ces verbes dans le texte en les conjuguant au passé simple :

tendre, ouvrir, remonter, arriver, parvenir, rejoindre, garer, s'immobiliser, s'arrêter, éteindre.

Quand ils .... devant la maison, ils .... les phares et .... la voiture. Paul .... doucement sa portière. Il .... un instant devant le portail. Luc le .... et ils .... ensemble l'allée déserte du parc. Soudain, un bruit de voix leur ..... Ils .... et .... l'oreille. Il s'agissait des deux gardiens qui bavardaient, assis sur un banc.

Exercice 3

Conjuguez les verbes au passé simple aux personnes indiquées.

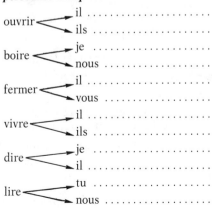

ouvrir — il ....
        — ils ....

boire — je ....
       — nous ....

fermer — il ....
        — vous ....

vivre — il ....
       — ils ....

dire — je ....
      — il ....

lire — tu ....
      — nous ....

Exercice 4

Ajoutez une lettre à ces mots et vous obtiendrez un verbe au passé simple.

un devin	il devina
des plis	je ....
des fonds	tu ....
un cas	il ....
un mime	nous ....
vite	vous ....
un furet	ils ....
un pays	tu ....

Exercice 5

Réécrivez ce texte en mettant tous les verbes au passé simple.

Un expert américain a déclaré que l'Antarctique a connu autrefois un climat plus doux. Ce professeur a trouvé des fossiles de marsupiaux et d'autres mammifères qui ont accrédité la thèse selon laquelle le climat était moins froid.

Dictée

Candide et Cacambo sautèrent au cou de Sa Majesté, qui les reçut avec toute la grâce imaginable, et qui les pria poliment à souper.
En attendant, on leur fit voir la ville, les édifices publics élevés jusqu'aux nues, les marchés ornés de mille colonnes, les fontaines d'eau pure, les fontaines d'eau rose, celles de liqueurs de canne de sucre qui coulaient continuellement dans de grandes places pavées d'une espèce de pierreries qui répandaient une odeur semblable à celle du gérofle et de la cannelle. Candide demanda à voir la cour de justice, le parlement ; on lui dit qu'il n'y en avait point, et qu'on ne plaidait jamais. Il s'informa s'il y avait des prisons, et on lui dit que non. Ce qui le surprit davantage, et qui lui fit le plus de plaisir, ce fut le palais des sciences dans lequel il vit une galerie de deux mille pas, toute pleine d'instruments de mathématiques et de physique.

Voltaire, *Candide.*

ACCORDS
VERBES
ORTHOGRAPHE D'USAGE
HOMOPHONES
SIGNES
ORTHOGRAPHIQUES
CONJUGAISONS

Les verbes en -eler, -eter, -éer, -e.er

Les verbes en -eler doublent le *l* au futur, au conditionnel et devant une syllabe contenant un *e* muet :

présent	futur	prés. du cond.	prés. du subj.	impératif
j'appelle	j'appellerai	j'appellerais	que j'appelle	appelle
tu appelles	tu appelleras	tu appellerais	que tu appelles	appelons
il appelle	il appellera	il appellerait	qu'il appelle	appelez
nous appelons	nous appellerons	nous appellerions	que nous appelions	
vous appelez	vous appellerez	vous appelleriez	que vous appeliez	
ils appellent	ils appelleront	ils appelleraient	qu'ils appellent	

☐ Cependant, 18 verbes ne doublent pas le *l* mais prennent un accent grave au futur, au conditionnel et devant une syllabe contenant un *e* muet : *celer, ciseler, congeler, déceler, décongeler, dégeler, démanteler, désurgeler, écarteler, s'encasteler, geler, harceler, marteler, modeler, peler, receler, regeler, surgeler.*

Cet accent grave apparaît aux temps suivants : présent (*je gèle* mais *nous gelons* et *vous gelez*); futur (*je gèlerai*); prés. du cond. (*je gèlerais*); prés. du subj. (*que je gèle* mais *que nous gelions* et *que vous geliez*); impératif (*gèle, gelons, gelez*).

Les verbes en -eter doublent le *t* au futur, au conditionnel et devant une syllabe contenant un *e* muet :

présent	futur	prés. du cond.	prés. du subj.	impératif
je jette	je jetterai	je jetterais	que je jette	jette
tu jettes	tu jetteras	tu jetterais	que tu jettes	jetons
il jette	il jettera	il jetterait	qu'il jette	jetez
nous jetons	nous jetterons	nous jetterions	que nous jetions	
vous jetez	vous jetterez	vous jetteriez	que vous jetiez	
ils jettent	ils jetteront	ils jetteraient	qu'ils jettent	

Cependant, huit verbes ne doublent pas le *t* et prennent un accent grave sur le *e* au futur, au conditionnel et devant une syllabe contenant un *e* muet : *acheter, bégueter, corseter, crocheter, fileter, fureter, haleter, racheter.*

Les verbes en é-er, comme *espérer* ou *abréger*, changent le *é* en *è* uniquement devant un *e* muet final. Ils conservent donc le *é* au futur et au conditionnel.

présent	futur	prés. du cond.	prés. du subj.	impératif
j'espère	j'espérerai	j'espérerais	que j'espère	espère
nous espérons	nous espérerons	nous espérerions	que nous espérions	espérons

Les verbes en -éer gardent toujours l'accent aigu : *je crée, il suppléera, nous agréons, ils procréaient.*

EXERCICES

■ Exercice 1

Complétez les verbes en ajoutant l, t ou un accent grave.

1. Je t'appel..erai au téléphone demain.
2. Les joueurs se jet..ent sur le ballon.
3. Il gel..e à pierre fendre ce matin.
4. Vous empaquet..erez les achats de ce client.
5. Les sportifs halet..ent après cette longue course.
6. On l'a arrêté car il recel..ait des tableaux volés.

■ Exercice 2

Replacez les verbes dans les phrases et conjuguez-les.

Il .... de ne pouvoir les accompagner	*décongeler Imp. prés.*
Ils .... les bouteilles de vin	*déceler Ind. futur*
.... la pizza avant de la passer au four	*renouveler Ind. prés.*
En examinant le vase, il .... cette imperfection	*étinceler Ind. prés.*
Avant de les quitter, il .... ses excuses	*regretter Ind. imp.*
Avec ce produit, le cristal	*étiqueter Ind. prés.*

■ Exercice 3

Mettez ces phrases au futur simple de l'indicatif.

1. Ils créent une nouvelle entreprise.
2. Nous achevons les travaux ce soir.
3. Il amoncelle les prétextes et les excuses.
4. Son discours fantaisiste soulève les rires de l'auditoire.
5. Nous le harcelons de questions.
6. Il projette un vieux film policier.
7. Il supplée au manque de personnel en tenant lui-même la caisse.
8. Ils rejettent sur lui la responsabilité de cet échec.
9. Il grogne et maugrée contre tout le monde.

■ Exercice 4

Retrouvez les cris correspondant à chacun des animaux et mettez-les à la 3ᵉ personne de l'indicatif présent.

la chèvre	craqueter
la cigale	grommeler
la poule	claqueter
le merle	baréter
le sanglier	trompeter
le rhinocéros	bégueter
la cigogne	appeler
la grue	caqueter

■ Exercice 5

Mettez au futur les verbes de ce mode d'emploi.

1. Vous (acheter) un petit cadeau.
2. Vous (empaqueter) cet objet.
3. Vous (ficeler) solidement le colis.
4. Vous le (jeter) dans une boîte aux lettres.
5. Ils le (décacheter) avec joie.
6. Ils (appeler) pour vous remercier.

■ Dictée

Un canon qui casse son amarre devient brusquement on ne sait quelle bête surnaturelle. C'est une machine qui se transforme en un monstre. Cette masse court sur ses roues, a des mouvements de bille de billard, penche avec le roulis, plonge avec le tangage, va, vient, s'arrête, paraît méditer, reprend sa course, traverse comme une flèche le navire d'un bout à l'autre, pirouette, se dérobe, s'évade, se cabre, heurte, ébrèche, tue, extermine. C'est un bélier qui bat à sa fantaisie une muraille. Ajoutez ceci : le bélier est de fer, la muraille est de bois. C'est l'entrée en liberté de la matière ; on dirait que cet esclave éternel se venge ; il semble que la méchanceté qui est dans ce que nous appelons les objets inertes sorte et éclate tout à coup.

Victor Hugo,
Quatre-vingt-treize.

ACCORDS
VERBES
ORTHOGRAPHE D'USAGE
HOMOPHONES
SIGNES
ORTHOGRAPHIQUES
CONJUGAISONS

Les verbes en
-oyer, -uyer, -ayer, -eyer

▬▬▬ **Les verbes en -oyer ou -uyer** changent le *y* en *i* devant un *e* muet :

présent	futur	prés. du cond.	prés. du subj.
j'emploie	*j'emploierai*	*j'emploierais*	*que j'emploie*
tu emploies	*tu emploieras*	*tu emploierais*	*que tu emploies*
il emploie	*il emploiera*	*il emploierait*	*qu'il emploie*
nous employons	*nous emploierons*	*nous emploierions* .	*que nous employions*
vous employez	*vous emploierez*	*vous emploieriez*	*que vous employiez*
ils emploient	*ils emploieront*	*ils emploieraient*	*qu'ils emploient*

Impératif : *emploie, employons, employez.*

Remarque : les verbes *envoyer* et *renvoyer* ne forment pas le futur et le conditionnel présent comme les autres verbes en *-oyer*. Pour ces deux temps, ils se conjuguent comme *voir*.

Futur : *j'enverrai, il enverra*. Conditionnel présent : *j'enverrais, il enverrait*.

Attention : le *y* est suivi d'un *i* aux 1re et 2e personnes du pluriel de l'imparfait : *nous employions, vous employiez* ; et du présent du subjonctif : *que nous employions, que vous employiez*.

▬▬▬ **Les verbes en -ayer** peuvent garder le *y* ou le transformer en *i* devant un *e* muet :

présent	futur	prés. du conditionnel
je paie/je paye	*je paierai/je payerai*	*je paierais/je payerais*
tu paies/tu payes	*tu paieras/tu payeras*	*tu paierais/tu payerais*
il paie/il paye	*il paiera/il payera*	*il paierait/il payerait*

prés. du subj.	impératif
que je paie/que je paye	*paie/paye*
que tu paies/que tu payes	
qu'il paie/qu'il paye	

Attention : le *y* est suivi d'un *i* aux 1re et 2e personnes du pluriel de l'imparfait : *nous payions, vous payiez* ; et du présent du subjonctif : *que nous payions, que vous payiez*.

▬▬▬ **Les verbes en -eyer** gardent le *y* à tous les temps et à toutes les personnes.

Attention : le *y* est suivi d'un *i* aux 1re et 2e personnes du pluriel de l'imparfait : *nous grasseyions, vous grasseyiez* ; et du présent du subjonctif : *que nous grasseyions, que vous grasseyiez*.

Remarque : *grasseyer* (prononcer les *r* sans l'action de la langue) est le plus courant des verbes en *-eyer*.

■ Exercice 1

Complétez les phrases en conjuguant les verbes au présent de l'indicatif.

1. Cette lessive (nettoyer) les fibres en profondeur.
2. Les sauveteurs (déblayer) dans l'espoir de trouver d'autres rescapés.
3. Cette firme (employer) 750 salariés.
4. Quand on (appuyer) sur ce bouton, l'enregistrement commence.
5. Est-ce que vous (essayer) de gagner du temps ?
6. Les chiens (aboyer), la caravane passe.

■ Exercice 2

Complétez les verbes avec yi ou y.

1. Il faudrait que vous renvo..ez le coupon-réponse avant le 10 février.
2. Des affiches multicolores éga..aient les murs de ce quartier.
3. Faut-il que nous le tuto..ons ou que nous le vouvo..ons ?
4. Le propriétaire souhaite que nous netto..ons l'appartement avant de le quitter.
5. Il était si timide qu'il béga..ait chaque fois qu'il prenait la parole en public.

■ Exercice 3

Retrouvez les verbes en -ayer, -oyer, -uyer correspondant aux définitions.

Il frappa d'effroi Il e............................
Vous traitiez sans ménagement Vous r...........................
Je remplace pour accomplir une épreuve sportive. Je r...........................
Tu importunes, agaces. Tu e...........................
Nous diluons, dissolvons dans un liquide. Nous d...........................
Ils sèchent en frottant avec un linge. Ils e...........................
Nous étions touchés de pitié, nous compatissions. Nous nous a......................

■ Exercice 4

Écrivez les verbes selon les indications :

noyer : ind. futur 3e pers. du sing.
monnayer : ind. imparfait 1re pers. du plur.
enrayer : ind. présent 3e pers. du plur.
ployer : ind. présent 1re pers. du sing.
rayer : subj. présent 2e pers. du sing.
broyer : ind. présent 2e pers. du plur.
renvoyer : ind. futur 3e pers. du sing.
grasseyer : ind. imparfait 3e pers. du plur.
festoyer : cond. présent 1re pers. du plur.

■ Exercice 5

Replacez les verbes suivants dans ce texte publicitaire, en les conjuguant :

renvoyer, envoyer, payer, envoyer

OUI .... moi vite vos fiches pour 5 F seulement. En acceptant cette offre, je ne m'engage à rien d'autre.
Je n'.... pas d'argent maintenant.
Je .... après avoir reçu mes 100 fiches.
Dans le cas où les fiches ne me donneraient pas toute satisfaction, je pourrai les
.....

■ Dictée

L'œuvre de lumière

Le peintre nettoie ses pinceaux avec un peu d'essence. Il regarde sans les voir son modèle qui s'ennuie avant la pose et le chat langoureux qui s'égaie sur les coussins. Il écoute la chanson triste que fredonne, au loin, une femme qui balaie l'eau de son trottoir. Les accents de cette voix le noient dans un rêve profond où ses souvenirs se délaient.
Le soleil qui pointe inonde de lumière la pièce et toutes les couleurs de ses toiles déploient leurs reflets qui ondoient sur les murs et se réfléchissent sur les vitres et dans les miroirs où ils chatoient.
Alors, comme par magie, sa palette capte toutes les lumières qui se diffusent, et il se met à l'œuvre.

ACCORDS

VERBES

ORTHOGRAPHE D'USAGE

HOMOPHONES

SIGNES
ORTHOGRAPHIQUES

CONJUGAISONS

Les verbes en -cer, -ger, -guer

Les verbes en *-cer* prennent une cédille devant *a* et *o*.
Les verbes en *-ger* prennent un *e* après le *g* devant *a* et *o*.
Les verbes en *-guer* conservent le *u* même devant *a* et *o*.

Dans les verbes qui se terminent par *-cer* à l'infinitif, une cédille s'ajoute au *c* devant *a* et *o* afin de conserver la prononciation qu'ils ont devant *i* et *e*. Cette cédille apparaît aux temps suivants :

présent	imparfait	passé simple	impératif	part. présent
je place	je plaçais	je plaçai	place	plaçant
tu places	tu plaçais	tu plaças	plaçons	
il place	il plaçait	il plaça	placez	
nous plaçons	nous placions	nous plaçâmes		
vous placez	vous placiez	vous plaçâtes		
ils placent	ils plaçaient	ils placèrent		

Dans les verbes qui se terminent par -ger à l'infinitif, un *e* s'intercale entre le *g* et les voyelles *a* et *o* afin de conserver la prononciation qu'ils ont devant *a* et *i*. Le *e* apparaît aux temps suivants :

présent	imparfait	passé simple	impératif	part. présent
je mange	je mangeais	je mangeai	mange	mangeant
tu manges	tu mangeais	tu mangeas	mangeons	
il mange	il mangeait	il mangea	mangez	
nous mangeons	nous mangions	nous mangeâmes		
vous mangez	vous mangiez	vous mangeâtes		
ils mangent	ils mangeaient	ils mangèrent		

Les verbes qui se terminent par *-guer* à l'infinitif conservent le *u*, même devant *a* et *o* :

présent	imparfait
je navigue	je naviguais
tu navigues	tu naviguais
il navigue	il naviguait
nous naviguons	nous naviguions
vous naviguez	vous naviguiez
ils naviguent	ils naviguaient

LE SAVIEZ-VOUS?

Les verbes en *-anger* s'écrivent tous avec *a*, sauf *venger*.

■ Exercice 1

Complétez les verbes afin que leur ortho-graphe soit correcte :

nous { exerc / vendang / dérang } [ons]

ils { narg / arrang / fonc } [aient]

il { protég / interrog / navig } [a]

{ divag / délég / agac } [ant]

■ Exercice 2

Conjuguez les verbes à l'imparfait et accordez-les avec leur sujet.

1. Il (plonger) dans l'eau glacée du lac.
2. Nous (avancer) prudemment sur la neige entassée.
3. Ils (exiger) de voir le directeur en personne.
4. Avec ce brouillard, les conducteurs ne (distinguer) rien.
5. L'équipe de secours (prodiguer) les premiers soins aux blessés.
6. Les aboiements constants des chiens (déranger) le voisinage.

■ Exercice 3

Replacez les verbes dans les phrases en les conjuguant au présent :

encourager, exiger, conjuguer, avantager, lancer.

1. Si nous . . . . nos efforts, nous pouvons réussir.
2. Nous . . . . que vous changiez cet appareil défectueux.
3. Nous . . . . une nouvelle ligne de maillots de bain.
4. Nous . . . . toutes les initiatives originales.
5. Avec cette offre spéciale, nous . . . . les lecteurs de nos magazines.

■ Exercice 4

Trouvez les contraires de ces verbes.

il alourdissait	il . . . .
il rangeait	il . . . .
il blâmait	il . . . .
il reculait	il . . . .
il éclaircissait	il . . . .
il rapprochait	il . . . .
il persistait	il . . . .
il reposait	il . . . .
il décourageait	il . . . .
il asséchait	il . . . .

■ Exercice 5

Orthographiez correctement les verbes de ce télégramme.

VOYA..ONS ACTUELLEMENT ITALIE STOP AVAN..ONS DATE ARRIVÉE STOP MERCI NOUS HERBER..ER LES 8 ET 9 STOP AMITIÉS STOP PIERRE

■ Dictée

Un soir du mois de décembre, la famille commençait juste à souper, quand un tintement de clochettes retentit au loin. Une visite ? Les convives se regardèrent étonnés, et, d'un même mouvement, se jetèrent vers les fenêtres. Les flocons de neige tombaient si serrés qu'il était impossible de rien distinguer derrière ces hachures blanches. Cependant, du fond de la bourrasque, surgit bientôt une ombre aux trois têtes échevelées. « Une troïka ! s'écria Sophie. Qui est-ce ? » Nicolas courut dans le vestibule... Sur le perron, un froid glacial saisit son visage. Les yeux piqués de neige, il vit un traîneau qui s'arrêtait en grinçant devant les marches. Les chevaux secouèrent la tête et éparpillèrent à tous les échos les mille notes de leurs carillons.

Henri Troyat,
La Barynia.

ACCORDS

VERBES

ORTHOGRAPHE D'USAGE

HOMOPHONES

SIGNES
ORTHOGRAPHIQUES

CONJUGAISONS

Les verbes en -eindre, -aindre, -endre et -andre

Les terminaisons les plus courantes sont *-eindre* et *-endre*.

-eindre et -aindre

Se conjuguent comme *peindre* tous les verbes terminés par *-eindre* et les trois verbes terminés par *-aindre (craindre, plaindre, contraindre)* :

présent	imparfait	futur	passé simple
je peins	*je peignais*	*je peindrai*	*je peignis*
il peint	*il peignait*	*il peindra*	*il peignit*
nous peignons	*nous peignions*	*nous peindrons*	*nous peignîmes*

prés. du cond.	prés. du subj.	impératif	part. passé
je peindrais	*que je peigne*	*peins*	*peint*
il peindrait	*qu'il peigne*	*peignons*	
nous peindrions	*que nous peignions*	*peignez*	

-endre et -andre

Se conjuguent comme *rendre* tous les verbes en *-endre* (sauf *prendre* et ses composés) et les deux verbes terminés en *-andre (épandre, répandre)* :

présent	imparfait	futur	passé simple
je rends	*je rendais*	*je rendrai*	*je rendis*
nous rendons	*nous rendions*	*nous rendrons*	*nous rendîmes*

prés. du cond.	prés. du subj.	impératif	part. passé
je rendrais	*que je rende*	*rends*	*rendu*
nous rendrions	*que nous rendions*	*rendons*	

Conjugaison de *prendre*

présent	imparfait	futur	passé simple
je prends	*je prenais*	*je prendrai*	*je pris*
nous prenons	*nous prenions*	*nous prendrons*	*nous prîmes*

prés. du cond.	prés. du subj.	impératif	part. passé
je prendrais	*que je prenne*	*prends*	*pris*
nous prendrions	*que nous prenions*	*prenons*	

CONNAISSEZ-VOUS LEUR SIGNIFICATION ?

Épandre : verser en abondance, étendre en dispersant.

Ceindre : mettre autour de son corps, de sa tête.

Empreindre : marquer (le contraire d'effacer).

Condescendre : daigner consentir.

■ Exercice 1

Complétez ces verbes avec -eindre, -aindre, -endre, ou -andre :

enfr . . . .   appr . . . .
contr . . . .   cr . . . .
rép . . . .   att . . . .
prét . . . .   desc . . . .
v . . . .   restr . . . .
étr . . . .   pl . . . .

■ Exercice 2

Complétez ces proverbes avec le verbe qui convient.

1. Tel est . . . . qui croyait . . . . .
2. Qui trop embrasse mal . . . . .
3. Il ne faut pas . . . . la peau de l'ours avant de l'avoir tué.
4. Qui veut noyer son chien . . . . qu'il a la rage.
5. Chat échaudé . . . . l'eau froide.
6. On . . . . plus de mouches avec du miel qu'avec du vinaigre.

■ Exercice 3

Choisissez le bon verbe parmi les deux qui sont proposés et complétez les phrases en les mettant au passé composé.

peindre
pendre } Il . . . . les murs.

atteindre
attendre } J' . . . . l'autobus.

feindre
fendre } Il . . . . avoir oublié.

dépeindre
dépendre } Nous . . . . de son bon vouloir.

teindre
tendre } Tu . . . . cette robe.

éteindre
étendre } Vous . . . . vos cigarettes.

déteindre
détendre } Cette chemise . . . . au lavage.

étreindre
s'éprendre } Il . . . . de sa voisine.

■ Exercice 4

Écrivez sous chaque phrase l'expression équivalente figurant à droite en utilisant les mêmes personnes et les mêmes temps.

Je m'enfuis.	prendre la mer
Tu réagis avec arrogance.	prendre au pied de la lettre
Il s'embarqua.	prendre la clef des champs
Nous nous saisirons de sa proposition.	prendre quelqu'un au mot
Il a cru naïvement ce qu'il a dit.	le prendre de haut

■ Exercice 5

Replacez les verbes dans ce plan et conjuguez-les au présent de l'indicatif :

perdre, prendre, repeindre, attendre, atteindre.
Pour quitter l'autoroute, tu . . . . la sortie « centre ville ». Quand tu . . . . le 2ᵉ feu, tu tournes à gauche. C'est la 7ᵉ maison. Ne t' . . . . pas à reconnaître notre façade grise car Paul la . . . . actuellement en blanc. Et si tu te . . . . téléphone-nous !

■ Dictée

« Feindre d'ignorer ce qu'on sait, de savoir ce qu'on ignore ; d'entendre ce qu'on ne comprend pas, de ne point ouïr ce qu'on entend ; surtout de pouvoir au-delà de ses forces, avoir souvent pour grand secret de cacher qu'il n'y en a point ; s'enfermer pour tailler des plumes, et paraître profond, quand on n'est, comme on dit, que vide et creux ; jouer bien ou mal un personnage ; répandre des espions et pensionner des traîtres ; amollir des cachets ; intercepter des lettres et tâcher d'ennoblir la pauvreté des moyens par l'importance des objets, voilà la politique (...) ! »

Beaumarchais,
Le Mariage de Figaro.

ACCORDS

VERBES

ORTHOGRAPHE D'USAGE

HOMOPHONES

SIGNES
ORTHOGRAPHIQUES

CONJUGAISONS

Les verbes en
-indre, -soudre, -tir, -tre

T ou d dans la conjugaison de ces verbes ?
Le problème se pose surtout pour le présent de l'indicatif, et parfois pour
le présent de l'impératif.

Les verbes terminés par -dre conservent le *d* au présent de l'indicatif : *je confonds, je prends, j'entends, je vends,* etc.

Cependant, les verbes terminés par *-indre* et *-soudre* perdent ce *d* au présent de l'indicatif et de l'impératif ainsi qu'au participe passé.

Présent de l'indicatif

j'éteins	*je plains*	*je dissous*
tu éteins	*tu plains*	*tu dissous*
il éteint	*il plaint*	*il dissout*
nous éteignons	*nous plaignons*	*nous dissolvons*
vous éteignez	*vous plaignez*	*vous dissolvez*
ils éteignent	*ils plaignent*	*ils dissolvent*

Présent de l'impératif

éteins	*plains*	*dissous*
éteignons	*plaignons*	*dissolvons*
éteignez	*plaignez*	*dissolvez*

Participe passé

éteint	*plaint*	*dissous, dissoute.*

Les verbes terminés par -tir et -tre gardent le *t*, sauf aux deux premières personnes du présent de l'indicatif et au singulier du présent de l'impératif.

Présent de l'indicatif   Présent de l'impératif

je pars	*je connais*	*pars*	*connais*
tu pars	*tu connais*	*partons*	*connaissons*
il part	*il connaît*	*partez*	*connaissez*
nous partons	*nous connaissons*		
vous partez	*vous connaissez*		
ils partent	*ils connaissent*		

Cependant, trois verbes gardent le *t* à *tous les temps* : *vêtir, dévêtir, revêtir.*

Présent de l'indicatif   Présent de l'impératif

je vêts, tu vêts, il vêt,   *vêts, vêtons, vêtez.*
nous vêtons, vous vêtez, ils vêtent.

Attention : les verbes en *-tre* ayant deux *t* à l'infinitif perdent un *t* et n'en conservent donc qu'un au présent de l'indicatif et de l'impératif : *abattre, battre, commettre, permettre, mettre,* etc. Je bats, j'abats, je commets, je permets, je mets.

PARTICULARITÉ DES VERBES EN *-SOUDRE*

Trois verbes seulement se terminent par *-soudre* : *absoudre, dissoudre, résoudre.* Leur participe passé est régulier : *absout / absoute,* *dissout / dissoute, résolu / résolue* (à ne pas confondre avec les adjectifs *absolu* et *dissolu*).

■ Exercice 1

Écrivez à côté des verbes leur forme à la 1ʳᵉ pers. du sing. du présent de l'indicatif :

sortir ....
perdre ....
entendre ....
craindre ....
consentir ....
transmettre ....
rejoindre ....
connaître ....
dissoudre ....
extraire ....

■ Exercice 2

Conjuguez les verbes au présent de l'indicatif en les accordant avec leur sujet.

1. Il (résoudre) un problème très délicat.
2. Tu (tondre) ta pelouse trop rarement.
3. Je (descendre) dans un instant.
4. (Promettre)-tu de faire le maximum ?
5. Il (démentir) formellement avoir tenu de tels propos.
6. J'(admettre) que j'ai tort.
7. Je (comprendre) son point de vue.
8. Il se (repentir) d'avoir écouté ses conseils.
9. Pourquoi ne te (dévêtir)-tu pas quand il fait chaud ?
10. Je (joindre) un timbre pour la réponse.

■ Exercice 3

Classez ces verbes selon qu'ils gardent ou non un d ou un t aux deux 1ʳᵉˢ pers. du prés. de l'ind. et conjuguez-les à ces deux personnes.

résoudre, vêtir, connaître, fondre, mordre, ressentir, accroître, mettre, geindre, craindre, absoudre, rejoindre.

d	sans d	t	sans t

■ Exercice 4

Retrouvez les deux moitiés de ces proverbes et conjuguez les verbes au prés. de l'ind.

Chien qui aboie	qui ne m'(entendre)
Quand on fait trop grand	(perdre) son sens
Qui (perdre) son bien	ne (mordre) pas
Tel m'écoute	on (paraître) bien petit

■ Exercice 5

Conjuguez au présent, et en les accordant avec leur sujet, les verbes de ces formules types de la correspondance.

1. Je (prendre) la liberté de vous informer que ...
2. Je (joindre) une enveloppe timbrée à mon adresse.
3. Nous (attendre) de vos nouvelles avec impatience.
4. (Transmettre *prés. de l'impér. 2ᵉ pers. du plur.*) mes amitiés à René.
5. Yves se (joindre) à moi pour vous envoyer notre fidèle souvenir.
6. (Permettre *prés. de l'impér. 2ᵉ pers. du plur.*) de vous exprimer.

■ Dictée

Si l'on demandait à quel signe on peut connaître qu'un peuple donné est bien ou mal gouverné, la question de fait pourrait se résoudre.
Cependant on ne la résout point, parce que chacun veut la résoudre à sa manière. Les sujets vantent la tranquillité publique, les citoyens la liberté des particuliers ; l'un préfère la sûreté des possessions, et l'autre celle des personnes ; l'un veut que le meilleur gouvernement soit le plus sévère, l'autre soutient que c'est le plus doux ; celui-ci veut qu'on punisse les crimes, et celui-là qu'on les prévienne ; l'un trouve beau qu'on soit craint des voisins, l'autre aime mieux qu'on en soit ignoré ; l'un est content quand l'argent circule, l'autre exige que le peuple ait du pain.

J.-J. Rousseau, *Le Contrat social.*

ACCORDS
VERBES
ORTHOGRAPHE D'USAGE
HOMOPHONES
SIGNES
ORTHOGRAPHIQUES
CONJUGAISONS

Conjuguer un verbe à l'impératif présent (2ᵉ pers.)

En règle générale, il s'écrit avec un *e* pour les verbes du 1ᵉʳ groupe, et avec un *s* (ou plus rarement un *x*).

▪▪▪ **Les verbes du 1ᵉʳ groupe en -*er*** s'écrivent avec un *e* à l'impératif présent :
passe (passons, passez), cache (cachons, cachez), mange (mangeons, mangez), etc.

☐ Les verbes en -*er* suivi des pronoms personnels *en* et *y* s'écrivent, pour des raisons euphoniques, avec un *s* et un trait d'union.
Si tu as trop de pain, donnes-en aux oiseaux. Vas-y pendant qu'il est temps.

☐ Quand les pronoms *en* et *y* sont suivis d'un infinitif, le verbe s'écrit sans trait d'union et sans *s* euphonique.
Monte en référer au directeur. Retourne y mettre bon ordre.

☐ Quand le verbe est suivi de *en* préposition, il s'écrit sans *s* euphonique et sans trait d'union.
Donne en toute franchise les détails que tu connais.

▪▪▪ **Les verbes du 2ᵉ groupe en -*ir*** (participe présent en *issant*) s'écrivent avec un *s* à l'impératif présent :
finis (finissons, finissez), emplis (emplissons, emplissez), choisis (choisissons, choisissez).

▪▪▪ **Les verbes du 3ᵉ groupe** s'écrivent avec un *s* (plus rarement un *x*) à l'impératif présent :
plais (plaisons, plaisez), bois (buvons, buvez), crois (croyons, croyez), etc.

▪▪▪ **Conjugaisons particulières.**

☐ Les verbes *avoir, vouloir, savoir,* se calquent sur le subjonctif présent et s'écrivent avec un *e* à l'impératif présent :
aie (ayons, ayez), veuille (veuillons, veuillez), sache (sachons, sachez).
Le verbe *vouloir* admet un second impératif présent plus rare : *veux (voulons, voulez)*, ainsi dans l'expression *en vouloir (ne m'en veux pas!).*

☐ Les verbes *offrir, souffrir, ouvrir, couvrir, cueillir, assaillir* (ainsi que leurs composés) s'écrivent avec un *e* à l'impératif présent : *offre (offrons, offrez), souffre (souffrons, souffrez), ouvre (ouvrons, ouvrez),* etc.

▪▪▪ **Les verbes pronominaux.**

☐ Ils sont reliés à leur pronom personnel par un trait d'union.
Dépêche-toi, offrons-nous une pause, soldats, levez-vous!

☐ S'ils sont employés avec le pronom personnel *en* (*s'en vanter, s'en moquer, s'en laver les mains...*), le pronom personnel *toi* est remplacé par *t* à l'impératif présent.
Vante-t'en, moque-t'en, lave-t'en, va-t'en, souviens-t'en.

■ Exercice 1

Mettez les phrases à l'impératif présent en supprimant la formule tu dois.

1. Les cachets sont sur la table. Tu dois en avaler un toutes les deux heures.
2. Les crêpes qui restent sont pour toi. Tu dois les manger.
3. Tu dois nettoyer la mangeoire des oiseaux et la remplir de graines fraîches.
4. Tu dois franchir la frontière à la douane et montrer tes papiers.
5. Tu dois avoir de la volonté, savoir organiser ton travail et choisir un bon métier.
6. Le vin du pays est renommé mais tu dois en boire modérément ; tu dois y penser !

■ Exercice 2

Même exercice.

1. Les routes peuvent être glissantes ; tu dois t'en souvenir quand tu prendras la route.
2. Si tu vois des fleurs au marché, tu dois t'en acheter un bouquet.
3. Tu ne dois pas répondre aux insultes ; tu dois te taire et t'en moquer.
4. La misère est de ce monde ; tu dois t'en préserver en travaillant dès maintenant.
5. Tu dois t'adonner au plaisir de la lecture.
6. Tu dois t'efforcer de manger moins afin de maigrir.

■ Exercice 3

Remplacez le futur antérieur par le passé de l'impératif.

Ex. : nous aurons chanté - ayons chanté.

1. Vous serez rentrés quand minuit sonnera.
2. Tu auras vérifié la pression de tes pneus avant de prendre la route.
3. Nous aurons parlé au notaire avant qu'il ne parte.
4. Vous n'aurez pas bu plus que de coutume car l'ivresse au volant est dangereuse.
5. Tu auras choisi ton candidat avant de te rendre au bureau de vote.

■ Exercice 4

Rangez les verbes suivants dans le tableau ci-dessous, selon qu'ils prennent un e *ou un* s *à l'impératif présent.*

admettre - enlacer - revenir - affranchir - priver - essuyer - boire - refuser - tordre - avoir - ouvrir - aller - plaire - assaillir - conclure - sourire - offrir - mourir - inquiéter - noyer - dissoudre - répandre.

impératif en *e*	impératif en *s*

■ Exercice 5 *Complétez cette grille.*

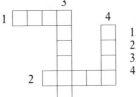

1. destine !
2. ne lâche pas !
3. assèche !
4. ne dis rien !

■ Dictée

La barquette de crabe

Prépare la pâte brisée ; fraise-la sous la paume de la main, réunis-la en boule et mets-la au réfrigérateur pendant au moins trente minutes. Beurre les barquettes, égoutte le crabe, élimine les cartilages et émiettes-en finement la chair. Prépare une mayonnaise bien ferme, ajoutes-y un peu de sauce tartare, mélange-la avec le crabe et mets-la au frais. Sépare la pâte brisée en trois morceaux, farine le plan de travail, étales-y le premier morceau de cette pâte, découpes-y les abaisses ovales à l'aide de l'emporte-pièce et fonces-en les moules beurrés. Pique le fond avec une fourchette et garnis-le d'un petit carré de papier d'aluminium. Fais cuire le tout à four chaud pendant dix minutes. Démoule les barquettes, lisses-en le dessus avec une spatule métallique et sers le tout dans un plat préalablement réchauffé.

ACCORDS
VERBES
ORTHOGRAPHE D'USAGE
HOMOPHONES
SIGNES
ORTHOGRAPHIQUES
CONJUGAISONS

Conjuguer un verbe au subjonctif

> Les formes du subjonctif sont ainsi réparties :
> — formes simples : présent et imparfait ;
> — formes composées : passé et plus-que-parfait.
> Seuls le présent et le passé sont aujourd'hui utilisés. L'imparfait et le plus-que-parfait n'ont d'emplois que littéraires.

Au subjonctif présent :

☐ tous les verbes (excepté les auxiliaires *être* et *avoir*) se terminent par *-e*, *-es*, *-e*, *-ions*, *-iez*, *-ent*.

☐ les auxiliaires *être* et *avoir* ont des formes particulières.
Être : que je sois, que tu sois, qu'il soit, que nous soyons, que vous soyez, qu'ils soient.
Avoir : que j'aie, que tu aies, qu'il ait, que nous ayons, que vous ayez, qu'ils aient.

☐ **Les difficultés orthographiques.**
— Les verbes en *-ier* doublent le *i* aux 1re et 2e personnes du pluriel :
que nous criions, que vous criiez, que nous priions, que vous priiez, etc.
— Les verbes en *-yer* prennent un *i* en plus du *y* aux 1re et 2e personnes du pluriel :
que nous appuyions, que vous appuyiez, que nous essuyions, que vous essuyiez, etc.
— Les verbes en *-iller* prennent un *i* aux 1re et 2^e personnes du pluriel :
que nous travaillions, que vous travailliez, etc.
— Les verbes en *-gner* prennent un *i* aux 1re et 2e personnes du pluriel :
que nous gagnions, que vous gagniez, etc.
— Le verbe *asseoir* admet deux formes de subjonctif :
que j'asseye, que j'assoie ; que nous asseyions, que nous assoyions.
— Le verbe *quérir* (et ses composés) ne s'écrit pas au subjonctif présent comme à l'indicatif présent :
que je conquière, que tu conquières, qu'il conquière, que nous conquérions, que vous conquériez, qu'ils conquièrent.

Au subjonctif imparfait, le verbe se calque sur la 3e personne du singulier du passé simple :
chanter (passé simple : *il chanta*) : *que je chantasse, que tu chantasses, qu'il chantât, que nous chantassions, que vous chantassiez, qu'ils chantassent.*
prendre (passé simple : *il prit*) : *que je prisse*, etc.
croire (passé simple : *il crut*) : *que je crusse*, etc.
venir (passé simple : *il vint*) : *que je vinsse*, etc.

Au passé du subjonctif, le verbe se conjugue avec l'auxiliaire *avoir* (ou *être*) au subjonctif présent et le participe passé (employé avec l'auxiliaire *être*, il s'accorde avec le sujet) :
que j'aie pris, que vous ayez fini, qu'elle soit lavée, qu'ils soient partis.

Au subjonctif plus-que-parfait, le verbe se forme comme au passé du subjonctif, mais les auxiliaires se conjuguent au subjonctif imparfait :
qu'il eût refusé, que nous fussions rentrés, que j'eusse compris, etc.

■ Exercice 1

Écrivez au subjonctif présent le verbe entre parenthèses.

1. Tout le monde s'étonne qu'il ne (savoir) pas conduire.
2. Il faut que son métier lui (plaire) pour se donner tant de peine.
3. Le directeur est furieux qu'on (pouvoir) arriver en retard à son travail.
4. Prête-moi tes jumelles afin que je (voir) le clocher de plus près.
5. Qu'il (sourire) ou non, où est le problème ?
6. Je crains que vous (rire) trop tôt de toutes ces aventures.

■ Exercice 2

Employez les verbes rire, voir *et* avoir *au présent de l'indicatif ou du subjonctif.*

1. Chaque fois qu'on (rit - rie) de lui, il se sent ridicule.
2. Il faut te dire que (j'ai - j'aie) plus d'un tour dans mon sac.
3. Le clown porte des vêtements burlesques pour que le public (rit - rie).
4. Il est comme Buster Keaton, jamais il ne (rit - rie).
5. Il faut absolument que je le (vois - voie) avant son départ.
6. C'est grâce au microscope que le chercheur (voit - voie) se développer le microbe.

■ Exercice 3

Reconstruisez les phrases suivantes en remplaçant je *et* tu, *respectivement par* nous *et* vous.

1. Pour réaliser un tel achat, il faut que j'épargne le plus possible.
2. Le directeur désire que, dorénavant, tu le tutoies.
3. Nul doute que tu ne cries d'indignation en apprenant la nouvelle.
4. La politesse exige que je sois à l'heure du rendez-vous.
5. Il se peut que tu gagnes cette partie, mais ce n'est pas certain.
6. Il est regrettable que tu craignes une telle aventure.

■ Exercice 4

Quatre verbes au subjonctif à découvrir.

P	S			N	S
Y		?			
					H
	M	L	S	S	
Z					

■ Exercice 5

Retrouvez les formes verbales du subjonctif correspondant phonétiquement aux mots suivants et donnez l'infinitif.

Ex. : face : que je fasse (faire)

— puce : que ....
— suce : que ....
— mission : que ....
— fumier : que ....
— passion : que ....
— parution : que ....
— but : que ....
— bâtisse : que ....

■ Dictée

Le prisonnier et son désespoir

Ils sont donc gardés en prison indéfiniment ; ils ne savent pas si c'est pour la mort ou pour la vie. Ils ne peuvent qu'attendre, mais voici qu'il est possible que cette attente soit vaine et qu'il n'y ait rien à attendre, qu'il y ait la mort au bout de cette attente. Que devient cœur d'un homme qui ne peut battre que dans l'attente de la vie lorsqu'elle se change en attente de la mort et que se révèle l'inutilité de toute attente ? Cet homme alors entre dans le désespoir. Il descend tout vivant dans le séjour des morts, où le temps qui passe ne mène plus à rien, ou plutôt se fige comme s'il ne passait plus et que tout se pétrifiât dans une immobilité éternelle. La captivité a l'avantage de simplifier à l'extrême toutes les questions, de les éliminer, même parfaitement.

Roland de Pury.

Conjuguer un verbe au conditionnel présent

ACCORDS
VERBES
ORTHOGRAPHE D'USAGE
HOMOPHONES
SIGNES ORTHOGRAPHIQUES
CONJUGAISONS

Conjuguer un verbe au conditionnel présent

> Le conditionnel présent a une forme dite en -*rais*. Sa conjugaison ressemble à celle du futur par sa formation (infinitif + désinences), mais ses désinences sont celles de l'imparfait : -*ais, -ais, -ait, -ions, -iez, -aient*.

Les verbes réguliers en -*er*, -*ir*, -*re* :

j'aimerais	*je finirais*	*je conclurais*
tu aimerais	*tu finirais*	*tu conclurais*
il aimerait	*il finirait*	*il conclurait*
nous aimerions	*nous finirions*	*nous conclurions*
vous aimeriez	*vous finiriez*	*vous concluriez*
ils aimeraient	*ils finiraient*	*ils concluraient*

Particularités orthographiques.

☐ Les verbes du 1er groupe en -*ier*, -*uer*, -*éer*, -*ouer* gardent le *e* muet intercalé entre le radical et les désinences :
je crierais, je saluerais, je créerais, j'avouerais.

☐ Les verbes du 1er groupe en -*yer* changent le *y* en *i* devant le *e* muet intercalé :·
j'essuierais, je noierais, j'emploierais.

☐ Les verbes terminés par -*ayer* ont deux écritures possibles :
je balayerais / je balaierais, j'essayerais / j'essaierais.

☐ Dans les verbes terminés en -*rir*, le *i* disparaît. C'est le cas pour *mourir, courir* et ses composés (*discourir, concourir, accourir*, etc.), *quérir* et ses composés (*conquérir, acquérir, requérir, s'enquérir*) :
je mourrais, je courrais, je concourrais, je discourrais, je conquerrais, j'acquerrais, etc.

Formes irrégulières.

aller : j'irais, tu irais, il irait, nous irions, vous iriez, ils iraient.
asseoir : j'assiérais, tu assiérais, il assiérait, nous assiérions, vous assiériez, ils assiéraient ;
ou j'assoirais, tu assoirais, il assoirait, nous assoirions, vous assoiriez, ils assoiraient.
envoyer (renvoyer) : j'enverrais, tu enverrais, il enverrait, nous enverrions, vous enverriez, ils enverraient.
faire : je ferais, tu ferais, il ferait, nous ferions, vous feriez, ils feraient.
pouvoir : je pourrais, tu pourrais, il pourrait, nous pourrions, vous pourriez, ils pourraient.
savoir : je saurais, tu saurais, il saurait, nous saurions, vous sauriez, ils sauraient.
voir : je verrais, tu verrais, il verrait, nous verrions, vous verriez, ils verraient.
vouloir : je voudrais, tu voudrais, il voudrait, nous voudrions, vous voudriez, ils voudraient.

52

■ Exercice 1

Utilisez les verbes ci-après, au conditionnel présent, pour compléter les phrases.

voir, accourir, envoyer, entrevoir, requérir.
1. Si le feu venait à se déclarer, les pompiers bénévoles .... sur l'heure.
2. Je lui .... bien une carte de vacances, mais je n'ai pas son adresse.
3. On .... une solution si les deux adversaires faisaient preuve de bonne volonté.
4. Vous .... mieux la différence de taille en les mettant tous deux l'un contre l'autre.
5. Je le connais bien ; il .... le maximum s'il était le procureur.

■ Exercice 2

Complétez les verbes au conditionnel.

1. Les prés verdo.... au printemps si les pluies revenaient.
2. Le barrage cédant, ses eaux bala.... les petits villages situés dans la vallée.
3. Les Français ne pa.... pas leurs impôts s'ils n'y étaient pas forcés.
4. Les blés mûrs ondo.... si la brise venait à se lever soudain.
5. La chienne abo.... si quelqu'un passait trop près de la porte.
6. L'avocat s'appu.... sur des faits précis.

■ Exercice 3

Employez le présent du conditionnel ou le futur de l'indicatif, selon le cas, dans les phrases suivantes.

1. Je me (sentir) à l'abri seulement quand nous serons arrivés au village.
2. Nous (voir) tous le bout de nos peines en gagnant une bonne fois au Loto.
3. Quand je te (dire) de tirer sur la corde tu la tireras.
4. Les prisonniers (se sauver) facilement sans ce haut mur d'enceinte.
5. « Tout autre que mon père l'(éprouver) sur l'heure ! » (Corneille).

■ Exercice 4

Reclassez les verbes ci-après dans les deux colonnes.

nous pourrions   je saurai
vous tondrez   elle coudrait
ils enverront   vous gronderez
ils noieraient   j'oublierai
tu romprais   vous acquerriez
ils essayeraient   nous pourrions
nous verrons   elle mourra
vous vous fieriez   nous traduirons

présent du conditionnel	futur de l'indicatif

■ Exercice 5

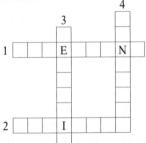

Horizontalement
1. acquitterions
2. tiendrais pour vrai

Verticalement
3. restituerait
4. tirerais

■ Dictée

La maison de mes rêves

Elle se situerait en Provence, blottie dans ces collines que recouvrirait la vigne. Une route étroite y mènerait entre des talus semés de thym sauvage où courraient les lézards. Je la peindrais en ocre, avec des volets en bois de sapin, couleur naturelle. Un petit jardin s'étendrait sur le côté avec, çà et là, quelques vieux oliviers transplantés. J'y ferais creuser un puits où nous pourrions puiser l'eau fraîche à volonté. Des tuiles rondes, rose pâle, l'abriteraient des rares pluies de Provence. Nous verrions de chez nous se profiler le mont Ventoux avec sa cape de neige.

ACCORDS
VERBES
ORTHOGRAPHE D'USAGE
HOMOPHONES
SIGNES
ORTHOGRAPHIQUES
CONJUGAISONS

Quand faut-il un accent circonflexe à la 3ᵉ personne du singulier?

> Il faut distinguer les formes de l'indicatif passé simple ou passé antérieur, sans accent, et les formes du subjonctif et du conditionnel qui sont phonétiquement identiques mais prennent un accent circonflexe.

■■■■ **Quand le temps du verbe ressemble phonétiquement à un passé simple** et qu'il est précédé de *que* :

☐ s'il peut se remplacer par le subjonctif d'un verbe du 3ᵉ groupe (vienne, prenne, sache, sorte, etc.) il s'écrit avec un accent circonflexe car il s'agit du subjonctif imparfait.
Personne ne s'étonnait qu'il chantât si tard (qu'il vienne).

☐ s'il ne peut pas être remplacé par le subjonctif d'un verbe du 3ᵉ groupe sans que le sens ne change, il s'écrit sans accent, car il s'agit du passé simple.
Je sais qu'il chanta toute la nuit cette fois.

■■■■ **Quand le temps du verbe ressemble phonétiquement à un passé antérieur :**

☐ si l'auxiliaire peut être remplacé par *aurait* (dans le cas du verbe *avoir*) ou *serait* (dans le cas du verbe *être*) sans que le sens de la phrase ne change, l'auxiliaire s'écrit avec un accent circonflexe car il s'agit du conditionnel.
Il eût gagné la course sans cette maudite crevaison (il aurait gagné).

☐ si l'auxiliaire ne peut pas être remplacé par *aurait* ou *serait* sans que le sens ne change, il s'écrit sans accent car il s'agit du passé antérieur.
Quand il eut gagné la course, il prit une douche.

■■■■ **Quand le temps du verbe ressemble phonétiquement à un passé antérieur** et qu'il est précédé de *que* :

☐ s'il peut se remplacer par le subjonctif d'un verbe du 3ᵉ groupe (*vienne, prenne, sache*, etc.), il s'écrit avec un accent circonflexe car il s'agit du subjonctif plus-que-parfait.
Nous doutions qu'il eût traversé la rivière à la nage (nous doutions qu'il prenne...).

☐ s'il ne peut pas se remplacer par le subjonctif d'un verbe du 3ᵉ groupe, il s'écrit sans accent circonflexe car il s'agit de l'indicatif passé antérieur.
Dès qu'il eut traversé la rivière, il se sécha. Dès qu'elle se fut relevée, elle repartit.

---

1. Les verbes en -*aître* et en -*oître* ont l'accent circonflexe sur l'*i* du radical chaque fois que cette voyelle est suivie d'un *t* :
il paraît, il connaît, il connaîtra.

2. Les verbes *plaire, déplaire, complaire*, prennent un accent circonflexe au présent de l'indicatif sur la voyelle qui précède le *t* :
il plaît, il déplaît, il complaît.
3. On écrit *il gît, il clôt* mais *il éclot.*

EXERCICES

■ Exercice 1

Complétez les verbes par eut *ou* eût *(en utilisant* aurait *pour faire la différence).*

1. Quand il .... appris la nouvelle, il téléphona tout de suite.
2. Il .... été facile d'atteindre le sommet avec quelques bonnes cordes.
3. Lorsque tout le monde .... regagné sa place, le spectacle reprit.
4. La fusée .... échappé à tout contrôle si on n'.... corrigé sa trajectoire.
5. Il .... craint de réveiller l'enfant en ouvrant la porte de sa chambre.

■ Exercice 2

Complétez les verbes par fut *ou* fût *en utilisant* serait.

1. Il .... tombé de haut s'il eût appris la conduite de son fils !
2. Même un maître-nageur se .... noyé par une telle tempête.
3. Aussitôt que l'orage se .... calmé, on risqua un œil dehors.
4. Après de telles accusations, François .... parti à l'instant même rejoindre ses parents dans leur maison de campagne.
5. Quand le moment de parler .... arrivé, il eut le trac devant cette foule attentive.

■ Exercice 3

Dans chaque exemple, rayez le verbe dont le temps ne convient pas, après l'avoir remplacé par vient *ou* vienne.

1. Elle avançait dans les rues sans que personne ne (remarque - remarquât) sa présence.
2. Ma mère s'assurait chaque matin qu'on (prit - prît) notre petit déjeuner avant notre départ pour l'école par les rues enneigées.
3. On disait beaucoup de bien à son sujet, si bien qu'il (apparut - apparût) innocent aux jurés.
4. On n'eût pas compris qu'il (vint - vînt), sans fleurs le jour de l'anniversaire de sa femme.
5. Il semblait que l'orage (dévia - déviât) vers le sud.

■ Exercice 4

Retrouvez l'infinitif de chacun des verbes suivants, puis inscrivez-le dans l'une des quatre colonnes ci-dessous.

qu'il vécût - qu'il tendît - qu'il naquît - qu'il suçât - qu'il rît - qu'il moulût - qu'il cousît - qu'il poignît - qu'il omît - qu'il adjoignît - qu'il vêtît - qu'il pût - qu'il fît - qu'il sût - qu'il chût - qu'il tuât - qu'il suât - qu'il mût - qu'il muât - qu'il confît - qu'il confiât.

Verbes en ER	en IR	en RE	en OIR

■ Exercice 5

1. attristât
2. agitât la sonnette
3. aimât passionnément
4. allât à travers
5. touchât avec la main

■ Dictée

L'enfance

... Il souffrait de la contrainte perpétuelle qu'on cherchait à lui imposer : il y avait trop de choses, trop de gens qu'il fallait respecter, sans qu'il fût permis de discuter pourquoi ; et Christophe n'avait pas la bosse du respect. Même les gamins des rues n'aimaient pas à jouer avec lui parce qu'il prenait le jeu trop au sérieux et qu'il donnait des coups trop fort. De son côté, il avait pris l'habitude de rester enfermé à l'écart des enfants de son âge : il avait honte de n'être pas adroit au jeu et n'osait se mêler à leurs parties. Alors, il affectait de ne pas s'y intéresser bien qu'il brûlât d'envie qu'on l'invitât à jouer. Sa consolation était de vagabonder avec l'oncle Gottfield quand celui-ci était au pays.

Romain Rolland,
Jean-Christophe.

ACCORDS
VERBES
ORTHOGRAPHE D'USAGE
HOMOPHONES
SIGNES
ORTHOGRAPHIQUES
CONJUGAISONS

Quel mode employer après la conjonction que ?

Le temps et le mode du verbe de la proposition subordonnée dépendent du verbe de la proposition principale.

Le plus généralement, la proposition subordonnée se met au mode indicatif.
Il nous a dit que son mari part en Turquie en train (indicatif présent).

☐ **La principale est au présent ou au futur de l'indicatif :** la subordonnée peut être, selon le sens, à l'un des temps de l'indicatif.
Je vois qu'il n'arrive pas (présent). *Je vois qu'il n'est pas arrivé* (passé composé).

☐ **La principale est à l'un des temps du passé de l'indicatif :** le temps de la proposition subordonnée dépend du déroulement des actions.
— Principale et subordonnée expriment des actions qui ont lieu en même temps : la subordonnée se met à l'imparfait de l'indicatif.
J'ai appris (j'avais appris) qu'il participait à la finale.
— L'action de la subordonnée se déroule après celle de la principale : le verbe de la subordonnée se met au conditionnel présent.
Je comprenais qu'il serait absent.
— Toutefois, si la subordonnée exprime un fait d'ordre général, une vérité permanente, son verbe peut être au présent de l'indicatif.
Il savait que la jeunesse passe vite.

Quand la principale est négative ou interrogative : la proposition subordonnée se met le plus souvent au subjonctif.
Il n'est pas juste qu'il parte avec une pénalité (subjonctif présent).
Est-il juste qu'il parte avec une pénalité ?

Quand le verbe de la principale exprime un désir, un doute, un ordre, une crainte, une supposition : la subordonnée se met au subjonctif.
On craint que le chanteur ne perde sa voix après l'opération (subjonctif présent).

☐ **La principale est au présent ou au futur de l'indicatif :** la subordonnée se met soit au subjonctif présent soit au subjonctif passé.
— Au subjonctif présent si l'action de la subordonnée se déroule en même temps ou après celle de la principale.
Je crains qu'il soit chez lui. Je souhaite qu'il vienne demain.
— Au subjonctif passé si la subordonnée exprime un fait achevé.
Je souhaite qu'il soit arrivé.

☐ **La principale est à l'un des temps du passé de l'indicatif :** la subordonnée se met :
— au subjonctif imparfait si l'action de la subordonnée se déroule en même temps ou après celle de la subordonnée. *Je souhaitais qu'il arrivât.*
— au subjonctif plus-que-parfait si la subordonnée exprime un fait achevé. *Je craignais qu'il ne fût venu.*

☐ **La principale est au conditionnel présent :** la subordonnée se met au subjonctif imparfait pour traduire une action future, et au subjonctif plus-que-parfait pour traduire un fait achevé. *Je voudrais qu'il vînt. Je voudrais qu'il fût venu.*

■ Exercice 1

Choisissez le verbe qui convient et mettez-le au mode et au temps voulus :

remplir, annoncer, atteindre, révéler, abandonner, partir, se stabiliser, se dérouler, reprendre.

1. Je croyais qu'il n'.... pas la compétition.
2. Il n'est pas sûr qu'il .... le sommet.
3. Est-il nécessaire que nous .... ces formulaires ?
4. J'ai peur qu'ils .... les derniers.
5. Ils voudraient que le ballet .... à l'extérieur.
6. Il redoutait qu'on lui .... une mauvaise nouvelle.
7. Je constate que les prix .....
8. Il n'est pas important qu'il .... la réponse.
9. Ils avaient craint qu'il ne .... leur secret.
10. Il est étonnant qu'elle .... la route.

■ Exercice 2

Mettez le verbe encadré au temps du subjonctif employé dans le français actuel.

1. Nous souhaitions qu'ils vinssent .
2. Nous avions craint qu'elle fût partie .
3. Ils redoutaient que nous l' eussions pris .
4. N'était-il pas urgent qu'elle se soignât .
5. Je craignais qu'elles vinssent à l'improviste.

■ Exercice 3

Voici des phrases dont les subordonnées expriment des faits d'ordre général ou des vérités permanentes. Trouvez le verbe manquant et conjuguez-le.

1. Il savait que toute vérité n'.... pas bonne à dire.
2. Elle reconnaissait que l'argent ne .... pas le bonheur.
3. Ils convenaient que la valeur n'.... pas le nombre des années.
4. Nous affirmions que le droit .... primer la force.

■ Exercice 4

Trouvez un synonyme du verbe proposé et écrivez-le au même temps dans la case correspondante.

1. laissât
2. fût capable
3. racontât
4. allât
5. saisît
6. palpât
7. sautillât
8. cherchât
9. fût obligé
10. cachât
11. emportât

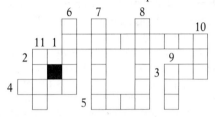

■ Dictée

Tous les hommes qu'on a découverts dans les pays les plus incultes et les plus affreux vivent en société comme les castors, les fourmis, les abeilles, et plusieurs autres espèces d'animaux.
On n'a jamais vu de pays où ils vécussent séparés, où le mâle ne se joignît à la femelle que par hasard, et l'abandonnât le moment d'après par dégoût ; où la mère méconnût ses enfants après les avoir élevés ; où l'on vécût sans famille et sans aucune société. Quelques mauvais plaisants ont abusé de leur esprit jusqu'au point de hasarder le paradoxe étonnant que l'homme est originairement fait pour vivre seul comme un loup-cervier, et que c'est la société qui a dépravé la nature. Autant vaudrait-il dire que, dans la mer, les harengs sont originairement faits pour nager isolés, et que c'est par un excès de corruption qu'ils passent en troupes de la mer Glaciale sur nos côtes.

Voltaire, extrait de « Homme »,
Questions sur l'Encyclopédie.

ACCORDS

VERBES

ORTHOGRAPHE D'USAGE

HOMOPHONES

SIGNES
ORTHOGRAPHIQUES

CONJUGAISONS

Mettre une phrase à la forme interrogative

Chaque fois que l'on veut poser une question, demander un renseigne-ment ou une information, on utilise la forme interrogative. L'interrogation est dite totale quand elle porte sur l'ensemble de la phrase (la réponse attendue est oui ou non); l'interrogation est dite partielle quand elle ne porte que sur l'un des termes de la phrase (elle commence toujours par un mot interrogatif).

Comment transformer une phrase affirmative en phrase interrogative ?

☐ Par le changement de ton (à l'oral) et le point d'interrogation en fin de phrase (à l'écrit). *Il est passé par là ?*

☐ Par l'inversion du sujet et du verbe (c'est-à-dire la postposition). *Vous partez demain → Partez-vous demain ?*
Si le sujet du verbe n'est pas un pronom personnel (je, tu, il, elle, nous, vous, ils, elles), la construction de l'interrogative est différente. Le sujet reste devant le verbe et le verbe est suivi d'un pronom personnel qui répète le sujet. *Les vacanciers partent en juillet → Les vacanciers partent-ils en juillet ?*

☐ Par l'emploi de la locution *est-ce que ?* *Est-ce que le prix de l'essence doit augmenter ?*
Dans ce cas, la phrase interrogative garde le même ordre que la phrase déclarative; il n'y a pas d'inversion du sujet.

Les particularités orthographiques de la conjugaison interrogative.

☐ Le *é* final à la première personne pour les verbes du 1er groupe au présent de l'indicatif. *Marché-je ? Rêvé-je ? Chanté-je ?*

☐ Le *t* à la troisième personne devant il ou elle chaque fois qu'un verbe se termine par une voyelle. *Neige-t-il ? Neigera-t-il ? Neigea-t-il ? A-t-il neigé ? Aura-t-il neigé ?*
Mais le *t* n'est pas utilisé si le verbe se termine déjà par un *t* ou un *d*. *Où part-il ? Où vend-on ce disque ?*

Quelle forme choisir ?

☐ Choisir une forme qui ne laisse pas place à l'ambiguïté; préférer par exemple la postposition du sujet à la seule transformation de l'intonation (à l'oral).

☐ Choisir la forme la plus simple.

Ne dites pas...	mais dites plutôt...
Où est-ce qu'il habite ?	*Où habite-t-il ?*
Quand est-ce qu'il revient ?	*Quand revient-il ?*
Comment qu'elle s'appelle ?	*Comment s'appelle-t-elle ?*
C'est encore loin ?	*Est-ce encore loin ?*
Combien que c'est ?	*Combien est-ce ?*
Combien que ça coûte ?	*Combien cela coûte-t-il ?*
Est-ce que ce livre est-il cher ?	*Ce livre est-il cher ?*

■ Exercice 1

Mettez les phrases suivantes à la forme interrogative. L'interrogation porte sur les mots soulignés.

1. Son père l'a conduit <u>à la gare</u>.
2. Il aime les émissions <u>scientifiques</u>.
3. <u>Valérie et Jacques</u> sont revenus d'Écosse.
4. <u>Bangui</u> est la capitale de la Centrafrique.
5. Je participe <u>à la coupe UNSS</u>.
6. C'est <u>Nantes</u> qui a gagné la finale.
7. J'achèterai une voiture <u>en mai</u>.
8. <u>Les orques et les cachalots</u> sont des mammifères.
9. <u>La feuille d'érable</u> est l'emblème du Canada.

■ Exercice 2

Les questions suivantes appartiennent à la langue parlée ou familière. Donnez leur équivalent en français soutenu.

Langue parlée	Français soutenu
1. Qui est-ce qu'il a rencontré ?	Qui a-t-il rencontré ?
2. Comment il va ?	. . . .
3. Qu'est-ce qu'il fait ?	. . . .
4. Est-ce qu'il viendra ?	. . . .
5. Pourquoi il rit ?	. . . .
6. Quand est-ce qu'on mange ?	. . . .
7. Où est-ce qu'il part ?	. . . .
8. Est-ce que tu prends le bus ?	. . . .

■ Exercice 3

Trouvez le verbe qui convient et mettez-le à la personne et au temps voulus :

danser, lire, retrouver, chanter, pratiquer, emprunter.
1. . . . . .-t-il avec l'orchestre ?
2. . . . .-nous au bal du lycée ?
3. . . . .-tu   les contes de Maupassant ?
4. . . . .-tu le badminton ?
5. . . . .-vous   la référence du disque ?
6. . . . .-ils   le bon itinéraire ?

■ Exercice 4

Trouvez la phrase interrogative qui se cache derrière le mot encadré et proposez-en une autre qui paraisse moins risible.

COURGE	Cours-je ?	vais-je courir ?
MANGE	. . . . ?	. . . . ?
D'ORGE	. . . . ?	. . . . ?
FIGE	. . . . ?	. . . . ?
SERGE	. . . . ?	. . . . ?
VOSGES	. . . . ?	. . . . ?
LUGE	. . . . ?	. . . . ?

■ Dictée

Je dis : « Y croyez-vous ? »
Il murmura : « Je ne sais pas. »
Je repris : « S'il existait sur terre d'autres êtres que nous, comment ne les connaîtrions-nous point depuis longtemps ; comment ne les auriez-vous pas vus, vous ? comment ne les aurais-je pas vus, moi ? »
Il répondit : « Est-ce que nous voyons la cent millième partie de ce qui existe ? Tenez, voici le vent, qui est la plus grande force de la nature, qui renverse les hommes, abat les édifices, déracine les arbres, soulève la mer en montagne d'eau, détruit les falaises, et jette aux brisants les grands navires, le vent qui tue, qui siffle, qui gémit, qui mugit, — l'avez-vous vu, et pouvez-vous le voir ? Il existe pourtant. »
Je me tus devant ce simple raisonnement. Cet homme était un sage, ou peut-être un sot. Je n'aurais pu l'affirmer au juste ; mais je me tus. Ce qu'il disait là, je l'avais pensé souvent.

Guy de Maupassant,
Le Horla.

ACCORDS

VERBES

ORTHOGRAPHE D'USAGE

HOMOPHONES

SIGNES
ORTHOGRAPHIQUES

CONJUGAISONS

b ou bb ? c ou cc ?

Le plus souvent, les mots commençant par *ab-* ou *rab-* s'écrivent avec un *b*, les mots commençant par *ec-* ou *rac-* s'écrivent avec un *c*, les mots commençant par *ac-* ou *oc-* s'écrivent avec deux *c*.

La consonne *b* n'est pas doublée

☐ dans les mots commençant par *ab-* :
abaisser, abandon, abattre, abeille, abolition, aborder, etc.
Sauf dans *abbé* et ses dérivés *(abbatial, abbaye...)*.

☐ dans les mots commençant par *rab-* :
rabâcher, rabattre, rabique, rabot, rabougri, rabrouer, etc.
Sauf dans *rabbin* et ses dérivés *(rabbinique, rabbinat...)*.

La consonne *c* n'est pas doublée

☐ dans les mots commençant par *ec-* :
écarlate, écarter, écologie, économie, écusson, écuyer, etc.
Sauf dans *eccéité, ecchymose, ecclésiastique* et ses dérivés.

☐ dans les mots commençant par *rac-* :
racaille, racler, racolage, raconter, racornir, etc.
Sauf dans *raccommoder, raccorder, raccourcir, raccrocher, raccompagner* et leurs dérivés.

La consonne *c* est doublée

☐ dans les mots commençant par *acc-* :
accentuer, acclamation, accord, acclimater, accoler, etc.
Sauf dans *acabit, acacia, académie, académicien, acadien, acajou, acariâtre, acolyte, acompte*, etc.

☐ dans les mots commençant par *occ-* :
occasion, occident, occiput, occlusion, occultation, occurrence, etc.
Sauf dans *ocarina, oculiste* et ses dérivés.

LE SAVIEZ-VOUS ?

Abbatial (e) se dit de tout ce qui se rapporte à un abbé, une abbesse ou une abbaye : l'*abbatiale* est la chapelle d'une abbaye.

L'*oculariste* (à ne pas confondre avec l'*oculiste*) est la personne qui prépare la prothèse oculaire.

EXERCICES

■ Exercice 1

Écrivez correctement les mots incomplets.

1. Le mythe de l'ab..ominable homme des neiges existe encore au Népal.
2. Un chemin inac..essible grimpait au château fort.
3. De vieux ac..acias bordaient la route et l'ombrageaient.
4. Un véhicule ac..identé, ab..andonné près de la gare, finit par intriguer les gendarmes.
5. À l'oc..asion de la fête au village, on rac..rocha le portrait de l'enfant du pays.
6. Le malfaiteur et son ac..olyte furent bienfôt rac..ompagnés au poste de police.

■ Exercice 2

Complétez les pointillés à l'aide de mots commençant par ac, ec, oc ou ab.

1. Pour toute réservation de camping, on est prié de verser un . . . . .
2. Les . . . . s'élèvent contre la prolifération des centrales nucléaires.
3. Avant d'obtenir son ac . . . . , il fallait fournir tous les justificatifs.
4. En chirurgie, les . . . . sont prêts sur une tablette.
5. Il s'est fracturé l'os . . . . tal sur le bord du trottoir.
6. L'. . . . de l'esclavage a déchaîné la guerre civile aux États-Unis.
7. Il sortit de la salle sous les ac . . . . de la foule.

■ Exercice 3

Remplacez le mot souligné par son contraire commençant par ab, ac, oc, rab ou rac.

1. Pour <u>diminuer</u> sa vitesse, il se couchait sur sa machine.
2. Il <u>sépara</u> les deux époux grâce à sa diplomatie.
3. On le <u>choyait</u> à l'école à cause de ses origines.
4. Pour <u>s'éloigner</u> du quai, les marins jettent des amarres.
5. Ils décidèrent d'<u>évacuer</u> l'appartement.

■ Exercice 4

Ces six phrases sont formées de 18 morceaux mélangés. A vous de les reconstituer.

1. L'oculiste - occupe - le témoin gênant.
2. Le peuple - examine - la rétine.
3. Le P-DG - acclame - le danger.
4. Lincoln - a aboli - le consul vainqueur.
5. Le feu - abat - l'esclavage des Noirs.
6. La mafia - abolit - un poste important.

■ Exercice 5

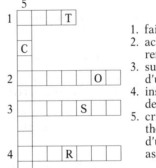

1. fait tomber
2. action de renoncer
3. supérieure d'une abbaye
4. instrument de musique
5. cris d'enthousiasme d'une assemblée

■ Dictée

J'écoute le chuchotement de la pluie sur les tuiles de la maison qui ne m'abrite pas encore, où les vacances me ramèneront... Comment seront ces retrouvailles ? C'est un mot de mon vocabulaire particulier pour marquer, chaque année, à l'orée de Pâques, le contact repris avec ma maison des champs, l'accueil que je reçois d'elle et qui n'est jamais le même. Il arrive que je la retrouve telle que je l'avais imaginée, à demi réveillée mais encore plongée dans le songe de l'hiver...
Mais quelquefois les retrouvailles sont amères. La maison ne ressemble pas à l'idée que je m'en faisais en roulant vers elle à travers tant de provinces. L'hiver est l'ennemi de ces antiques demeures inhabitées dont nous avons imprudemment percé les murs et où le gel a fait éclater la tuyauterie. Un plafond a été inondé. Le tapissier a pris les fauteuils qu'il devait recouvrir et ne les a pas rendus. Je crie que « j'en ai assez de cette baraque ! ». Je crie comme si ces murs vénérables n'avaient pas d'oreilles pour m'entendre.

François Mauriac,
Nouveaux mémoires intérieurs.

| ACCORDS |
| VERBES |
| **ORTHOGRAPHE D'USAGE** |
| HOMOPHONES |
| SIGNES ORTHOGRAPHIQUES |
| CONJUGAISONS |

f ou ff ?

Les mots commençant par *def-* et *prof-* s'écrivent toujours avec un seul f.
Les mots commençant par *af-, ef-, of-, raf-, souf-,* s'écrivent le plus souvent avec deux f.
Les mots commençant par *sif-* et *dif-* s'écrivent toujours avec deux f.

La consonne *f* n'est pas doublée

☐ dans les mots commençant par *def-* : *défense, déférence, défunt,* etc.

☐ dans les mots commençant par *prof-* : *profession, profusion, profil,* etc.

La consonne *f* est doublée

☐ dans les mots commençant par *aff-* : *affaire, affection, affectation, afficher,* etc.
Sauf dans *afin, africains* (et ses dérivés : *africaniser, africanisation, afro*).

☐ dans les mots commençant par *eff-* : *effacer, effectuer, effort,* etc.
Sauf dans *éfaufiler, éfourceau, efrit.*
N.B. : on écrit *éfendi* ou *effendi.*

☐ dans les mots commençant par *off-* : *offense, officiel, offrande,* etc.
Sauf dans *oflag.*

☐ dans les mots commençant par *raff-* : *raffinerie, raffinage, raffermir,* etc.
Sauf dans *rafale, rafiot, rafistolage* (et dérivés), *rafler* (et dérivés), *rafraîchir* (et dérivés).

☐ dans les mots commençant par *souff-* : *soufflerie, soufflet, souffrance,* etc.
Sauf dans *soufi* et son dérivé *soufisme,* dans *soufre* et ses dérivés.

☐ dans les mots commençant par *siff-* : *sifflement* et les mots de la même famille (sauf *persifler*).

☐ dans les mots commençant par *diff-* : *différence, différer, difficulté,* etc.

LE SAVIEZ-VOUS?

Un *oflag* était un camp de prisonniers en Allemagne pendant la dernière guerre, réservé aux officiers (terme d'origine allemande).

Le *soufisme* est un courant mystique de l'islam qui apparaît au VIIIe siècle.

Effendi est un titre donné aux savants, dignitaires, magistrats dans l'Empire ottoman.

L'*efrit* est un génie malfaisant dans la mythologie arabe.

■ Exercice 1

Remettez à leur place les mots en désordre après les avoir complétés :

ef..açait, raf..iots, dif..ormes, s'ef..riter, souf..lait, raf..inerie, souf..re, raf..ales, raf..istolés, sif..lotaient, af..alés, af..ricains

1. Le vent qui .... par .... dispersait les fumées de la ....
2. Des ...., ..., où séchaient de vieux filets .... se balançaient le long du port.
3. Des marins ...., ... sur des barques retournées, ... des airs de leur lointaine savane.
4. Le vent peu à peu .... les lambeaux de fumée de .... qui finissaient par s'.... au loin.

■ Exercice 2

Complétez l'exercice à l'aide d'un verbe commençant par af, ef, of, dif.

1. Au mois d'août, les campings de la côte d'azur .... tous complets.
2. À la demande des télespectateurs, le film sera .... une nouvelle fois.
3. Sitôt rentré, il s'est .... dans son fauteuil.
4. Ce vieux jean commence à s' ...., il faudra le remplacer.
5. Si ce n'est pas vous ...., votre raisonnement est erroné.

■ Exercice 3

Remplacez le mot souligné par son contraire commençant par af, ef, raf ou dif.

1. Les Belges détestent les frites.
2. Autrefois, en hiver, les loups, repus par le manque de nourriture, descendaient jusque dans le village.
3. Le jeune garçon est rassuré par les hurlements du vent.
4. Le match sera retransmis en direct.
5. Ce premier succès l'a ramolli dans son intention de poursuivre son effort.
6. Entre un vrai et un faux tableau, il y a parfois très peu de ressemblance.

■ Exercice 4

Retrouvez les cinq phrases en prélevant un groupe de mots dans chaque colonne.

Ce groupe de rock	affichait	qu'on arrive en retard.
Le directeur	s'offusque	une tournée triomphale.
Le maquillage	efface	une représentation de l'*Avare*.
Ce taquin	a effectué	des plaisanteries d'autrui.
Le théâtre municipal	ne souffre pas	les empreintes du temps.

■ Charade

Mon premier ronge ou danse
Mon second porte mon nom
Mon troisième est un métal
Mon tout répare comme il peut

■ Dictée

Leur parure est plus recherchée que magnifique ; il y règne plus d'élégance que de richesse...
Il n'y a pas de peuple excepté le nôtre, où les femmes surtout portent moins de dorures. On voit les mêmes étoffes dans tous les états, et l'on aurait peine à distinguer une duchesse d'une bourgeoise, si la première n'avait pas l'art de retrouver les distinctions que l'autre n'oserait imiter. Or ceci semble avoir sa difficulté ; car quelque mode qu'on prenne, cette mode est suivie à l'instant à la ville, et il n'en est pas des bourgeoises de Paris comme des provinciales et des étrangères, qui ne sont jamais qu'à la mode qui n'est plus. Il n'en est pas encore comme dans les autres pays, où les plus grands étant aussi les plus riches, leurs femmes se distinguent par un luxe que les autres ne peuvent égaler. Si les femmes de la Cour prenaient ici cette voie, elles seraient bientôt effacées par celles des financiers.

Montesquieu, *Lettres persanes*.

ACCORDS

VERBES

ORTHOGRAPHE D'USAGE

HOMOPHONES

SIGNES
ORTHOGRAPHIQUES

CONJUGAISONS

l ou ll en début de mot ?

Généralement, les mots commençant par *el-*, *mol-*, *pal-*, *pol-*, *sal-*, *val-*, *vel-* s'écrivent avec un *l*. Les mots commençant par *il-* s'écrivent le plus souvent avec deux *l*.

La consonne *l* n'est pas doublée

☐ dans les mots commençant par *el-* : *élastique, électricité, élaborer, élection, élimer*, etc.
Sauf dans *elle, ellébore, ellipse* (et ses dérivés *ellipsoïdal, elliptique*).

☐ dans les mots commençant par *mol-* : *molaire, môle, molécule, moleskine*, etc.
Sauf dans *mollah, molle* (et ses dérivés *mollusque, mollesse, molleton,...*), *mollet*, etc.

☐ dans les mots commençant par *pal-* : *pâleur, palissade, palombe, palustre, paludisme*, etc.
Sauf dans *pallium, pallidum, palladium, palle, palléal, palliatif, pallier*.

☐ dans les mots commençant par *pol-* : *polaire, polémique, police, politesse, polycopie*, etc.
Sauf dans *pollakiurie, pollen* (et ses dérivés), *pollicitation, polluer* (et ses dérivés).

☐ dans les mots commençant par *sal-* : *salarié, salé, salive, salutation*, etc. (sauf dans *salle*).

☐ dans les mots commençant par *val-* : *valable, valet, valeur, valériane*, etc.
Sauf dans *vallisnérie, vallée* (et ses dérivés *vallon, valleuse, vallonnement*, etc.).

☐ dans les mots commençant par *vel-* : *véliplanchiste, vélocité, velours*, etc. (sauf dans *velléité, velléitaire*).

La consonne *l* est doublée

☐ dans les mots commençant par *ill-* : *illégal, illisible, illusion, illustration*, etc.
Sauf dans *île, iléon, ilion* et leurs dérivés.

LE SAVIEZ-VOUS ?

La *pollicitation* est l'offre de conclure une convention.

Un *palliatif* est une mesure qui n'a que des effets passagers.

La *vallisnérie* est une plante des eaux stagnantes.

Une *velléité* est une intention qui n'aboutit pas à une décision.

EXERCICES

■ Exercice 1

Complétez les pointillés à l'aide des mots ci-dessous, que vous ferez précéder de un ou de une :

palissandre, paliure, ellébore, salicorne, valériane, mollah

1. . . . . est une plante des rivages et lieux salés.
2. . . . . est un bois lourd, dur et sombre d'Amérique du Sud.
3. . . . . est une plante médicinale connue sous le nom d'« herbe à chat ».
4. . . . . est un arbrisseau qui fait les haies dans le midi de la France.
5. . . . . est un titre donné aux docteurs de la loi coranique.
6. . . . . est une plante vivace s'épanouissant l'hiver.

■ Exercice 2

Complétez les mots en pointillés quand c'est nécessaire, par un l, ou raccordez les deux parties du mot.

1. Les députés ont él. .aboré un projet de loi sur l'alcoolisme.
2. Un coureur cycliste s'est fracturé l'os il. .iaque dans sa chute.
3. Le ministère de la santé s'efforce de pal. .ier la propagation du virus.
4. À quatre-vingts ans c'était encore un homme val. .ide.
5. Pour la sal. .ubrité du local, on a fait appel au service d'hygiène.
6. La mytiliculture est l'élevage de mol. .usques.

■ Exercice 3

Classez les mots suivants dans les colonnes convenables :

salicorne, salive, palombe, valériane, molosse, salarié, paliure, palourde, ellébore, mollet, électeur, mollusque, pollen, palissandre

monde végétal	autre

■ Exercice 4

Reconstituez une phrase qui a du sens à partir des éléments mélangés.

1. le notaire
2. le gouvernement
3. le dentiste
4. les projecteurs
5. des lois
6. l'Armée du Salut

A. arrache
B. la valeur de la maison
C. ne compte que
D. le château
E. estime seul
F. des bénévoles
G. augmentera
H. des enfants illégitimes
I. protègent les droits
J. la molaire
K. illuminent
L. les bas salaires

■ Exercice 5

Formez les mots suivants, en reliant les lettres par un trait. (Tous les sens sont possibles.)

R	X	R	E	T
V	E	I	I	G
I	L	L	O	M
C	O	A	A	N
P	E	P	U	S

CE - NU
LAS - ALU
PUS
NOIX - MOLLI
SALER — POLIT
PALIR

■ Dictée

A l'aube, dans le palais princier de Zarhen, quand se lève le vent frais, une odeur miellée de pollen se mélange à l'air. Et dans les allées des jardins s'envolent de frêles colombes entre les rangées d'arbres en espalier que bordent d'immenses colonnes. D'exquises jeunes filles aux silhouettes élancées entament alors une danse légère au rythme du tambourin, décrivant des cercles et des volutes multiples avec leurs voiles aux couleurs moirées. De leur voix alanguie par les mille évolutions du ballet s'élève comme une mélodie que l'écho amplifie et qui va se perdre dans les lointaines vallées où de jeunes bergers rêvent en les écoutant.

ACCORDS

VERBES

ORTHOGRAPHE D'USAGE

HOMOPHONES

SIGNES
ORTHOGRAPHIQUES

CONJUGAISONS

l ou ll en fin de mot ?

Le plus souvent, les mots terminés par *-lade, -let, -ilier, -ule* s'écrivent avec un *l*. La plupart des verbes terminés par *-ielle* au féminin s'écrivent avec deux *l*. La plupart des verbes terminés par *-eler* s'écrivent avec deux *l*.

La consonne *l* n'est pas doublée

☐ dans les mots terminés par *-lade* : *escalade, marmelade, salade,* etc.
Sauf dans *ballade* (avec le sens de poème, chanson).

☐ dans les mots terminés par *-let* : *agnelet, oiselet, porcelet, tonnelet,* etc.
Sauf dans *ballet, collet, mollet.*

☐ dans les mots terminés par *-ilier* : *familier, fourmilier,* etc.
Sauf dans *aiguillier, chevillier, coquillier, éventaillier, joaillier, mancenillier, marguillier, médaillier, millier, quillier, quincaillier, sapotillier, vanillier.*

☐ dans les mots terminés par *-ule* : *bascule, canicule, libellule,* etc.
Sauf dans *bulle, tulle.*

La consonne *l* est doublée

☐ dans les adjectifs terminés au masculin par *-el* qui font leur féminin en *elle* : *maternel, maternelle ; éternel, éternelle,* etc.

☐ dans les adjectifs terminés au masculin par *-iel* qui font leur féminin en *-ielle* : *artificiel, artificielle ; confidentiel, confidentielle,* etc.

☐ dans les verbes terminés par *-eler*, au futur simple de l'indicatif, au conditionnel présent et devant un *e* muet : *appeler, chanceler, niveler, carreler, craqueler, botteler,* etc.
j'amoncelle, j'amoncellerai, j'amoncellerais.
Sauf dans *geler, ciseler, congeler, déceler, décongeler, dégeler, démanteler, écarteler, encasteler, geler, harceler, marteler, modeler, peler, receler, surgeler.*

LE SAVIEZ-VOUS ?

Le *fourmilion* (ou *fourmi-lion*) est un insecte qui se nourrit de fourmis qu'il capture en creusant un entonnoir dont il occupe le fond.

Un *mancenillier* est un arbre d'Amérique, qui produit un latex très vénéneux.

Un *sapotillier* est un arbre des Antilles au fruit comestible, dont le bois répand en brûlant une odeur d'encens.

Un *marguillier* est la personne chargée de la garde et de l'entretien d'une église.

EXERCICES

Exercice 1

Écrivez correctement les mots incomplets.

1. Les palmes augmentent la vel..ocité du nageur.
2. L'escal..de du mont Blanc est devenue chose courante.
3. Le fin détective décel..e le moindre indice qui le mettra sur une piste.
4. Il avait mis dans un vase un bouquet de renoncu..les artificiel..es.
5. Un homme vel..éitaire n'arrivera jamais à rien.
6. Les libellul..es sont des insectes famil..iers des pêcheurs.

Exercice 2

Accordez comme il convient les adjectifs qualificatifs incomplets.

1. Le médecin est tenu par le secret professionnel....
2. Plusieurs écoles maternel.... se sont ouvertes cette rentrée scolaire.
3. Le marché des plantes vertes artificiel.... est en pleine expansion.
4. Il portait toujours ses éternel.... gilets à carreaux.
5. Une légère brume superficiel.... recouvrait la campagne.

Exercice 3

Complétez les mots inachevés comme il convient.

1. La peinture des tableaux anciens se craquel..e.
2. Le laboureur détel..e ses chevaux à la fin de la journée.
3. On appel..e « débâcle » en Russie le moment où la rivière dégel..e brusquement et se remet à couler.
4. L'inconnu prend, des mains de l'enfant qui chancel..e, son seau trop lourd pour lui.
5. Les sabots ferrés des chevaux martel..ent les pavés de Paris.
6. La neige qui tombe abondamment, nivel..e la campagne.

Exercice 4

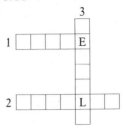

1. commune au pape et au savon
2. abolir les différences
3. très utile au radiesthésiste

Exercice 5

Encerclez l'intrus.

corselet, osselet, tonnelet, cassoulet, porcelet, agnelet, oiselet.

Exercice 6

Retrouvez les mots dont voici les anagrammes.

1. lomtel. 2. resovul. 3. larimefi.
4. tecalunet.

Dictée

Le peu de sympathie qu'il trouvait à la maison faisait qu'il y restait le moins possible. Il souffrait de la contrainte perpétuelle qu'on cherchait à lui imposer : il y avait trop de choses, trop de gens, qu'il fallait respecter sans qu'il fût permis de discuter pourquoi... Plus on tâchait de le discipliner ou de faire de lui un brave petit bourgeois, plus il éprouvait le besoin de s'affranchir. Son plaisir eût été, après les mortelles séances, ennuyeuses et guindées, qu'il passait à l'orchestre au château, de se rouler de haut en bas de la pente gazonnée avec sa culotte neuve ou de se battre à coups de pierre avec les polissons du quartier. Il avait pris l'habitude de s'enfermer à l'écart des enfants de son âge... et n'osait se mêler à leurs parties.

ACCORDS

VERBES

ORTHOGRAPHE D'USAGE

HOMOPHONES

SIGNES
ORTHOGRAPHIQUES

CONJUGAISONS

m ou mm ?

Les mots commençant par *am-, dom-, gam-, hom-, rem-,* s'écrivent le plus souvent avec un seul *m.*

Les mots commençant par *com-* et *mam-,* ainsi que certaines formes d'adverbes, s'écrivent avec deux *m.*

La consonne *m* n'est pas doublée

☐ dans les mots commençant par *am-* : *amabilité, amarrage, amélioration,* etc.
Sauf dans *amman, ammoniaque.*

☐ dans les mots commençant par *dom-* : *domaine, domicile, dominer,* etc.
Sauf dans *dommage* (et ses dérivés *dommageables, endommager,* etc.).

☐ dans les mots commençant par *gam-* : *gamelle, gamète, gamopétale,* etc.
Sauf dans *gamme, gammée, gammare, gamma* et ses dérivés.

☐ dans les mots commençant par *hom-* : *homogène, homologuer, homonyme,* etc.
Sauf dans *homme* et ses dérivés, à l'exception de *homicide* et *bonhomie.*

☐ dans les mots commençant par *rem-* : *remariage, remise, remonter, remuer, remoulage,* etc.
Sauf dans *remmailler, remmailloter, remmancher, remmener.*

La consonne *m* est doublée

☐ dans les mots commençant par *comm-* : *commenter, commencer, commander, commémorer,* etc.
Sauf dans *coma, comédie, comique, comédon, comestible, comète, comité* (et leurs dérivés).

☐ dans les mots commençant par *mamm-* : *mammouth, mammifère, mammaire,* etc.
Sauf dans *mamelle* (et ses dérivés), *mamelouk, maman.*

☐ dans les adverbes se terminant par *-mment,* lorsqu'ils sont issus d'adjectifs terminés par *-ant* ou *-ent* : *méchant - méchamment; bruyant - bruyamment; patient - patiemment,* etc. Sauf *lent - lentement; présent - présentement.*

LE SAVIEZ-VOUS ?

Le *comédon* est un petit cylindre de matière sébacée, à l'extrémité d'un pore qu'il bouche, plus communément appelé « point noir » de la peau.

Le *remoulage* est, en fonderie, l'opération qui consiste à rassembler les différentes pièces d'un moule.

Un *gammare* est un crustacé d'eau douce, connu sous le nom de crevette d'eau douce.

■ Exercice 1

Complétez les pointillés à l'aide des mots ci-après, en les écrivant correctement :

com..ète, com..estible, com..uniqué, com..entaire, com..édien, com..issaire.

1. Le cèpe est un champignon . . . . .
2. Le . . . . a fait une enquête sur les circonstances de l'accident.
3. Autrefois, un . . . . n'avait pas le droit d'être enterré au cimetière.
4. La radio n'a donné aucun . . . . sur la déclaration du président de la République.
5. La . . . . de Halley a pu être observée à l'œil nu dans certaines régions.
6. Les cultivateurs suivent de près le . . . . de la météorologie nationale.

■ Exercice 2

Formez avec les lettres des mots n'ayant aucun rapport avec le mot homme *une ville de France.*

E.	homologue	K.	hommasse
T.	hommage	C.	homicide
F.	bonhomme	B.	homographe
O.	homéopathie	G.	homoncule
H.	bonhomie	R.	homophone
I.	Hominien	D.	homogène
M.	gentilhomme	X.	homothétie
A.	homard	U.	homélie

■ Exercice 3

Retrouvez la bonne définition des adjectifs suivants et repérez celui qui prend deux m.

do....anial	qui indique la limite
do....minical	se dit d'un tissu dont le fil constitue un dessin
do....ageable	relatif au dimanche
dé....arcatif	qui appartient au domaine public
da....assé	qui cause préjudice

■ Exercice 4

Formez, à partir des adjectifs qualificatifs suivants, un adverbe en ement, amment *ou* emment.

preste	. . . .	conscientieux	. . . .
élégant	. . . .	précédent	. . . .
excellent	. . . .	récent	. . . .
galant	. . . .	réciproque	. . . .
arrogant	. . . .	brillant	. . . .
insolent	. . . .	contraire	. . . .
présent	. . . .	indolent	. . . .

■ Exercice 5

(grille de mots croisés : lignes 1, 2, 3 avec colonne 4)

1. sillonnent le ciel
2. propriété foncière
3. enfants, gosses (à l'envers)
4. un des premiers mots de bébé

■ Dictée

Un incident cocasse est survenu dans un petit village landais, au cours de la fête foraine, installée sur la place commune. Un troupeau de vaches laitières, poussées par je ne sais quel démon du tourisme, a emprunté l'unique rue, créant inconsciemment un bouchon inattendu sur la voie publique, ainsi que dans les ruelles aux commerces nombreux. Plusieurs forains manifestèrent bruyamment contre cette présence indésirable au beau milieu de la fête et réclamèrent du commissaire de remmener ces bêtes à mamelles dans leur étable d'origine. Le commissaire, amusé, leur rétorqua avec bonhomie qu'il n'était pas dans ses attributions de remettre ces doux mammifères sur le bon chemin, pas plus que de dédommager les commerçants pour leur étal quelque peu bousculé. Dans la soirée, tout était rentré dans l'ordre, chacun avait regagné son domicile; il ne restait plus rien de la transhumance moderne qu'un commentaire plutôt comique dans l'émission régionale de la télévision.

ACCORDS

VERBES

ORTHOGRAPHE D'USAGE

HOMOPHONES

SIGNES
ORTHOGRAPHIQUES

CONJUGAISONS

n ou nn en début de mot?

Le plus souvent, les mots commençant par *an-*, *en-*, *in-*, *can-*, *man-*, *pan-*, *pen-* et *son-* s'écrivent avec un *n*. Quelques exceptions s'écrivent avec deux *n*.
Quelques mots admettent indifféremment un *n* ou deux *n*.

La consonne *n* n'est pas doublée

☐ dans les mots commençant par *an-* : *analgésie, ananas,* etc.
Sauf dans *anneau, année, annexe, annihiler, annoncer, annoter, annuler.*

☐ dans les mots commençant par *en-* : *énergie, énergumène, énervement,* etc.
Sauf dans *ennemi, ennui, enneiger* et ses dérivés, *ennoblir.*

☐ dans les mots commençant par *in-* : *inédit, inefficace, inexact,* etc.
Sauf dans *inné, innocence, innocuité, innombrable, innommable, innovation.*

☐ dans les mots commençant par *can-* : *canaille, canal, canapé, canon, canule, canotier,* etc.
Sauf dans *canna, cannabis, canne, canneberge, cannelle.*

☐ dans les mots commençant par *man-* : *manant, manège, manette, manuel,* etc.
Sauf dans *manne, mannequin, mannite, mannette (≠ manette).*

☐ dans les mots commençant par *pan-* : *panade, panorama, panique, panier, panicule, paneton,* etc.
Sauf dans *panne, panné, panneau, panneton (≠ paneton), pannicule (≠ panicule).*

☐ dans les mots commençant par *pen-* : *pénaliser, pénates, pénétrer, pénible, pénitence,* etc.
Sauf dans *penne* (et ses dérivés *pennage, pennon,* ...).

☐ dans les mots commençant par *son-* : *sonate, sonique, sonorité,* etc.
Sauf dans *sonnet, sonner* (et ses dérivés *sonnerie, sonnette,* ...)

La consonne *n* est doublée

☐ dans les mots commençant par *conn-* : *connaissance, connivence,* etc.
Sauf dans *conurbation.*

LE SAVIEZ-VOUS?

Le *cannabis* est plus connu sous le nom de « chanvre indien ».

Le *paneton* est un petit panier doublé de toile

où le boulanger met ses pains avant de les cuire.

Le *panneton* est la partie en bout de clef, qui fait mouvoir la serrure quand on tourne la clef.

■ Exercice 1

Remplacez les pointillés par un mot commençant par can *ou* cann.

1. Chaque aveugle sur la voie publique doit être muni d'une . . . . blanche.
2. Bernadette Soubirous ne fut . . . . ée que beaucoup plus tard par le pape.
3. Le . . . . de Suez fut creusé par Ferdinand de Lesseps.
4. Le . . . . de Maurice Chevalier est un couvre-chef légendaire.
5. Il aime la compote de pommes aromatisée à la . . . . .

■ Exercice 2

Complétez les pointillés si nécessaire.

1. L'arbitre a infligé une pén. . alité au joueur fautif.
2. Tous les sous-marins sont équipés de son. . ars.
3. Après un long séjour à l'étranger, il est revenu dans ses pén. . ates.
4. Les chapeaux des chefs indiens étaient constitués de pen. . es d'aigles.
5. Il est pén. . ible pour une pén. . iche de pén. . étrer dans ce canal étroit.

■ Exercice 3

Remplacez les pointillés par un mot ci-dessous. Attention, l'un d'eux sert trois fois :

manèges, manette, manoir, mannequin.

1. Dans le nord de la France, les places publiques pour la « Ducasse » se couvrent de . . . . .
2. Au cœur de la Bretagne, il possédait un grand . . . . .
3. De son véhicule garé, l'inspecteur de police observait le . . . . des deux malfaiteurs.
4. Chaque wagon de la SNCF est équipé d'une . . . . d'alarme pour arrêter le train.
5. Avant de savoir monter à cheval, il faut d'abord tourner en rond au . . . . .
6. La profession de . . . . de mode exige beaucoup de privations.

■ Exercice 4

Classez selon les deux colonnes les mots suivants :

un n	deux n

can. . . . if, can. . . . oë, man. . . . eton, can. . . . eton, pan. . . . ique, son. . . . ette, can. . . . elle, can. . . . onnier, can. . . . onique, man. . . . e, man. . . . ie, son. . . . eur, pen. . . . alty, pan. . . . eau, pan. . . . ache, can. . . . aille, can. . . . elé, pan. . . . e.

■ Exercice 5

Ajoutez un n *ou deux* n *aux verbes suivants et trouvez la définition qui leur correspond.*

ta..er	retourner l'herbe d'un pré pour la faire sécher.
ca..er	couvrir de chapelure avant de faire frire.
ca..eler	tendre des pièges pour prendre les lapins.
fa..er	secouer le grain pour le nettoyer.
pa..er	transformer en cuir la peau naturelle brute des animaux.
pa..eauter	garnir le fond d'un siège avec du jonc ou du rotin.
va..er	orner de rainures creusées une colonne ou un pilastre.

■ Dictée

Du côté nord de la grande rivière, l'immense forêt s'allongeait, sombre et pénible. Les arbres, que la bise sonore avait dépouillés de leur neige, alignaient leurs carcasses grises et blanches le long du canal.

Un vieux manoir, à l'entrée du village, donnait un peu de vie à ce paysage triste, par les panaches de fumée qui s'échappaient de la cheminée. La campagne semblait une désolation infinie. La lumière blafarde du soleil de décembre s'enfuyait à l'horizon, et les sonnailles des derniers troupeaux attardés résonnaient encore dans l'air froid. L'hiver avait recouvert de cristallisations glacées les panneaux du chemin. C'était un panorama hostile et immobile.

ACCORDS

VERBES

ORTHOGRAPHE D'USAGE

HOMOPHONES

SIGNES
ORTHOGRAPHIQUES

CONJUGAISONS

n ou nn en fin de mot ?

La plupart des noms en -*nat* s'écrivent avec un *n*.
La plupart des verbes en -*aner* s'écrivent avec un *n*.
Les mots en -*ionnal* et -*ionnel* s'écrivent généralement avec deux *n*.
Les mots en -*ionnisme*, -*ionniste* et -*onnage* s'écrivent presque tous avec deux *n*.
La plupart des verbes en -*onner* s'écrivent avec deux *n*.

La consonne *n* n'est pas doublée

☐ dans les noms terminés par -*nat* : *diaconat, mécénat, patronat*, etc.
Sauf dans *bâtonnat, championnat, paysannat, pensionnat, quinquennat, septennat, triennat.*

☐ dans les verbes terminés par -*aner* : *ahaner, basaner, émaner, glaner, planer, effaner*, etc.
Sauf dans *bannir, canner, empanner, enrubanner, tanner, vanner.*

La consonne *n* est doublée

☐ dans les mots terminés par -*ionnal* : *fonctionnalisme, professionnalisme, institutionnaliser*, etc.
Sauf dans *national, méridional, obsidional, rationalité, régional, traditionalisme.*

☐ dans les mots terminés par -*ionnel* : *directionnel, inconditionnel, émotionnel, traditionnel*, etc.

☐ dans les mots terminés par -*ionnisme* ou -*ionniste* : *abolitionniste, impressionnisme, perfectionniste*, etc.
Sauf dans les mots de la famille de *sion* et *union* : *sionisme, unionisme*, etc.

☐ dans les noms terminés par -*onnage* : *boutonnage, braconnage, capitonnage, pilonnage*, etc.
Sauf dans *patronage, ramonage.*

☐ dans les verbes terminés par -*onner* : *abandonner, approvisionner, emprisonner, étonner, soupçonner, détonner (≠ détoner)*, etc.
Sauf dans *détoner, détrôner, dissoner, s'époumoner, prôner, ramoner, trôner, téléphoner.*

CONNAISSEZ-VOUS LEUR SIGNIFICATION ?

Ahaner : respirer bruyamment sous l'effort.
Effaner : débarrasser des fanes ou feuilles superflues.
Empanner : mettre un navire en panne, arrêter un navire en réduisant la voilure.

Détrôner : déposséder quelqu'un de son trône ou de sa prééminence.
Prôner : louer sans réserve, avec insistance.
Détoner : exploser avec bruit.
Détonner : ne pas être dans le ton.

■ Exercice 1

Complétez ces verbes avec un ou deux n :

approvisio....er	s'époumo....er
conditio....er	ta....er
télépho....er	fa....er
pla....er	détrô....er
raiso....er	cloiso....er
éma....er	ramo....er
enruba....er	chica....er

■ Exercice 2

Notez à côté de chaque nom l'adjectif en -ional, -ionel ou -ionniste qui en est dérivé, avec un ou deux n :

tradition ....

région ....

perfection ....

passion ....

émotion ....

nation ....

union ....

profession ....

■ Exercice 3

Complétez les mots avec un ou deux n et placez-les dans la phrase qui leur convient.

Un minitel portable à écran plat destiné aux .... a été mis au point.	rayo....ages
Il a réussi à .... quelques renseigne-ments.	exceptio....elle
Des livres remplis-saient tous les	perfectio....iste
Ce port est équipé pour recevoir les navires de gros	professio....els
Ils s'étaient réunis pour fêter sa réussite	to....age
C'était un .... qui détestait faire les choses à moitié.	collectio....er
Il a commencé à .... les timbres à l'âge de dix ans.	gla....er

■ Exercice 4

Reconstituez douze mots en prélevant un élément dans chaque colonne.

pas	sion	nel
no	tention	nel
in	sion	niste
ta	tion	ner
u	ca	ner
illu	lon	niste
chi	nio	nel

■ Exercice 5

Remettez dans l'ordre les phrases de cette offre d'emploi et complétez les mots en italique avec un ou deux n.

Le candidat, âgé d'environ 30 ans, dispose d'une première expérience *professio..elle* dans des fonctions similaires. Cette impor-tante filiale de groupe figure parmi les leaders mondiaux de son secteur et recherche le responsable qui mettra en œuvre
UN CONTRÔLE DE GESTION
À DIMENSION INTERNATIO....ALE
Possédant une grande aptitude *relatio..elle*, celui-ci aura pour mission, avec son équipe, d'assurer toutes les fonctions du contrôle de gestion : diagnostic mensuel d'activité, tableau de bord, gestion *prévisio..elle*, *ratio..alisation* des systèmes de gestion.

■ Dictée

Tel acte humain s'appelle crime ici, bonne action, là-bas, et réciproquement. — Ainsi, en Europe, l'on chérit généralement ses vieux parents —, en certaines tribus d'Amé-rique, on leur persuade de monter sur un arbre ; puis on secoue cet arbre. S'ils tom-bent, le devoir sacré de tout bon fils est de les assommer sur le champ à grands coups de tomahawk pour leur épargner les soucis de la décrépitude. S'ils trouvent la force de se cramponner à quelque branche, c'est qu'alors ils sont encore bons à la chasse ou à la pêche, et alors on sursoit à leur immo-lation.

Villiers de l'Isle-Adam,
Les Demoiselles de Bienfilâtre.

ACCORDS

VERBES

ORTHOGRAPHE D'USAGE

HOMOPHONES

SIGNES
ORTHOGRAPHIQUES

CONJUGAISONS

r ou rr? (1)

Il n'y a aucune règle générale qui permet de savoir si le *r* doit être redoublé ou pas au milieu d'un mot. Seule une connaissance du lexique peut vous éviter les erreurs.

Les mots commençant par	prennent	Exemples	Exceptions
bar-	*r*	*baraque, baratin, baril, barioler, baroque, baron,* etc.	*barracuda, barrer* et tous ses dérivés (*barrière, embarrasser,* etc.), *barrique, barrir, barrissement, barrot.*
car-	*r*	*carême, caresse, caribou, caricature, carillon, carotte,* etc.	*carrefour, carrousel, carroyer, carrure* et les mots de la famille de *carré,* de *carrière* et de *car.*
cor-	*rr*	*correction, correspondance, corrida, corrompu,* etc.	*coran, coriace, corolle, coryza, corail, coronaire* et leurs dérivés.
er-	*r*	*érable, érafler, éreinter, éristale, érosion, érogène, érudit,* etc.	*erre, erratique, errer,* et les dérivés (*errance, errant, erroné, erratum*).
fer-	*rr*	*ferrage, ferraille, ferret, ferrique, ferronnerie, ferrure,* etc.	*féra, féralies, férié, féroce, férocement, férocité, féru, férule.*
gar-	*r*	*garage, garer, garou,* etc.	*garrigue, garrot* (et ses dérivés *garrotter, garrottage*), *garrotte.*
hor-	*r*	*horaire, horion, horizon, hormone, horloge, horoscope,* etc.	*horreur* et ses dérivés (*horrible, horrifier,* etc.), *horripiler* et ses dérivés (*horripilant...*).

LE SAVIEZ-VOUS?

Un *éristale* est une grosse mouche, à l'abdomen jaune et noir, ressemblant à une guêpe.
Le *féra* est un poisson particulièrement abondant dans les lacs de Suisse.

■ Exercice 1

Complétez les phrases en formant à partir des verbes en désordre ci-dessous, le nom correspondant.
Exemple : élire - élection.

corrompre, corriger, corroborer, éroder, correspondre, corroder

1. La . . . . des examens a été retardée par la grève des enseignants.
2. Madame de Sévigné entretenait avec sa fille une . . . . soutenue.
3. La tentative de . . . . d'un représentant de l'ordre est un délit.
4. Les falaises finissent par s'écrouler par suite de l'. . . . de la mer.
5. Pour cause de . . . ., les câbles sous-marins ont dû être remplacés.
6. La . . . . du nouveau témoignage avec les autres confirme l'hypothèse de l'inspecteur de police.

■ Exercice 2

Complétez l'exercice par des mots qui commencent par cor *ou par* car.

1. La . . . . d'un footballeur ne dépasse guère 35 ans.
2. La chair des corbeaux est . . . . à manger.
3. Le . . . . de Notre-Dame s'appelait Quasimodo.
4. Les . . . . espagnoles remplissent les arènes de fanatiques.
5. Les champions de natation ont souvent une large . . . . .
6. Le . . . . est une des ressources des îles du Pacifique.

■ Exercice 3

Complétez les mots suivants à l'aide de un ou de deux r *et répartissez-les dans les colonnes.*

co. . . .olle, co. . . .iger, ca. . . .ème, ca. . . .oussel, é. . . .afler, é. . . .oné, ho. . . .oscope, ho. . . .ible, ma. . . .otte, ma. . . .oufle, pa. . . .avent, pa. . . .ainer, fe. . . .ure, fé. . . .oce, ca. . . .efour.

un r	deux r

■ Exercice 4

Faites correspondre les lettres avec les chiffres par un trait.

A. le parapet	1. de la marine
B. la marine	2. de la reine
C. le carrosse	3. de pierre
D. la parution	4. de la portière
E. l'érudition	5. d'un pont
F. l'horloge	6. d'un hebdomadaire
G. l'éraflure	7. d'un savant
H. les parasites	8. de guerre
I. la carrière	9. du chien

■ Exercice 5

La vedette cachée.

Parmi les 23 mots suivants, 6 fautes ont été commises. Relevez les 6 lettres correspondantes. Classez-les et vous obtiendrez le nom d'une vedette.

E. horoscope. A. parrapet. P. érafler. D. corrolle. T. corriace. N. caresse. W. horripiler. L. ferraille. H. maritime. K. parrain. F. carrefour. S. corrida. Q. horrifier. Z. féroce. O. carière. R. carefour. B. marriage. G. marronnier. M. coronaire. I. errata. V. horion. J. marraine. R. paradis. ⬜⬜⬜⬜⬜⬜

■ Dictée

L'aspect de cet homme était des plus bizarres, quoiqu'il fût mis comme un honnête bourgeois, jouissant d'une fortune raisonnable ; ses yeux gris se nuançaient de teintes vertes et lançaient des lueurs phosphoriques comme celles des chats. Quand ses lèvres pâles et plates se desserraient, elles laissaient voir deux rangées de dents très blanches, très aiguës et très séparées, de l'aspect le plus féroce ; ses ongles longs, luisants et recourbés, prenaient de vagues apparences de griffes ; mais cette physionomie n'apparaissait que par éclairs rapides ; sous l'œil qui le regardait fixement, sa figure reprenait bien vite l'apparence bourgeoise et débonnaire d'un marchand viennois retiré du commerce.

Th. Gautier,
Deux acteurs pour un rôle.

ACCORDS

VERBES

ORTHOGRAPHE D'USAGE

HOMOPHONES

SIGNES
ORTHOGRAPHIQUES

CONJUGAISONS

r ou rr ? (2)

Il n'y a aucune règle générale qui permette de savoir si le r doit être redoublé ou pas au milieu d'un mot. Seule une connaissance du lexique peut vous éviter les erreurs.

Les mots commençant par	prennent	Exemples	Exceptions
ir-	rr	irréalisable, irréel, irrémédiable, irresponsable, etc.	les mots de la famille de iris et de ironique ; iranien, irakien, iroquois, irascible.
mar-	r	marabout, marasme, mariage, marine, maroquin, marotte, maroufler, etc.	marraine, marrant, marre, marrer, marri, marron, marronnier, marrube.
par-	r	paradis, parapluie, parasite, parution, etc.	parrain, parrainage, parrainer, parricide.
per-	r	pérégrination, pérennité, péréquation, péricarde, périgée, péronnelle, etc.	perré, perrière, perron, perroquet, perruche, perruque, perruquier.
ter-	rr	terreau, terrible, terrier, terroriste, etc.	térébelle, térébenthine, térébinthacées, térébinthe, térébique, térébrant, térébratule.
tor-	rr	torréfier, torrent, torride, etc.	toréer, toréador, torero, toril.
ver-	r	véranda, véreux, vérifier, vérole, véronique, etc.	verrat, verre, verrue et leurs dérivés. (N.B. verrine peut s'écrire vérine).

LE SAVIEZ-VOUS ?

Un *maroquin* est une peau de chèvre tannée au moyen de produits végétaux, qu'on utilise en reliure (ne pas confondre avec *marocain*, habitant du Maroc).

Le *périgée* (contraire *apogée*), est le point de la trajectoire d'un astre, le plus près de la terre.

Une *térébelle* est un ver marin, vivant dans les fentes des rochers.

Le *térébinthe* est un arbre des régions méditerranéennes, qui sert à la fabrication de la térébenthine, dont la distillation fournit l'essence connue.

Exercice 1

Écrivez correctement les mots incomplets.

1. Des pluies tor. .entielles se sont abattues sur le ter. .itoire de Belfort.
2. Toute voiture réparée par un gar. .agiste doit être gar. .antie un an.
3. La gar. .igue du Languedoc est souvent la proie des flammes lors des étés tor. .ides.
4. Une maladie inconnue fait pér. .ir les lapins de gar. .enne.
5. La bar. .ière est équipée de deux solides ver. .ous.
6. Vivaldi est un nom célèbre de la musique bar. .oque.

Exercice 2

Complétez l'exercice en remplaçant le mot écrit entre parenthèses par son synonyme, qui commencera par ter, bar, ir.

1. Le (domaine) réservé aujourd'hui aux Indiens d'Amérique est une simple réserve.
2. Le jour du Carnaval est celui où l'on sort son costume (bigarré).
3. Il est déconseillé (d'agacer) un éléphant, même si c'est un animal débonnaire de nature.
4. Après ses malheurs répétés, son caractère était devenu (coléreux).
5. La (raillerie) est, à coup sûr, l'arme la plus dangereuse qui soit entre les mains de l'homme.

Exercice 3

Composez, à partir des verbes ci-après, un adjectif qualificatif commençant par le préfixe privatif ir, et finissant par able ou ible. Ex. : qu'on ne peut réaliser - irréalisable.

Une chose qu'on ne peut : 1. rattraper.
2. récuser. 3. remplacer. 4. respirer.
5. corrompre. 6. réfuter. 7. recevoir.
8. révoquer. 9. réduire. 10. réparer.

Exercice 4

Rayez les définitions erronées.

1. *une térébelle est :*
A. une plante médicinale
B. un insecte creusant des galeries
C. un ver marin
2. *un térébinthe est :*
A. une poudre colorante
B. un arbre méditerranéen
C. une boisson alcoolisée d'Arménie
3. *le péribole est :*
A. une enceinte autour d'un temple grec
B. la peau tannée de mouton pour les selles de chevaux
C. une plante d'Asie rappelant l'épinard

Exercice 5

Le mot mystérieux.

C'est un instrument de supplice.
C'est aussi un appareil de secouriste.
C'est aussi la région du corps d'un quadrupède, au-dessus de l'épaule.

Dictée

Un enfant de six à sept ans, beau comme un ange, et les épaules couvertes sur la blouse d'une peau d'agneau marchait dans le sillon parallèle à la charrue, et piquait le flanc des bœufs avec une gaule longue et légère, armée d'un aiguillon peu acéré [...] Lorsqu'une racine arrêtait le soc, le laboureur criait d'une voix puissante, appelant chaque bête par son nom, mais plutôt pour calmer que pour exciter, car les bœufs, irrités par cette brusque résistance, creusaient la terre de leurs larges pieds fourchus, et se seraient jetés de côté, emportant l'areau à travers champs, si, de la voix, le jeune homme n'eût maintenu les quatre premiers, tandis que l'enfant gouvernait les quatre autres. Tout cela était beau de grâce ou de force : le paysage, l'homme, l'enfant, les taureaux sous le joug ; et malgré cette lutte puissante où la terre est vaincue, il y avait un sentiment de douceur.

George Sand, *La Mare au diable.*

ACCORDS

VERBES

ORTHOGRAPHE D'USAGE

HOMOPHONES

SIGNES
ORTHOGRAPHIQUES

CONJUGAISONS

t ou tt en début de mot?

Les mots commençant par *bat-, cot-, lat-, lit-, met-, ot-, pit-* s'écrivent le plus souvent avec un *t*.
Les deux *t* font l'objet d'exceptions.

La consonne *t* n'est pas doublée

☐ dans les mots commençant par *bat-* : *bâtard, batavia, bateau, bâtiment, batracien,* etc.
Sauf dans *battre* (et ses dérivés *battant, battue, combattre,* etc.).
Attention : *bataille, bataillon, batailleur, combatif* et *combativité* ne prennent qu'un seul *t*.

☐ dans les mots commençant par *cot-* : *cotation, côtelette, cotillon, coton, côtoyer,* etc.
Sauf dans *cottage, cotte*.

☐ dans les mots commençant par *lat-* : *latérité, latinisme, latitude, latrine,* etc.
Sauf dans *latte, lattage, latter, lattis*.

☐ dans les mots commençant par *lit-* : *liteau, literie, litige, litorne, litote, liturgie,* etc.
Sauf dans *littoral, littorine, littérature* et les mots de la même famille.

☐ dans les mots commençant par *met-* : *métairie, métaphore, métastase, météore, métis,* etc.
Sauf dans *mettre, mettable, metteur*.

☐ dans les mots commençant par *ot-* : *otage, otarie, otite, ôter,* etc.
Sauf dans *ottoman, ottonien*.

☐ dans les mots commençant par *pit-* : *pitance, pitié, piton, pitoyable, pitre,* etc.
Sauf dans *pittoresque, pittoresquement*.

La consonne *t* est doublée

☐ dans les mots commençant par une voyelle : *attribuer, atténuer,* etc.
Sauf dans *ataraxie, atavisme, ataxie, atèle, atelier, atemporel, atermoiement, atoll, atome, atomique,* etc.

☐ dans les mots commençant par *attr-* : *attribuer, attrouper,* etc.
Sauf dans *atrabilaire, âtre, atrium, atroce, atrocement, atrocité, atrophie, atropine*.

LE SAVIEZ-VOUS?

Le *liteau* est l'endroit où le loup dépose et élève ses petits.

La *litorne* est une grive de 27 cm à tête et croupion gris.

La *littorine* est un mollusque de nos plages, dont une espèce porte le nom de bigorneau.

Cote signifie montant d'une cotisation ou d'un impôt. *Côte* désigne soit l'os plat du thorax, soit la pente d'une colline, soit le rivage de la mer. *Cotte* (avec deux *t*) était un terme qui signifiait autrefois tunique ou jupe; aujourd'hui, il désigne un pantalon de toile bleue montant jusqu'à la poitrine.

EXERCICES

■ Exercice 1

Complétez, s'il y lieu, les mots incomplets.

1. Autrefois, les chalands remontaient la Volga, tirés par des bat..eliers.
2. La gendarmerie organise une vaste bat..ue pour retrouver l'enfant disparu.
3. Ce village, pit..oyable d'aspect, avait pourtant quelque chose de pit..oresque.
4. Sous les lat..itudes polaires, les maisons sont faites de blocs de glace.
5. Ce gangster s'évade en emmenant l'infirmière en ot..age.

■ Exercice 2

Complétez les phrases à l'aide des mots ci-dessous :

lat..es, ot..arie, ot..algie, lit..ote, lit..urgie, lit..ée.

1. .... est le terme médical pour la douleur d'oreille.
2. La .... est l'ensemble des règles fixant la pratique du culte.
3. Une .... est un mammifère voisin du phoque.
4. La .... est une expression qui consiste à dire moins pour faire entendre plus.
5. La .... est la portée d'une femelle, notamment celle du sanglier.
6. Il cloue les .... du plancher.

■ Exercice 3

Complétez l'exercice à l'aide de mots qui commencent par ot, cot ou met.

1. La .... en bourse est donnée chaque jour à la télévision.
2. Avant sa ...., le papillon était une chenille.
3. Quand il sort dans la journée, il porte toujours sa .... de maille.
4. Un danger sérieux pour la navigation interplanétaire est constitué par les ...., sorte de poussières cosmiques.
5. Il aime les .... d'agneau grillées.

■ Exercice 4

Relevez, dans ces 19 mots, les cinq comportant une faute. Avec les lettres correspondantes, trouvez une ville française.

A. battaillon, B. literie, C. coton, D. latte, E. littoral, F. métastase, G. batracien, H. piton, I. battavia, J. batterie, K. côtelette, L. bâtiment, M. litière, N. latérite, O. lattage, P. battard, Q. bâton, R. cottillon, S. littige.

■ Exercice 5

Répartissez les verbes, suivant leur appartenance à l'idée de :

battre	bâtir

fonder, étriller, souffleter, agencer, élever, assommer, cravacher, culbuter, établir, ériger, défaire, échafauder, brosser, créer, bâtonner.

■ Dictée

Les camions s'étaient arrêtés en bas de la route. Maintenant nous marchions vers le sommet, en file indienne, en silence. Le village, en bas, clignait de l'œil de ses rares lampadaires, cependant que quelque chien bâtard aboyait, pour le principe.
La nuit avait, quelques heures auparavant, littéralement noyé ce paysage. On ne distinguait plus la crête de la colline qui se dessinait dans le ciel bleu sombre, et, lorsque nous l'avions dépassée, une autre surgissait, encore plus loin, avec, elle aussi, son arbre solitaire. Le silence n'était troublé que par le bruit sourd des souliers qui cherchaient le chemin, et le tintement métallique des bidons qu'on portait attachés à notre ceinture. Parfois, un météore venait culbuter toutes ces étoiles, puis tout reprenait sa monotonie. Nos pieds étaient dans un état pitoyable, mais nul n'aurait osé ôter ses chaussures, par crainte de l'officier qui nous côtoyait.

ACCORDS

VERBES

ORTHOGRAPHE D'USAGE

HOMOPHONES

SIGNES
ORTHOGRAPHIQUES

CONJUGAISONS

t ou tt en fin de mot ?

Généralement, les verbes terminés par -eter, -iter, -oter ne prennent qu'un *t* à l'infinitif :

☐ verbes en -*eter* :
cacheter, empaqueter, projeter, etc. (sauf *regretter*).

☐ verbes en -*iter* :
citer, décapiter, hésiter, mériter, visiter, etc. (sauf *quitter* et *acquitter*).

☐ verbes en -*oter* quand il s'agit de verbes exprimant une idée d'action affaiblie :
dorloter, siffloter, toussoter, trembloter, etc.
Sauf : *frisotter* ; les verbes issus de noms en -*otte* : *botter, calotter, ballotter, carotter, culotter*, etc. ; les verbes issus de noms en -*ot* : *garrotter, grelotter*.

La consonne *t* des verbes en -eter est doublée devant un *e* muet.
Sauf : *acheter (j'achèterai), bégueter, corseter, crocheter, fileter, fureter, haleter, racheter*.

Les noms terminés par -terie ne prennent deux *t* que s'ils sont dérivés d'un nom terminé par -*et* ou -*ette* :
robinetterie, lunetterie, etc. (sauf : *bonneterie*).

Les autres noms terminés par -*terie* ne prennent qu'un *t* :
briqueterie, marqueterie, papeterie.

Les noms terminés par -ote ne prennent qu'un *t* lorsqu'ils sont masculins.
Ils peuvent s'écrire avec un ou deux *t* s'ils sont féminins : l'utilisation du dictionnaire est alors nécessaire *(carotte, note)*.

Les adjectifs terminés par -ot font leur féminin en -*ote* :
bigote, manchote, poivrote, petiote, etc.
Sauf : *bellotte, boulotte, sotte, pâlotte, vieillotte*.

LE SAVIEZ-VOUS ?

La *pelleterie* est le travail et le commerce des fourrures, celui du pelletier.

Un *prote* est un chef d'atelier de composition typographique.

EXERCICES

■ Exercice 1

Trouvez le verbe en *iter* ou *itter* qui manque.

1. Le médecin lui a conseillé de s'.... pour quelques jours.
2. Pour .... les accidents, la gendarmerie a disposé des panneaux de ralentissement.
3. Pour s'.... de ses dettes, il travaille jour et nuit.
4. Parfois, il faut .... ceux que l'on aime pour trouver du travail.
5. En vacances, j'adore .... les musées et les vieilles églises.

■ Exercice 2

Complétez les mots suivants.

1. La pêche est devenue sa nouvelle marot..e.
2. Le pêcheur suivait les évolutions de son bouchon en sifflot..ant.
3. Il avait des cheveux roux carot..e.
4. Pour multiplier les fraisiers, il suffit de les marcot..er.
5. On entendait toussot..er les enfants au fond de la classe.
6. Il aime les huîtres accompagnées d'une sauce à l'échalot..e.

■ Exercice 3

Remettez les mots ci-dessous à leur place :

robinetterie, bonneterie, briqueterie, billetterie, papeterie, coquetterie, chaussetterie.
1. Ce qui coûte le plus cher dans une salle de bain, c'est la .....
2. L'incendie de la .... de Douai a mobilisé de nombreuses casernes de pompiers.
3. Chaque banque est aujourd'hui équipée d'une .....
4. La .... a un rapport étroit avec la .....
5. Elle portait ses vêtements simples avec beaucoup de .....
6. Les ouvriers de la .... d'en face sont en grève.

■ Exercice 4

Où est l'intrus ?

1. bibeloter. 2. quitter. 3. garrotter.
4. marmotter. 5. ballotter. 6. grelotter.
7. marcotter. 8. botter.

1	2	3	4	5	6	7	8

cocher la case

■ Exercice 5

Classez dans la colonne 1 les verbes donnant une idée d'action atténuée, et dans la colonne 2, les autres verbes.

1	2

1. ballotter, 2. annoter, 3. ligoter.
4. toussoter. 5. frisotter. 6. calotter,
7. dorloter, 8. trembloter, 9. canoter,
10. siffloter.

■ Exercice 6

Reliez les sujets de gauche aux verbes de droite selon la logique.

1. les orphelins   A. émottent
2. les patins   B. frisottent
3. les cheveux   C. garrottent
4. les brigands   D. complotent
5. les enrhumés   E. grelottent
6. les ennemis   F. toussotent
7. les herses   G. frottent

■ Dictée

Souvenirs d'enfance

En ce temps-là, je ne serais pas revenu à pied de l'école les soirs d'hiver, car la lumière pâlotte du jour s'éteignait vite. Sans hésiter, je faisais appel à tout ce qui pouvait m'embarquer ; le plus souvent, il s'agissait d'un cultivateur qui revenait du bourg. Blotti dans la charrette vide, je finissais parfois par m'endormir, bien que grelottant un peu. J'entends encore le gros cheval de trait qui trottait lourdement sur le bitume, tandis que le fermier l'encourageait machinalement de son fouet, tout en sifflotant. La briqueterie, les champs de carottes, tout cela défilait, paysage familier, jusqu'au gros chêne, maintenant abattu, qui me prévenait du terminus.

ACCORDS

VERBES

ORTHOGRAPHE D'USAGE

HOMOPHONES

SIGNES
ORTHOGRAPHIQUES

CONJUGAISONS

d ou dd? g ou gg? p ou pp?

Le doublement de la consonne se rencontre le plus souvent dans les verbes commençant par *ap-*. Dans les autres cas, l'emploi d'un seul *d*, d'un seul *g* ou d'un seul *p* est le plus fréquent.

La consonne *d* n'est pas doublée

☐ dans les mots commençant par *ad-* : *adage, adapter, adéquat, adipeux, adoucissant, adultère,* etc.
Sauf dans *addax, addiction, adduction, addition* (et ses dérivés *addenda, additif...*).

La consonne *g* n'est pas doublée

☐ dans les mots commençant par *ag-* : *agrafer, agrandissement, agressivité, aguichant,* etc.
Sauf dans *agglomérer, agglutiner, aggraver* et les mots des mêmes familles.

La consonne *p* n'est pas doublée

☐ dans les mots commençant par *ep-* : *épaule, épargner, épervier,* etc.

☐ dans les mots terminés par *-ape* : *cape, rape, soupape, tape,* etc.
Sauf dans *frappe, grappe, nappe, trappe, varappe.*

☐ dans les mots terminés par *-aper* : *attraper, handicaper, laper,* etc.
Sauf dans *échapper, égrapper, frapper, happer, japper, napper.*

☐ dans les mots terminés par *-ope* : *cyclope, misanthrope, myope, pope,* etc.
Sauf dans *échoppe, achopper, enveloppe* (et ses dérivés).

La consonne *p* est doublée

☐ dans les verbes (et mots dérivés) commençant par *ap-* : *apparaître, applaudir, apporter, apprivoiser.*
Sauf dans *apercevoir, apeurer, apiquer, apitoyer, aplanir, aplatir, apostasier, apostiller, apostropher* et leurs dérivés.

LE SAVIEZ-VOUS?

Un *addax* est une antilope grise des confins sahariens, aux cornes spiralées.

Un *addenda* est un article, ou quelque chose d'autre, que l'on rajoute à un ouvrage en vue de le compléter.

Apostasier signifie abandonner publiquement et volontairement une religion.

EXERCICES

■ Exercice 1

Complétez les pointillés s'il y a lieu.

1. Il ap..réhende de se rendre chez le dentiste.
2. Certaines herbes ap..ortent, par leur ap..lication sur la plaie, un ap..aisement de la douleur.
3. Dans le Pacifique, les avions de chasse ap..areillaient et ap..ontaient sur le porte-avions.
4. En été, l'ap..rovisionnement en eau des villages du Var est parfois problématique.
5. Un piéton qui traversait en dehors des clous s'est fait ap..ostropher par l'agent de police.

■ Exercice 2

Replacez chaque verbe à sa place en l'écrivant correctement :

ad..orer, ad..itionner, s'ag..riper, s'ag..raver, ap..rivoiser, ap..ercevoir, ép..argner, ép..lucher,
ainsi que les mots *synco..pe, échop..e, cap..e, nap..e.*

1. Un fruit doit s'.... avant d'être consommé.
2. Du haut du phare, on peut .... les côtes anglaises.
3. La situation .... de jour en jour.
4. Une .... fleurie recouvrait la grande table du salon.
5. Zorro porte toujours une grande .... dans ses films.
6. Il est très difficile d'.... un renard.
7. Certains coups de karaté peuvent provoquer une .....
8. Pour le baccalauréat, on .... les points d'écrit et d'oral.
9. L'ours brun .... le miel des ruches.
10. Il faut .... certains animaux si l'on ne veut pas que la race s'éteigne.
11. Au Moyen Âge, les artisans travaillaient à la devanture de leur .....
12. Le montagnard s'.... à la paroi grâce à des chaussures cloutées.

■ Exercice 3

Quelle est la vedette ?

Classez les verbes de la colonne de droite en face de leur contraire de gauche, puis les lettres correspondantes dans le tableau.

2	6	9	3	7	1	8	5	4	10

1. appréhender
2. approuver
3. exorciser
4. exempter
5. épaissir
6. épouser
7. appesantir
8. appareiller
9. exhumer
10. épargner

D. aspirer
A. réprouver
N. dépenser
I. envoûter
O. engager
L. raffiner
L. divorcer
N. alléger
E. atterrir
A. inhumer

■ Exercice 4

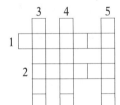

1. ôte les pépins
2. met en colère
3. calme
4. su
5. moyen de guérir

■ Dictée

Ceux qui ne peuvent trouver d'armes saisissent les barres de cabestan ou les rames de la chaloupe. Dès ce moment, l'équipage européen fut perdu. Cependant, quelques matelots firent tête sur le gaillard arrière, mais ils manquaient d'armes et de résolution. Ledoux était encore vivant, et n'avait encore rien perdu de son courage. S'apercevant que Tamango était l'âme de la conjuration, il espéra que, s'il pouvait le tuer, il aurait bon marché de ses complices. Il s'élança donc à sa rencontre, le sabre à la main, en l'appelant à grands cris... Tamango frappa le premier.

P. Mérimée, Tamango.

ACCORDS

VERBES

ORTHOGRAPHE D'USAGE

HOMOPHONES

SIGNES
ORTHOGRAPHIQUES

CONJUGAISONS

-ance ou -anse?
-ence ou -ense?
-tiel ou -ciel?

Les **terminaisons** en *-ance, -ence* et *-tiel* sont les plus fréquentes.
Les autres font l'objet d'exceptions.

-ance ou -anse?

☐ La terminaison *-ance* est la plus fréquente : *avance, échéance, élégance, redevance, substance,* etc.

☐ Exceptions en *-anse* : *anse, danse, ganse, panse, transe.*

-ence ou -ense?

☐ La terminaison *-ence* est la plus fréquente : *conférence, confidence, crédence, détumescence, innocence, patience, potence, rénitence, totipotence,* etc.

☐ Exceptions en *-ense* : *défense, dense, dépense, dispense, immense, intense, offense, récompense.*
Notez leurs dérivés : *dépenser, dispenser, offenser, récompenser, densité, immensité, intensité.*

-tiel ou -ciel?

☐ La terminaison *-tiel* est la plus fréquente : *partiel, pestilentiel, préférentiel, substantiel,* etc.

☐ Les noms en *-ence* ont un adjectif dérivé en *-tiel* : *confidentiel, préférentiel,* etc. (sauf *révérenciel*).

☐ Exceptions en *-ciel* : *circonstanciel, tendanciel*; et les adjectifs dérivés de noms en *-ice (artificiel, cicatriciel, indiciel, officiel, préjudiciel).*

LE SAVIEZ-VOUS?

La *totipotence* est le caractère de certaines cellules embryonnaires capables de former des tissus les plus divers.

La *rénitence* est l'état de ce qui offre une certaine résistance à la pression.

La *détumescence* est la diminution de volume d'une tumeur, d'une inflammation.

■ Exercice 1

Complétez à l'aide des suffixes -ence, -ense, -ance, -anse :

dép...., récomp...., d...., ch...., confér...., bal....

1. Les vainqueurs de la coupe de France de football reçoivent leur .... des mains du président de la République.
2. On dit que les gens nés sous le signe de la .... auront beaucoup de .... dans la vie.
3. La prochaine .... au sommet traitera du désarmement nucléaire.
4. Le tango est une .... qui nous est venue d'Argentine.
5. Il .... des trésors d'ingéniosité pour parvenir à ses fins.

■ Exercice 2

Remplacez les adjectifs qualificatifs soulignés par leur contraire terminés par -ciel ou -tiel.

1. Il préférait peindre dans son atelier, à la lumière <u>naturelle</u>.
2. La nouvelle que le président se rendra en URSS au printemps est <u>erronée</u>.
3. Des élections <u>complètes</u> sont prévues en septembre pour le département de l'Aude.
4. Il gardait, en toute occasion, un comportement <u>irrespectueux</u>.
5. Nous réglerons cette affaire lors d'un entretien <u>public</u>.

■ Exercice 3

Quels verbes sont à l'origine des mots suivants ?

vacance : ....
échéance : ....
redevance : ....
défaillance : ....
tendanciel : ....

■ Exercice 4

Reliez chaque mot de la colonne de gauche à son contraire de la colonne de droite.

A. élégance   1. culpabilité
B. aisance   2. grossièreté
C. corpulence   3. difficulté
D. innocence   4. maigreur
E. dépense   5. flatterie
F. offense   6. épargne

■ Exercice 5

Le mot caché.

Combinaison ou trafic louche, machination secrète.

■ Dictée

Une des révolutions qui se sont produites dans notre pays est bien l'apparition de ces gigantesques magasins appelés « supermarchés ». La plupart des clients s'y rendent en voiture, à cause de l'éloignement et du transport, d'immenses parkings assurent un stationnement providentiel et facile. Pour épargner la peine aux clients, des chariots sont mis à leur disposition, de préférence à proximité des entrées. À l'intérieur, on se sent aussi libre qu'à l'extérieur. Aucun vendeur ne vient s'enquérir, avec une insistance parfois déplacée, voire insolente, de ce que vous désirez. Toutes les marchandises sont là, exposées, sur d'innombrables étagères que baigne une lumière intense. Le ticket remis par la caissière avec le prix de chaque article permet de contrôler sa dépense, et de réaliser de substantielles économies. Pourtant, on s'y sent souvent seul; rares sont les connaissances qu'on y retrouve. Malgré son déclin, le petit commerce, pour survivre, doit entretenir avec les grandes surfaces une concurrence parfois vaine.

ACCORDS

VERBES

ORTHOGRAPHE D'USAGE

HOMOPHONES

SIGNES
ORTHOGRAPHIQUES

CONJUGAISONS

c ou qu ?

> **Devant les suffixes *-able* et *-age*, les mots s'écrivent aussi souvent avec c qu'avec qu. Devant les suffixes *-aille, -aire, -at, -ation*, les mots s'écrivent le plus souvent avec un c.**

-cable ou -quable ?

☐ Le mot termine par *-cable* s'il existe dans sa famille un mot terminé par *-cation* : *éducable, confiscable, révocable*, etc.

☐ Sinon, le mot termine par *-quable* : *attaquable, critiquable, remorquable*, etc. Sauf dans *praticable*.

-cage ou -quage ?

☐ Le mot termine par *-cage* s'il existe dans sa famille un mot terminé par *-ac, -ec, -ic, -oc, -uc* : *blocage (bloc), parcage (parc), plasticage (plastic), saccage (sac)*. N.B. : on écrit indifféremment *trucage* ou *truquage*.

☐ Sinon le mot termine par *-quage* : *braquage, calquage, démarquage, dépiquage*, etc. N.B. : on écrit selon le sens *picage* (pic) ou *piquage* (pique), *placage* (matière que l'on plaque) ou *plaquage* (action de poser ce placage).

La consonne c est la plus employée

☐ dans les terminaisons en *-caille* : *caille, écaille, racaille, rocaille*, etc. Sauf dans *antiquaille*.

☐ dans les terminaisons en *-caire* : *apothicaire, bibliothécaire, précaire, vicaire*, etc. Sauf dans *reliquaire, antiquaire, disquaire, moustiquaire*.

☐ dans les terminaisons en *-cat* : *avocat, certificat, matriarcat*, etc. Sauf dans *reliquat*.

☐ dans les terminaisons en *-cation* : *démarcation, évocation, provocation, révocation*, etc. Sauf dans *équation, péréquation, liquation*.

LE SAVIEZ-VOUS ?

Le *picage* est l'habitude qu'ont certains jeunes oiseaux à se becqueter et à s'arracher des plumes (de l'oiseau : pic). C'est un terme vétérinaire.
Le *piquage* est l'action de piquer.

Les mots *marécage* et *bocage* obéissent à la règle ci-dessus, car ils viennent de *maresc* et de *bosc*, ancien français de *marais* et de *bois*.

■ Exercice 1

Complétez les mots avec *c* ou *qu*.

1. Le 18 octobre 1685, Louis XIV signa la révo..ation de l'édit de Nantes.
2. À la suite d'un accrochage, une vive alter..ation a opposé les deux chauffeurs.
3. La li..ation est la séparation de deux métaux alliés de fusibilités différentes.
4. Pendant la seconde guerre mondiale, une ligne de démar..ation coupait la France en deux parties.
5. Les députés des trois ordres réclamaient, longtemps avant 1789, la convo..ation des états généraux.
6. Avant l'utilisation, il convient de lire avec appli..ation le mode d'emploi.

■ Exercice 2

Remettez à leur place les mots suivants, après les avoir complétés avec *c* ou *qu* :

blo..age, dépi..age, pa..age, cla..age.
1. Avant la course, les athlètes s'échauffent pour éviter un . . . . .
2. Le . . . . de l'autoroute est dû à une manifestation des agriculteurs.
3. Au temps de la transhumance, les . . . . du bétail étaient en altitude.
4. Autrefois, le . . . . à la ferme ressemblait à une fête.

■ Exercice 3

À l'aide des verbes suivants, formez un adjectif qualificatif terminé par *able*, synonyme du mot souligné :

convoquer, remorquer, pratiquer, attaquer, révoquer.
1. La décision est sans appel.
2. Dans le port, un gros paquebot est tractable par un simple remorqueur.
3. Pour se disculper, le suspect a un alibi indiscutable.
4. Le match a été reporté pour cause de terrain inutilisable.
5. Vu qu'il est alité, le témoin n'est pas invitable à la barre.

■ Exercice 4

Donnez à ces lignes une signification en retrouvant les parties mélangées :

1. la *roliquat* du pays breton
2. la *vocaille* de la quête
3. le *recaire* du parterre
4. le *vicage* du médecin
5. le *bocation* de la paroisse

■ Exercice 5

1. Action de fixer une vitre à l'aide d'une pâte molle.
2. Action de reproduire un dessin par transparence.
3. Plaide ou est mangé.
4. Examen d'autrefois.

■ Dictée

En pleine forêt, elle aperçut du linge déchiré, éparpillé parmi des buissons inextricables, et, plus loin, les fragments d'un panier en osier. Nul doute, le porteur avait été tué par un loup. Austreberthe à la voix merveilleuse et douce appela alors le loup qui rôdait encore aux alentours. Il s'approcha d'elle doucement mais nia le forfait reproché. Longuement et minutieusement interrogé, il avoua enfin, car, en ce temps-là, les bêtes parlaient. L'abbesse lui tint alors ce propos : Frère loup, tu es un remarquable assassin. Il faudra, dès demain, à titre d'éducation, remplacer en sa charge de messager l'âne que tu as dévoré. Tu renonceras pour cela à ta vie précaire de bandit. Le loup, rongé par un implacable remords, accomplit son devoir avec sérieux.

ACCORDS
VERBES
ORTHOGRAPHE D'USAGE
HOMOPHONES
SIGNES
ORTHOGRAPHIQUES
CONJUGAISONS

Les noms terminés par le son [sjɔ̃]

Les terminaisons en -*tion* sont les plus fréquentes. Les autres font l'objet d'exceptions.

On écrit généralement -*tion*

☐ après *a* : *abomination, adaptation, domination, nation, passation, ration*, etc.
Sauf dans *passion, compassion*.

☐ après *i* : *addition, exhibition, inhibition*, etc.
Sauf dans *mission, scission*, et les noms dérivés de *mettre (admission, compromission)*.
Attention : le nom dérivé de *promettre* est *promesse*.

☐ après *o* : *émotion, locomotion, notion*, etc.

☐ après *u* : *allocution, persécution, électrocution, hydrocution*, etc.
Sauf dans *concussion, discussion, jussion, percussion, répercussion*.

☐ après *ten-* : *attention, intention, rétention*, etc.
Sauf dans *distension, extension, tension*.

☐ après *ven-* : *convention, intervention, subvention*, etc.

On écrit toujours -*sion* après *l* ou *r* : *convulsion, répulsion, aversion, conversion, inversion, version, torsion*, etc.

On écrit généralement -*ssion* après le son [é] : *cession, concussion, confession, obsession, pression, profession, sécession, procession*, etc.

Sauf : *sécrétion* et *excrétion* (dérivés de verbes en -*eter*); *concrétion, discrétion, réplétion, sujétion* (dérivés de mots en -*et*).

Cas particuliers.

☐ Deux mots se terminent par -*cion* : *succion* et *suspicion*.

☐ Sept mots se terminent par -*xion* : *annexion, complexion, connexion, crucifixion, flexion, fluxion, réflexion*.

LE SAVIEZ-VOUS ?

La *concussion* est la malversation commise dans l'exercice d'une fonction publique, comme le maniement des deniers publics.

Exercice 1

Complétez les phrases à l'aide d'un nom dérivé des verbes ci-dessous :

obtenir, émouvoir, convenir, soupçonner, répercuter.
1. Elle a retrouvé avec .... les jouets de son enfance.
2. La grève des P et T a eu de graves .... sur l'économie nationale.
3. Les accords écrits entre patrons et ouvriers portent le nom de .... collectives.
4. L'.... du brevet de pilote exige de nombreuses heures de vol.
5. Le douanier jette un regard de .... sur les passagers de la voiture.

Exercice 2

Inversement, complétez les phrases à l'aide d'un verbe à l'origine des noms ci-dessous :

conversion,   détention,   admission, exemption.
1. Celui qui .... un objet volé est puni autant que l'auteur du vol.
2. Les jeunes Français sont .... au service militaire après un examen médical.
3. Les dragonnades avaient pour but de .... les protestants récalcitrants.
4. Un certificat médical suffit à se faire .... de gymnastique au lycée.

Exercice 3

Complétez les mots en pointillés.

1. Il a la pa....ion des miniatures.
2. L'exécu....ion de Louis XVI eut lieu le 21 janvier 1793.
3. Les exhibi....ions aériennes, lors des meetings aériens, présentent certains risques.
4. Ne le croyez pas! Son récit contient beaucoup d'exagéra....ions.
5. On prévoit une exten....ion du réseau ferroviaire de cette région.

Exercice 4

Reliez par un trait, comme il convient, les rectangles de gauche à ceux de droite.

La commission	de l'État
La sécrétion	de la vésicule biliaire
La passation	départementale
La subvention	entre les États rivaux
La tension	routière
La prévention	des pouvoirs

Exercice 5

Les mots mystérieux.

1. . Y . . O . U . . . .
Un des dangers de la plage
2. . . O . AT . . .
Sentiment envers autrui
3. . . N V . R . . . . . N
Sorte d'entretien

Dictée

Socrate, comme un pionnier de la lutte contre la société de consommation, considère que ses concitoyens se fourvoient déjà dans la recherche du superflu et que la sagesse commande de limiter ses besoins à la satisfaction de l'instinct de conservation. L'histoire de l'humanité montre le constant accroissement des richesses matérielles : lente pendant des siècles, la progression des biens de consommation connaît depuis une vingtaine d'années, une accélération effrénée : la suppression des corvées avec le chauffage central, l'agrément avec l'automobile, la télévision, suffisent à prouver qu'il est inconcevable de faire sienne la réflexion de Socrate : « Que de choses dont je n'ai pas besoin ! ». Pendant la dernière guerre, sous l'occupation, les Français ont connu de douloureuses privations. Cette régression dans les conditions matérielles d'existence, les hommes l'ont subie parce qu'ils ne pouvaient pas faire autrement.

ACCORDS
VERBES
ORTHOGRAPHE D'USAGE
HOMOPHONES
SIGNES ORTHOGRAPHIQUES
CONJUGAISONS

Les noms terminés par le son [o]

> Les noms terminés par le son [o] s'écrivent le plus souvent *-eau*. Mais le son [o] final peut s'écrire également : *-au, -aud, -aut, -aux* ou *-ot, -oc, -op, -os, -o*.

-eau ou *-au* ?

Le plus grand nombre de mots terminés par le son [o] s'écrivent *-eau* ou *-au* :
-eau dans *appeau, bateau, berceau, chevreau, écheveau, flambeau, grumeau, râteau*.
-au dans *aloyau, esquimau, fabliau, fléau, gruau, joyau, sarrau*, etc.

-aud, -aut ou *-aux* ?

Le féminin du mot, l'appartenance à une famille de mots et la connaissance de l'étymologie de certains mots permettent de retrouver la consonne finale :
nigaud / nigaude ; finaud / finaude ;
badaud / badauderie ; saut / sauter ; défaut / faute ;
faux / latin *falx ; chaux* / latin *calx*.

-ot, -oc, -op, -os ou *o* ?

Le féminin des mots, l'appartenance à une famille de mots, permettent de retrouver la consonne finale :
rabot / raboter ; canot / canotage ; croc / croquer ; galop / galoper ; matelot / matelote ; clos / close ; etc.

-OT		*-OC*	*-OP*	*-O*
angelot	ergot	accroc	galop	brasero
argot	garrot	broc	sirop	bravo
boulot	hublot	croc		caraco
cachalot	javelot	escroc		cargo
cageot	manchot			commando
cahot	matelot	*-os*		écho
calicot	mégot	chaos		halo
calot	paquebot	clos		indigo
canot	pavot	dos		lasso
coquelicot	rabot	héros		mémento
écot	robot	propos		topo

LE SAVIEZ-VOUS ?

Il ne faut pas confondre *cahot* et *chaos*, *hérault* et *héros*, *écho* et *écot*.

Cahot désigne le saut que fait une voiture sur un chemin défoncé et *chaos* signifie désordre, confusion.

Le *héraut* était autrefois le messager chargé de transmettre les messages, le *héros* est le personnage principal d'un livre ou d'un film.

Écho est le mot employé pour désigner la répétition d'un son produit par la réflexion des ondes sonores sur un obstacle.

Écot signifie soit la part que paie chaque convive pour les frais d'un repas commun soit un tronc d'arbre grossièrement élagué.

■ Exercice 1

Complétez les mots par -eau, -au, -aud, -aut
ou -aux et placez-les où il convient :

fin .. - levr.. - gât.. - f.. - grum.. - nig..
- ch.. - joy.. - chât..

1. La pâte de ce .... fait beaucoup de .....
2. Ce .... est un véritable .....
3. Ce .... ne se laisse pas prendre avec de
tels attrape-.....
4. Le .... est un jeune lièvre.
5. Après avoir coupé l'herbe à la ...., il a
enduit le tronc des arbres à la .....

■ Exercice 2

Complétez les mots par -ot, -oc, -op, -os ou
-o et placez-les où il convient :

carg.. - sir.. - cr.. - paqueb.. - hubl.. -
escr.. - her.. - matel.. - rep.. - accr.. - fl..
1. Le .... sur le .... regarde les .... par
le .....
2. Cette personne a été victime d'un .....
3. De ses puissants .... le chien l'a mordu
et a fait un .... à son pantalon.
4. Il aime tous les .....
5. Même un .... a besoin de .....
6. Le .... a été arraisonné par un .....

■ Exercice 3

Trouvez le mot terminé par le son [o] de la
même famille que les mots proposés.
Orthographiez-les correctement.

garrotter	garrot
reposoir	
rôtir	
plume	
panne	
comploter	
sauter	
sottise	
seul	

■ Exercice 4

Trouvez les mots terminés par le son [o] cor-
respondant aux définitions suivantes.
Placez-les dans les bonnes cases.

1. Personne qui, malgré les apparences,
possède une certaine finesse d'esprit.
2. Personne qui manque de finesse d'esprit.
3. Navire destiné au transport des marchandises.
4. Grand vase servant à transporter des
liquides.
5. Couleur bleue.
6. Instrument servant autrefois à battre le
blé.
7. Personne aux mœurs désordonnées.

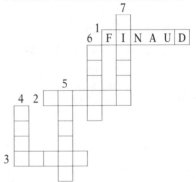

■ Dictée

Aujourd'hui, en linge sale, en culotte déchi-
rée, couvert de lambeaux, presque sans souliers, il va la tête basse, il se dérobe, on serait
tenté de l'appeler pour lui donner l'aumône.
Demain, poudré, chaussé, frisé, bien vêtu,
il marche la tête haute, il se montre, et vous
le prendriez à peu près pour un honnête
homme. Il vit au jour la journée. Son premier soin, le matin, quand il est levé, est de
savoir où il dînera ; après dîner, il pense où
il ira souper. La nuit amène aussi son inquié-
tude. Ou il regagne, à pied, un petit grenier
qu'il habite, à moins que l'hôtesse, ennuyée
d'attendre son loyer, ne lui en ait redemandé
la clef ; ou il se rabat dans une taverne du
faubourg où il attend le jour entre un morceau de pain et un pot de bière.

D. Diderot, *Le Neveu de Rameau.*

ACCORDS

VERBES

ORTHOGRAPHE D'USAGE

HOMOPHONES

SIGNES
ORTHOGRAPHIQUES

CONJUGAISONS

Quels mots contiennent un h ?

Le *h* peut être muet, il ne se prononce pas *(l'histoire, les historiens)*. Il peut être aspiré, il ne permet pas les liaisons ou l'élision de l'article *(le héros, un héros, des héros)*.
On trouve la lettre *h* en début de mot, ou dans le corps du mot pour séparer deux voyelles, ou en association avec une autre consonne.

De très nombreux mots commencent par la lettre *h*. Certains commencent par un *h* muet et permettent la liaison et l'élision de l'article défini en *l'*; d'autres mots commencent par un *h* aspiré, ils ne permettent ni l'élision ni la liaison :

mots commençant par un *h* muet		mots commençant par un *h* aspiré	
l'habit	*l'hémisphère*	*la hache*	*la hantise*
l'habitation	*l'herbe*	*la haine*	*la hardiesse*
l'haleine	*l'héritage*	*le hamac*	*les haricots*
l'harmonie	*l'héroïne*	*le hamster*	*la harpe*
l'hectare	*l'hésitation*	*le handicap*	*le hasard*
l'hélicoptère	*l'homonyme*	*le hangar*	*le hérisson*

On trouve la lettre *h* dans le corps du mot.

☐ Le *h* permet de séparer deux voyelles *(envahir)* :

bahut	*brouhaha*	*cohue*	*cahier*	*véhément*
bohémien	*cohérence*	*compréhensif*	*dehors*	*véhicule*

☐ Le *h* se trouve après *ex-*. Il faut bien distinguer les mots qui prennent un *h* entre le *ex-* initial et la voyelle qui suit, et ceux qui n'en prennent pas :

mots en *exh* + voyelle		mots en *ex* + voyelle			
exhalaison	*exhumer*	*exacerber*	*exaspérer*	*exercer*	*exonérer*
exhalation		*exact*	*exaucer*	*exergue*	*exorciser*
exhaler		*exaction*	*exécrable*	*exiger*	*exorde*
exhausser		*exactitude*	*exécuter*	*exigu*	*exotique*
exhaustif		*exagérer*	*exégèse*	*exil*	*exubérant*
exhiber		*exaltation*	*exemple*	*exister*	*exulter*
exhorter		*examen*	*exempter*	*exode*	*exutoire*

☐ Le *h* s'associe au *r (rh)* dans un certain nombre de mots dont voici les plus usuels :

rhapsodie	*rhésus*	*rhinite*	*rhizome*	*rhum*
rhénan	*rhéteur*	*rhinocéros*	*rhodanien*	*rhumatisme*
rhéostat	*rhétorique*	*rhinopharyngite*	*rhubarbe*	*rhume*

☐ Le *h* s'associe au *t (th)* dans un très grand nombre de mots dont la plupart sont d'origine grecque : *thé, théâtre, athlète, labyrinthe, sympathie*.

☐ Le *h* s'associe au *p (ph)* pour former le son [f] dans un très grand nombre de mots. En voici quelques exemples : *phalange, phrare, phase, prophète, scaphandre, strophe, triomphe, philosophe*.

LE SAVIEZ-VOUS ?

Les mots suivants ne prennent pas de *h* : *azimut, liturgie, métempsycose, sclérose, scolastique, yaourt, yogourt, catéchisme, hypoténuse*.

■ Exercice 1

Placez le, la ou l' devant les mots suivants, puis mettez les numéros dans la colonne qui convient.

1.	haillon	**8.**	hébergement
2.	hachoir	**9.**	hélice
3.	hallucination	**10.**	hémorragie
4.	haltère	**11.**	herbage
5.	hameau	**12.**	hérédité
6.	hanneton	**13.**	héron
7.	hanse	**14.**	hêtre

mots commençant par un *h* muet	mots commençant par un *h* aspiré

■ Exercice 2

Complétez les mots suivants par th-, ph-, rh- ou t-, f-, r- et placez-les dans les phrases qui conviennent.

| ☐ are | ☐ on | ☐ antasme | ☐ inite |
| ☐ ard | ☐ on | ☐ antasme | ☐ étinite |

1. La .... est une inflammation de la muqueuse nasale et la .... est une inflammation de la rétine.
2. Le .... éclaire et le .... donne de l'éclat.
3. Le .... est un poisson marin et le .... désigne l'inflexion de la voix.
4. Le mot qui désigne une image obsessionnelle qui revient régulièrement à l'esprit a deux orthographes : .... et ..... .

■ Exercice 3

Voici des termes d'origine grecque servant à la formation des mots. Associez-les un à un et retrouvez les mots correspondant aux définitions.

anthrope (être humain), phile (qui aime), phage (qui mange), phobe (qui n'aime pas), hydre (eau), thérapie (remède).
1. Qui mange des êtres humains. **2.** Qui a peur de l'eau. **3.** Qui aime l'eau.
4. Traitement d'une maladie par l'eau.
5. Qui aime les êtres humains.

■ Exercice 4

Trouvez les mots correspondant aux définitions. Attention tous ne contiennent pas un h.

1. Obligation de vivre hors de sa patrie.
2. Conforme à la règle.
3. Épreuve que subit un candidat.
4. Extraire un cadavre de la terre.
5. Encourager par ses paroles.
6. Qui traite à fond un sujet.
7. Surexcitation.
8. Gaz, odeurs.
9. Relatifs à l'existence.

1	E	X								
2	E	X								
3	E	X								
4	E	X								
5	E	X								
6	E	X								
7	E	X								
8	E	X								
9	E	X								

■ Dictée

J'étais le seul garçon dans cette ronde, où j'avais amené ma compagne toute jeune encore, Sylvie, une petite fille du hameau voisin, si vive et si fraîche avec ses yeux noirs, son profil régulier et sa peau légèrement hâlée !... Je n'aimais qu'elle, je ne voyais qu'elle, — jusque-là. À peine avais-je remarqué, dans la ronde où nous dansions, une blonde, grande et belle, qu'on appelait Adrienne. Tout d'un coup, suivant les règles de la danse, Adrienne se trouva placée seule avec moi au milieu du cercle. Nos tailles étaient pareilles. On nous dit de nous embrasser, et la danse et le chœur tournaient plus vivement que jamais. En lui donnant ce baiser, je ne pus m'empêcher de lui presser la main. Les longs anneaux roulés de ses cheveux d'or effleuraient mes joues. De ce moment, un trouble inconnu s'empara de moi... La figure d'Adrienne resta seule triomphante.

Gérard de Nerval, *Sylvie*.

ACCORDS
VERBES
ORTHOGRAPHE D'USAGE
HOMOPHONES
SIGNES
ORTHOGRAPHIQUES
CONJUGAISONS

Leur ou leurs ?

Leur est soit un pronom personnel, soit un adjectif possessif, soit un pronom possessif.
Leurs au pluriel peut également être un nom.

Leur pronom personnel : il remplace un nom au pluriel, il est toujours devant un verbe et il est toujours invariable.
Il leur téléphonera demain (= à ses amis, à ses parents).
Nous leur avons écrit pendant les vacances.

Remarque : si un verbe est précédé de deux pronoms personnels, *leur* est toujours en seconde position, sauf si l'autre pronom est *en*.
Il a acheté ces gadgets aux camelots. Il les leur a achetés / il leur en a acheté.

On doit donc dire : *il la leur vend, il le leur donne, il les leur prend.*

Leur adjectif possessif : il indique à qui une chose appartient, et donc désigne plusieurs personnes.

☐ On écrit *leur* si le nom auquel il se rapporte est singulier :
leur vélo est tout neuf
(le vélo de Pierre et Marie est tout neuf ; plusieurs personnes possèdent une chose).

☐ On écrit *leurs* si le nom auquel il se rapporte est pluriel :
leurs raquettes sont de bonne qualité
(les raquettes de Pierre et de Marie ; plusieurs personnes possèdent plusieurs choses).

Leur pronom possessif : il remplace un nom, et indique à qui une chose appartient.

☐ On écrit *leur* lorsque plusieurs personnes ne possèdent qu'une chose ; dans ce cas *leur* est précédé de *le* ou *la* :
ils n'aiment pas cette région, et veulent revenir dans la leur.

☐ On écrit *leurs* lorsque plusieurs personnes possèdent plusieurs choses ; dans ce cas, *leurs* est précédé de *les* :
ils n'apprécient guère ces aquarelles, ils préfèrent les leurs.

Leurs nom : il désigne la famille, le clan, l'équipe, les alliés... il est alors précédé de *les* ou *des*, et prend toujours un *s*.
On a fait prisonnier une partie des leurs (un de leur équipe).
Ils passent leurs vacances avec les leurs (avec leur famille).

LE SAVIEZ-VOUS ?

Devant le titre de certaines personnes, l'adjectif possessif pluriel prend une majuscule de solennité.

Nous avons accueilli Leurs Majestés.
Nous avons aperçu Leurs Seigneuries.

■ Exercice 1

Complétez les phrases suivantes par leur ou leurs.

1. Ils .... ont dit toute la vérité.
2. .... indices sont pratiquement inexistants et .... investigations ne font que commencer.
3. Elles .... feront parvenir .... cadeaux par avion.
4. Ils ont débarqué .... filets.
5. Il .... faut trois jours pour récupérer après de telles aventures.
6. Le facteur .... apporte .... colis et .... lettres avant midi.
7. Ils ont envoyé .... vœux à .... amis.

■ Exercice 2

Transformez les phrases en suivant le modèle ci-dessous.

Il vend ses *légumes* aux *ménagères.*
Il *les leur* vend.

1. Il achète de vieilles cartes postales aux brocanteurs.
2. Elle a commandé ces articles aux magasins qui font des promotions.
3. Nous prenons nos boissons aux brasseurs.
4. Le colonel donne ses ordres aux soldats.
5. Elles louent leurs articles de plage aux garçons de l'hôtel.

■ Exercice 3

Transformez les phrases en suivant le modèle ci-dessous.

On a bien connu *un membre de leur famille.*
On a bien connu *un des leurs.*

1. Ils sont partis rejoindre leurs parents à l'étranger.
2. Leurs alliés sont sains et saufs.
3. Toute leur équipe se rendra à Madrid pour la finale.
4. Ils n'ont pu s'habituer à la vie des villes et ont rejoint leur tribu.
5. Malheureusement, leur club a fini avant-dernier.

■ Exercice 4

Précisez si leur(s) est pronom personnel, adjectif possessif, pronom possessif ou nom. Cochez la bonne case.

	pro. pers.	adj. pos.	pro. pos.	nom
Il leur a commandé un survêtement.				
Ils vivent avec les leurs en Suisse.				
Leurs amis reviennent à Noël.				
Ils ont acheté les leurs en Savoie.				
Le chef est le premier des leurs.				
Il la leur donnera.				
Leur histoire est surprenante.				
Il leur souhaite bon voyage.				

■ Dictée

Leurs grands yeux sombres sont devenus tout à fait brillants pendant qu'ils faisaient de la musique ; une musique si surprenante qu'elle donne envie tantôt de danser, tantôt de pleurer, ou de faire les deux à la fois, et qu'on deviendrait comme fou si on les écoutait trop longtemps. L'un, en traînant son archet sur son violon, semblait raconter un chagrin, et l'autre, en faisant sautiller son petit marteau sur les cordes d'un petit piano suspendu à son cou par une courroie, avait l'air de se moquer de la plainte de son voisin, tandis que le troisième choquait de temps à autre ses cymbales avec une violence extraordinaire. Ils étaient si contents d'eux-mêmes qu'ils ont continué à jouer leur musique de sauvages, même après que la foule s'est dispersée. Enfin ils ont ramassé leurs sous, ont chargé leur bagage sur leur dos, et sont partis.

Charles Baudelaire,
« Les Vocations », *Petits poèmes en prose.*

ACCORDS

VERBES

ORTHOGRAPHE D'USAGE

HOMOPHONES

SIGNES
ORTHOGRAPHIQUES

CONJUGAISONS

Quand doit-on accorder tout ?

> *Tout*, adjectif ou pronom, s'accorde.
> *Tout*, adverbe, s'accorde parfois.
> *Tout*, nom, prend un *s* au pluriel.

Tout est suivi d'un nom accompagné d'un article *(le, la, les)*, d'un adjectif démonstratif *(cet, cette, ce, ces)*, ou d'un adjectif possessif *(son, sa, ses)* : il est alors adjectif et s'accorde en genre et en nombre avec le nom.
Tous les soldats étaient alignés. Toutes les rues sont désertes. Toute cette histoire le préoccupe beaucoup. Tous ses ennuis viennent de son étourderie.

Toutefois, si *tout* signifie *chaque, n'importe quel* ou *unique*, il ne s'accorde qu'en genre et reste au singulier.
Repas à toute heure (= à n'importe quelle heure).
Pour toute punition, il dut faire la vaisselle (= pour unique punition).
Tout retard devra être justifié (= chaque retard).

Tout précède ou suit un verbe : il est pronom et remplace donc un nom. Dans ce cas, il s'accorde en genre et en nombre avec le nom qu'il remplace, et le *s* de *tous* se prononce.
Tous étaient présents à la cérémonie. Elles sont toutes arrivées dans les temps.

Tout est placé devant un adjectif, un adverbe ou un groupe de mots introduit par une préposition : il est adverbe. Dans ce cas, il est généralement invariable ; il peut se remplacer par *tout à fait*.
Ils sont tout contents de les revoir. C'est la vérité, tout simplement. Elles étaient tout en colère.

Cependant, *tout* s'accorde parfois quand il est adverbe : placé devant un adjectif féminin commençant par une consonne ou un *h* aspiré, il s'accorde comme l'adjectif :
Elle est tout émue / elle est toute honteuse.
Les toutes dernières découvertes de la biologie.

Tout est précédé de l'article *le* ou *un*, c'est un nom : dans ce cas, il ne s'emploie que très rarement au pluriel *(touts)*.
Il a misé le tout (= la totalité).
Combien de touts sont contenus dans $\frac{40}{10}$? (= nombres entiers).

LE SAVIEZ-VOUS ?

Si *tout* précède un titre d'œuvre, il ne s'accorde qu'avec les titres commençant par un article défini féminin *(la, les)*.
Nous devons lire *tout le Rouge et le Noir* pour la rentrée.
Il a lu *tout les Mystères de Paris*.

Il connaît par cœur *tout Andromaque* de Racine.
Pendant les vacances, je lirai *toute la Chartreuse de Parme*.
Il a relu *toutes les Indes noires* de Jules Verne d'une seule traite.

■ Exercice 1

Complétez les phrases en choisissant la forme de tout *qui convient.*

1. .... les rues étaient désertes.
2. Il avait un violon pour .... fortune.
3. Il risqua le .... pour le .....
4. Nous étions les .... premiers.
5. .... la troupe est présente.
6. .... sont venues.
7. A .... les coups l'on gagne.
8. Ces ensembles forment des .... distincts.
9. Il a .... mon estime.
10. Il roulait à .... vitesse.
11. Il connaît .... ses leçons par cœur.
12. .... les connaissances qu'il a acquises lui serviront un jour.
13. La maison est .... ornée de fleurs.
14. Elle était .... triste de sa défaite dans les épreuves éliminatoires.

■ Exercice 2

Complétez les expressions puis reliez-les à leurs équivalents de la colonne de droite.

En .... cas	•	• partout
A .... égards	•	• quoi qu'il en soit
A .... les vents	•	• quoi qu'il arrive
De .... façon	•	• chaque homme
.... un chacun	•	• sous tous les rapports

■ Exercice 3

Complétez par tout, toutes, tous.

1. Il les aimait .... simplement (adverbe).
2. Il les aimait .... simplement (pronom).
3. Les vêtements sont .... sales (pronom).
4. Les vêtements sont .... sales (adverbe).
5. Les robes sont .... tachées (adverbe).
6. Les robes sont .... tachées (pronom).
7. Les peintures sont .... émaillées (pronom).
8. Les peintures sont .... émaillées (adjectif).
9. Il est dans les .... derniers (adverbe).
10. .... les derniers auront un gage (adjectif).
11. Ils sont .... en colère (pronom).
12. Ils sont .... en colère (adverbe).

■ Exercice 4

Retrouvez les proverbes en complétant les phrases. Choisissez la forme de tout *qui convient.*

.... qui finit bien.
Tout feu ....
.... mènent à Rome.
Tout nouveau, ...
.... sont dans la nature.
.... à qui sait attendre.
.... n'est pas bonne à dire.
.... mérite salaire.

■ Exercice 5

Utilisez la forme de tout *qui convient et retrouvez les bonnes expressions.*

à	•	• évidence
de	•	• fait
courir à	•	• attente
rouler à	•	• faites
...... réflexions	•	• liberbé
...... compte	•	• cessantes
...... affaires	•	• bout de champ
vivre en	•	• jambes
boire	•	• allure
contre	•	• éteints
...... feux	•	• d'une traite

■ Dictée

Il pense, parle, mange et dort comme toutes les autres personnes. De tout temps, il s'est employé à vivre comme tout un chacun. C'est ce qui fait toute son originalité. Connu de tous, il n'en conserve pas moins tout son mystère. Qui est-il vraiment ? Pour tout dire, on n'en sait rien. On formule toutes sortes d'hypothèses à son sujet. On dit qu'il est comme vous et moi, et pourtant il est tout autre. Monsieur Tout-le-Monde est un personnage tout à fait surprenant.

Il achète son journal le matin, boit du café léger et mange du pain beurré au petit déjeuner. Il regarde la télévision avec assiduité, paie sa voiture à crédit et prend des vacances en août. Il aime tous les animaux domestiques mais préfère le chien pour son plaisir et sa sécurité. Pour tout dire, Monsieur Tout-le-Monde est un homme tout à fait ordinaire.

ACCORDS
VERBES
ORTHOGRAPHE D'USAGE
HOMOPHONES
SIGNES
ORTHOGRAPHIQUES
CONJUGAISONS

Ce, se ou ceux ?
Son ou sont ?

Ce est un pronom ou un adjectif démonstratif; se est un pronom personnel; ceux est un pronom démonstratif.
Son est un adjectif possessif; sont est la 3ᵉ personne du pluriel du présent du verbe être.

Ce, se ou *ceux* ?

☐ *Ce* sert à désigner, à montrer; c'est un adjectif ou un pronom démonstratif. On le trouve soit devant un nom ou un groupe nominal, soit devant un pronom relatif. *Ce* peut être remplacé par *cette* devant un nom féminin.
Ce lion semble féroce (*ce* est suivi d'un nom).
Il aime ce qui est drôle (*ce* est suivi d'un pronom relatif).
Ce garçon dort / cette fille dort.

Ce peut également se remplacer par *la chose* devant les relatifs *qui, quel, dont...*
Il recherche ce qui est rare / il recherche la chose qui est rare.

☐ *Se* est un pronom personnel à la troisième personne. Il se trouve toujours placé devant un verbe. Il peut se remplacer par *me* ou *te*.
Il se souvient / tu te souviens / je me souviens.

☐ *Ceux* remplace un nom masculin pluriel; c'est un pronom démonstratif. *Ceux* peut se remplacer par *les hommes* ou par *celles*.
On récompense ceux qui persévèrent.
Ils félicitent ceux qui ont gagné / ils félicitent les hommes qui ont gagné / celles qui ont gagné.

Son ou *sont* ?

☐ *Son* indique à qui appartient la chose dont on parle; c'est un adjectif possessif. On le trouve devant les noms masculins et devant les noms féminins commençant par une voyelle. *Son* peut être remplacé par *sa* devant un nom féminin.
Son jeune chien est adorable. Son amie est venue.
Son vélo est équipé d'un double plateau / sa bicyclette est équipée d'un double plateau.

☐ *Sont* est la forme du verbe être à la troisième personne du pluriel au présent de l'indicatif. Il peut être remplacé par l'imparfait *étaient*.
Ils sont repartis vers minuit.
Ils sont tous présents / ils étaient tous présents.

LE SAVIEZ-VOUS ?

Son prend une majuscule lorsqu'il précède un titre :

Son Altesse; Son Excellence; Son Éminence.

■ Exercice 1

Complétez les phrases par ce *ou* se.

1. Il . . . . couche à minuit et . . . . lève à 10 heures.
2. . . . . garçon . . . . moque constamment de . . . . groupe de filles.
3. Ils . . . . sont retrouvés dans . . . . restaurant.
4. . . . . sont eux les premiers. . . . . sont les meilleurs dans . . . . type d'épreuve.
5. Il a pris . . . . gilet de sauvetage pour éviter qu'elle ne . . . . noie car elle ne sait nager que depuis le début des vacances. . . . . stage lui est très profitable.
6. . . . . camion a fait Paris-Dakar, il . . . . reconnaît à ses autocollants.
7. Parmi . . . . groupe de coureurs . . . . trouve le futur maillot jaune.

■ Exercice 2

Complétez les phrases par ce, se *ou* ceux.

1. Tout . . . . qui vient de l'étranger est taxé.
2. Il . . . . croit capable de battre . . . . record sans . . . . remettre à l'entraînement.
3. Elle . . . . rappelle . . . . merveilleux voyage qu'elle fit avec . . . . du club santé.
4. . . . . livre . . . . lit facilement ; tous . . . . qui aiment l'aventure vous le diront.
5. Parmi . . . . qui ont réussi l'épreuve, il . . . . peut qu'un certain nombre puisse . . . . qualifier pour la finale.
6. Il . . . . souvient de . . . . qui l'avaient aidé dans les temps difficiles et . . . . souvenir l'émeut profondément.

■ Exercice 3

Complétez les phrases par son *ou* sont.

1. Qui . . . . ces hommes ?
2. Ce . . . . les plus belles chansons de . . . . répertoire.
3. Où en . . . . les travaux de . . . . appartement ?
4. Il a commandé . . . . équipement à Paris.
5. Hélène et . . . . amie . . . . venues.
6. Ils . . . . partis sur . . . . ordre.
7. Quelles . . . . les conditions pour s'inscrire à l'examen ?

■ Exercice 4

Complétez par ce, se, ceux, son *ou* sont, *et retrouvez le proverbe.*

Les beaux exprits	on . . . . couche
. . . . que femme veut	ne . . . . pas les payeurs
Cœur qui soupire n'a pas	. . . . qu'il te plaît
Comme on fait . . . . lit	. . . . rencontrent.
En mai fais	Dieu le veut
Il ne faut pas plaindre . . . . qui partent	. . . . qu'il désire.
Les conseilleurs	mais . . . . qui restent.

■ Dictée

Naturellement destiné à l'exploitation de la pension bourgeoise, le rez-de-chaussée se compose d'une première pièce éclairée par les deux croisées de la rue, et où l'on entre par une porte-fenêtre. Ce salon communique à une salle à manger qui est séparée de la cuisine par la cage d'un escalier dont les marches sont en bois et en carreaux mis en couleur et frottés. Rien n'est plus triste à voir que ce salon meublé de fauteuils et de chaises en étoffe de crin à raies alternativement mates et luisantes. Au milieu se trouve une table ronde à dessus de marbre Sainte-Anne, décorée de ce cabaret en porcelaine blanche ornée de filets d'or effacés à demi que l'on rencontre partout aujourd'hui. (...). Le surplus des parois est tendu d'un papier vert représentant les principales scènes de *Télémaque*, et dont les classiques personnages sont coloriés.

Honoré de Balzac,
Le Père Goriot.

ACCORDS

VERBES

ORTHOGRAPHE D'USAGE

HOMOPHONES

SIGNES
ORTHOGRAPHIQUES

CONJUGAISONS

Peut ou peu ?
Peut-être ou peut être ?

Peut appartient à la conjugaison du verbe pouvoir, et *peu* est adverbe ou pronom.
Peut-être est un adverbe tandis que *peut être* est une forme verbale accompagnée d'un infinitif.

Peut ou *peu* ?

☐ *Peut* est la forme du verbe pouvoir à la troisième personne du présent de l'indicatif. *Peut* se remplace par l'imparfait *pouvait*.
Il peut se rendre aux États-Unis, son visa est accordé.
Il pouvait se rendre aux États-Unis.

☐ *Peu* est un adverbe de quantité qui accompagne principalement le verbe pour en compléter le sens ; mais il peut aussi accompagner un adjectif ou un autre adverbe. *Peu* se remplace, dans ce cas, par son contraire *beaucoup* ou *très*.
La nouvelle Citroën consomme peu. Il s'est montré peu combatif.
Les industriels français se déplacent peu souvent à l'étranger.
Cette terre, peu fertile, a besoin d'engrais (très fertile).

☐ *Peu* est un pronom, il remplace un nom et peut être sujet ou complément. *Peu*, dans ce cas, est un pronom pluriel ; il se remplace par *quelques-uns*.
Peu le connaissent. Il n'en apprécie que peu.
Peu méritent cette récompense / quelques-uns méritent cette récompense.

Peut-être ou *peut être* ?

☐ *Peut-être* (avec un trait d'union) est un adverbe. Il indique la possibilité, l'éventualité et il reste invariable. *Peut-être* se remplace par un adverbe de même sens, *probablement*.
Il est peut-être trop tard / il est probablement trop tard.

☐ *Peut être* (sans trait d'union) est composé de la troisième personne du verbe *pouvoir* au présent de l'indicatif et du verbe *être* à l'infinitif. *Peut être* se remplace par l'imparfait *pouvait être*.
Il peut être disqualifié / il pouvait être disqualifié.

LE SAVIEZ-VOUS ?

On trouve *peu, peut* et *peut-être* dans de nombreuses expressions ou proverbes. Certains ne sont plus usités, d'autres le sont encore.

Peu ou prou : expression vieillie qui signifie « peu ou beaucoup ».
Ni peu ni prou : expression vieillie qui signifie « en aucune façon ».

« Peut-être » garde les gens de mentir : proverbe qui signifie qu'on peut dire des contrevérités en prenant quelques précautions oratoires.
Qui peut le plus, peut le moins : celui qui est capable de grandes choses doit être capable d'en réaliser de petites.
Peu me chaut ou *peu m'en chaut :* expression vieillie qui signifie « peu m'importe ».

■ Exercice 1

Complétez les phrases par peut *ou* peu.

1. On .... aller en Chine en train.
2. Cet élève .... mieux faire.
3. C'est un .... mieux.
4. Le concert a attiré .... de monde.
5. Il se .... qu'il pleuve.
6. Bordeaux .... faire la différence contre le PSG.
7. .... de gens pratiquent le parapente.
8. Elle .... arriver d'une minute à l'autre.
9. Trop .... de vent : la régate est compromise.
10. L'orage .... éclater à tout moment.
11. La réussite tient parfois à .... de chose.

■ Exercice 2

Complétez par peu, peut, peut-être *ou* peut être, *et trouvez l'adjectif correspondant à la définition.*

Un feu qu'on ne .... éteindre = un feu

☐☐☐☐☐☐☐☐☐☐☐☐

Un homme qui boit ....
= un homme ☐☐☐☐☐☐

Une personne qu'on .... élire
= une personne ☐☐☐☐☐☐☐☐

Une matière qui .... enflammée = une matière ☐☐☐☐☐☐☐

Une personne qui dépense ....
= une personne ☐☐☐☐☐☐

Une affaire qui .... dommageable
= une affaire
☐☐☐☐☐☐☐☐☐☐☐

Une conséquence qu'on ne .... éluder ni empêcher = une conséquence
☐☐☐☐☐☐☐☐☐☐☐

Un enfant qui dort .... = un enfant
☐☐☐☐☐☐☐☐☐☐

Une histoire que l'on .... croire = une histoire
☐☐☐☐☐☐☐☐☐☐☐☐

■ Exercice 3

Complétez les phrases par peut-être *ou* peut être.

1. S'il s'entraîne, il .... retenu pour les demi-finales.
2. On .... riche et malheureux.
3. Tout n'est .... pas compromis.
4. Il est .... trop tard pour retenir des places au théâtre.
5. Pour notre équipe, l'avantage .... conservé.
6. Je devrai .... m'absenter la semaine prochaine car la conférence ne .... remise.
7. C'est .... sa dernière apparition sur scène.
8. Il sera .... au départ de Nice.
9. L'ascension ne .... envisagée sans la présence d'un guide.
10. Après examen de son dossier, le candidat .... déclaré admis.
11. Dans certaines circonstances, l'ambition .... un défaut.

■ Dictée

Parmi les produits pharmaceutiques pour le rajeunissement ou pour l'atténuation des effets du vieillissement, on peut distinguer deux catégories. Premièrement, les remèdes peu sérieux au rang desquels on peut faire figurer tous les élixirs de jouvence, extraits de plantes, poudres de racines et autres potions plus ou moins magiques. Deuxièmement, les produits un peu plus fiables ayant subi des tests prolongés en laboratoire. Les premiers, qui ne méritent peut-être pas autant de tapage, sont l'objet de campagnes de publicité à outrance dans une presse à bon marché généralement peu scrupuleuse et peu soucieuse de rigueur scientifique. Les seconds produits dont la valeur peut être attestée, s'adressent à un public plus averti. Quoi qu'il en soit, dans le domaine du rajeunissement du corps comme dans tant d'autres domaines, on peut constater que les vieux remèdes de « bonnes femmes » connaissent toujours un vif engouement et qu'il est parfois peu aisé de faire changer les pratiques tant les mythes et les croyances populaires ont la vie dure.

ACCORDS

VERBES

ORTHOGRAPHE D'USAGE

HOMOPHONES

SIGNES
ORTHOGRAPHIQUES

CONJUGAISONS

S'en, c'en ou sans ?

S'en fait partie d'un verbe pronominal.
C'en fait partie de quelques locutions.
Sans est une préposition.

�န္တ**S'en** fait partie d'un verbe pronominal comme *se moquer, se lasser, se vanter, se méfier,* etc. **S'** est la forme élidée de *se* et **en** est un pronom personnel qui signifie *cela* ou qui remplace un groupe de mots déjà nommé.
Il s'en moque (= il se moque de cela).
De ce genre d'histoires, il ne s'en laisse pas conter. (= il ne se laisse pas conter de ce genre d'histoires.)
Pour éviter la confusion entre *s'en, c'en* et *sans,* on peut conjuguer le groupe verbal à la première ou à la deuxième personne.
Il s'en lassera / je m'en lasserai / tu t'en lasseras.

▯▯▯▯**C'en** fait partie de quelques locutions, il est formé de **ce** (élidé) + **en** qui a perdu sa valeur de pronom personnel. Dans des emplois du type *c'en devient insupportable, c'en devient pénible, c'en* signifie *cela* ou *ça.*
C'en est fait. C'en est trop. C'en est assez.

▯▯▯▯**Sans** est une préposition qui se trouve soit devant un nom (ou un groupe nominal) soit devant un infinitif. **Sans** ne se trouve jamais devant un verbe conjugué.
Il est venu sans parapluie malgré l'averse.
nom

Elle est arrivée sans prévenir selon son habitude.
infinitif

Il a quitté son emploi sans réfléchir mais maintenant il s'en veut.
infinitif   verbe conjugué

Remarque : la préposition *sans* est suivie d'un nom au pluriel lorsque ce nom est employé aussi au pluriel après la préposition *avec.*
Il dort avec des draps / il dort sans draps.
Il travaille avec des chevaux / il travaille sans chevaux.

LE SAVIEZ-VOUS ?

La langue française conserve certaines expressions très anciennes encore utilisées.
Sans coup férir : sans en venir aux mains (anciennement battre un adversaire sans même avoir besoin de le frapper).
Sans crier gare : sans avertir (anciennement dans le vocabulaire militaire, avertir de se garer, de se ranger).

Sans ambages : sans faire de détours, sans prendre de précautions en parlant (ambages en latin signifiait sinuosités, obscurité, énigme).
Sans vergogne : sans retenue (vergogne vient du latin *vere cundia* qui signifie : pudeur, respect, modestie).

EXERCICES

■ Exercice 1

Remplacez les pointillés par *sans, s'en* **ou** *c'en.*

1. Il aurait .... doute gagné .... cette crevaison.
2. Il .... est fallu de peu qu'il ne percute un arbre.
3. .... est trop. Qu'il sorte !
4. Il ne .... est aperçu que très longtemps après son départ.
5. Quand on est .... argent, on est souvent .... amis.
6. Il .... va pour la Martinique.
7. .... avertir, elle .... est allée.
8. Le jeune imprudent ne .... sortait pas .... l'aide du guide.
9. .... l'amabilité de ses voisins, il ne .... serait pas remis.

■ Exercice 2

Remplacez les pointillés par *s'en* **ou** *c'en.*

Il .... alla comme il était venu, ... fortune et .... bagages. Il leur dit simplement que .... était fini de la belle vie.
Leur tristesse était grande de le voir partir mais sa décision était prise.
.... réels regrets, il prit le chemin de l'exil et .... retourna au bout du monde. Il leur fit un dernier signe de la main. Ils lui répondirent en agitant leur mouchoir.
Il s'éloigna et disparut à jamais .... laisser d'adresse.

■ Exercice 3

Remplacez les pointillés par *s'* **ou** *c'.*

1. Il ne ....en remettra jamais si elle ....en va.
2. Cette fois-ci ....en est trop, la coupe est pleine.
3. Cet individu est d'une telle grossièreté que ....en devient indécent.
4. ....en devient pénible d'écouter un tel discours.
5. Il n'y a pas de quoi ....en vanter car il n'y a rien de glorieux de ....en remettre au hasard.
6. Ce garçon met tant de volonté dans son travail que ....en est encourageant.

■ Exercice 4

Complétez les pointillés par *sans* **ou** *s'en.*
Retrouvez les bonnes expressions.

.... tambour •	• au diable vauvert
.... remettre •	• laisser conter
.... feu •	• ni trompette
.... foi •	• à Dieu
.... prendre •	• fumée .... feu
ne pas .... •	• ni lieu
il n'y a pas de •	• à son destin
.... aller •	• ni loi

■ Exercice 5

Complétez les expressions et reliez-les à leurs équivalents de la colonne de droite.

Tant .... faut •	• dédaigner
.... est fait de •	• avec difficulté
.... mot dire •	• il s'en faut de beaucoup
Non .... peine •	• c'est fini de
.... moquer •	• sans parler

■ Dictée

La pluie ne le surprenait pas plus que le beau temps, et il était, comme les joueurs, une espèce intermédiaire entre le Parisien qui a le moins d'intelligence, et l'animal qui en a le plus. D'ailleurs, pâle et flétri, sans soins de lui-même, distrait, il venait souvent nu-tête, montrant ses cheveux blanchis et son crâne carré, jaune, dégarni, semblable au genou qui perce le pantalon d'un pauvre. Il était béat, sans idées dans le regard, sans appui précis dans la démarche : il ne souriait jamais, ne levait jamais les yeux au ciel, et les tenait habituellement baissés vers la terre, et semblait toujours chercher quelque chose. À quatre heures, une vieille femme venait le prendre pour le ramener on ne sait où, en le traînant à la remorque par le bras, comme une jeune fille tire une chèvre capricieuse qui veut brouter encore quand il faut venir à l'étable.

Honoré de Balzac, *Ferragus*.

ACCORDS

VERBES

ORTHOGRAPHE D'USAGE

HOMOPHONES

SIGNES
ORTHOGRAPHIQUES

CONJUGAISONS

A ou à ?
On ou ont ?

> **A** est le verbe avoir à la 3e personne du singulier au présent de l'indicatif; **à** est une préposition.
> **On** est un pronom indéfini sujet, et **on n'** est ce même pronom suivi de la négation **n'**. **Ont** est le verbe avoir au présent de l'indicatif.

A ou *à* ?

☐ *A* peut être remplacé par *avait*. Il s'agit du verbe *avoir* à la 3e personne du singulier au présent de l'indicatif.
Il a pris le bus à onze heures.
(On peut dire : *il avait pris le bus à onze heures.*)

☐ *À* ne peut être remplacé par *avait*. Il s'agit d'une préposition indiquant la direction, la proximité, l'appartenance ou l'origine.
Elle passe plus volontiers ses vacances à la montagne qu'à la mer.
(On ne peut dire : **avait la montagne *avait la mer* : *à* est donc préposition.)

On ou *ont* ?

☐ *On* peut être remplacé par *il* ou *quelqu'un* : il s'agit du pronom indéfini sujet à la 3e personne du singulier.
On frappe à la porte et personne ne répond.
(On peut dire : *il frappe à la porte / quelqu'un frappe à la porte.*)

☐ *On n'* peut être remplacé par *il n'* : il s'agit du pronom indéfini *on* suivi de la négation *n'*.
Avec tout ce bruit, on n'entend plus la musique.
(On peut dire : *avec tout ce bruit, il n'entend plus la musique.*)

☐ *Ont* peut être remplacé par *avaient* : il s'agit du verbe *avoir* à la 3e personne du pluriel au présent de l'indicatif.
Avant de reprendre leur course, les navigateurs ont fait escale à Brest.
(On peut dire : *les navigateurs avaient fait escale à Brest*).

Ne dites pas...	mais dites...
rouler en bicyclette	rouler à bicyclette
Il habite à Paris.	Il habite Paris.
le sac à Paul	le sac de Paul
vivre à Avignon	vivre en Avignon
On prend notre voiture.	Nous prenons notre voiture.

■ Exercice 1

Complétez les phrases avec a ou à.

1. Il .... réservé trois places pour le spectacle.
2. Tout le monde .... l'air étonné.
3. Il n'.... rencontré personne de sa connaissance .... cette réunion.
4. Il .... mal .... la tête.
5. Il lui .... demandé d'aller le chercher .... la gare .... huit heures.
6. Il .... appris .... tous sa nomination .... un poste important.

■ Exercice 2

Complétez les phrases avec on, on n' ou ont.

1. Ces régions .... connu de nombreuses guerres.
2. .... a vu un énorme nuage de poussière s'élever.
3. Quand .... a jamais vu une tornade, ... est impressionné.
4. .... achète pas un ordinateur aussi coûteux sans se documenter soigneusement.
5. Ils .... acheté un ordinateur très coûteux.
6. Quand .... achète un ordinateur aussi coûteux, ... doit en utiliser toutes les possibilités.

■ Exercice 3

Replacez comme il convient les mots contenus dans le tableau.

à à	a a	on on on on	on n'	ont

Les voitures familiales : au début, ... y croit qu'.... moitié. .... l'impression d'avoir affaire .... des mini-camions. Quand .... les croise, ... du mal .... réaliser qu'elles sont plus courtes qu'une berline moyenne. La seule crainte : va-t-.... savoir les garer ? Oui, car elles .... toutes une direction assistée.

■ Exercice 4

Trouvez les deux parties de ces titres de films et complétez-les avec à, a, on, on n', ont.

H. Hawkes Seuls les anges	cent ans
J.-L. Godard .... bout de	jamais
R. Vadim Sait-....	d'Eden
S. Pollack .... achève bien	souffle
E. Kazan .... l'Est	des ailes
C. Saura Maman	vous
J. Grémillon Le ciel est	les chevaux

■ Dictée

Là-bas où une lampe à bec est posée, à côté d'un petit livre de prières, sur une chaise dont elle éclaire la paille, une grosse fille qui a les deux pieds appuyés au bâton de la chaise se lève, les cheveux ébouriffés par le sommeil, du grand fauteuil recouvert avec un drap blanc où elle se tenait somnolente. Elle passe comme une silhouette, sur la lumière de la lampe, va à un poêle, prend la pointe de fer posée sur la cendre chaude, remue et tracasse deux ou trois fois le charbon de terre, revient à son fauteuil, repose ses pieds sur le bâton de la chaise et s'allonge de côté.
Le feu, avivé, rayonne plus rouge. Dans leur godet de verre allongé, pendu à deux branches de fer arrondies, les veilleuses s'éteignent et se raniment. Leur lumignon se lève et s'abaisse, comme un souffle, sur l'huile lumineuse et transparente.

Edmond et Jules Goncourt,
Sœur Philomène.

ACCORDS

VERBES

ORTHOGRAPHE D'USAGE

HOMOPHONES

SIGNES
ORTHOGRAPHIQUES

CONJUGAISONS

Et ou est? C'est ou s'est? Ces ou ses?

Et est une conjonction de coordination et *est* est une forme de l'auxiliaire être.
Ses est un adjectif possessif et *ces* est un adjectif démonstratif.

Et ou *est*?

☐ *Et* est une conjonction de coordination qui relie deux mots, deux groupes de mots ou deux propositions. On peut la remplacer par *et également*.
Il a acheté des palmes et un masque (des palmes et également un masque).

☐ *Est* est la forme de l'auxiliaire *être* à la 3e personne du singulier au présent de l'indicatif. On peut remplacer *est* par l'imparfait *était*.
La maison est située près de la mer (était située près de la mer).

C'est ou *s'est*?

☐ *C'est* est un présentatif. Il sert à présenter, à annoncer. *C'* signifie cela.
C'est bien la vérité (cela est bien la vérité).

☐ *S'est* est formé de *s'* (élision de *se*, pronom personnel de la 3e personne), et de *est* (forme de l'auxiliaire *être* à la 3e personne du singulier au présent de l'indicatif). *S'est* est employé dans les formes du passé composé des verbes pronominaux *(se lever, se laver, se rendre, se livrer,* etc.), et donc toujours suivi d'un participe passé.
Aujourd'hui il s'est levé tard, mais il s'est quand même rendu au musée.
                          participe passé   participe passé

Ces ou *ses*?

☐ *Ces* est un adjectif démonstratif au pluriel. Il sert à montrer, à désigner, à indiquer. Au singulier, *ces* donne *ce, cet* ou *cette*.
Ces photographies sont remarquables (cette photographie est remarquable).
Ces chevaux sont fatigués (ce cheval est fatigué).
On écrit *ces* lorsqu'on peut mettre -*là* après le nom.
Ces coureurs sont bien entraînés (ces coureurs-là).

☐ *Ses* est un adjectif possessif au pluriel. Il indique à qui une chose appartient. Au singulier *ses* donne *son* ou *sa*.
Il a taché ses habits neufs (son habit neuf).
Elle a oublié ses robes (sa robe).
On écrit *ses* lorsqu'on peut dire *les siens*.
Ses vêtements sont usés (les siens sont usés).

LE SAVIEZ-VOUS?

On n'emploie pas *ses* lorsqu'il s'agit d'une partie du corps de la personne désignée.
On ne dit pas : *on lui marche sur ses pieds* mais *sur ses pieds*.
De même : *il se lave ses mains* mais *il se lave les mains*.

C'est, suivi d'un nom ou d'un pronom au pluriel, doit se mettre au pluriel (= *ce sont*). On tolère cependant la forme *c'est* pour le pluriel à l'oral.
C'est son dernier jour de vacances.
Ce sont ses derniers jours...

EXERCICES

■ Exercice 1

Complétez les phrases par et *ou* est.

1. Cet été nous irons à la mer .... à la montagne.
2. Les juniors .... les seniors disputent un match amical.
3. Aujourd'hui, le temps .... incertain.
4. La télévision .... en panne.
5. Nous lisons des livres d'aventure .... nous jouons au scrabble.
6. Quand la mer .... agitée, nous restons au port .... nous réparons les filets.
7. Le train .... arrivé en retard .... a dû repartir immédiatement.
8. On est toujours convaincu que le danger n'existe que pour les autres .... on .... souvent imprudent.

■ Exercice 2

Complétez les phrases par c'est *ou* s'est.

1. Il .... fracturé la jambe.
2. .... elle la coupable.
3. Le président .... rendu à Fontainebleau.
4. Le brouillard .... dissipé.
5. .... arrivé dimanche.
6. .... trop drôle pour être vrai.
7. Le vote .... déroulé à huis clos. .... la stricte vérité.
8. .... en escaladant une paroi rocheuse qu'il .... brisé la jambe.
9. On .... rendu compte de sa disparition lorsque la foule .... dispersée.

■ Exercice 3

Complétez les phrases par ces *ou* ses.

1. .... parents sont partis en Afrique.
2. .... enfants sont turbulents.
3. Il a perdu .... papiers.
4. Elle a reçu une carte de .... amies.
5. .... sports sont dangereux.
6. .... deux trophées font partie de .... plus glorieux souvenirs.
7. C'est avec .... outils qu'il a sculpté toutes .... statues.
8. Il a pêché .... deux truites.

■ Exercice 4

Trouvez la phrase mystérieuse en suivant l'exemple.

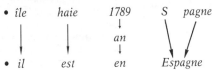

1. aile saie 1984 rue maie
....

2. 7 2001 court rat gens
....

3. ségala son sang geai nœud
....

4. sélecteur long lit terre allemand dés veau raie
....

5. cerf agent deux terre minet ce gond
....

6. César mur tombe soûl pois dés 1936
....

7. set tas rivet Hyères
....

■ Dictée

Il est temps pour Jérôme de préparer ses bagages et de partir au plus tôt. La route est longue et tout retard serait catastrophique. C'est une chance pour lui d'avoir trouvé une voiture de location. Ces derniers jours, aucune n'était disponible. Il peut remercier ses voisins pour l'aide qu'ils lui ont apportée dans ses démarches auprès du consulat. Ces formalités à remplir sont toujours longues et compliquées.
Jérôme s'est-il préoccupé de son carnet de vaccination international ? Ses papiers sont-ils à jour ? Tous ces problèmes à régler avant son départ sont un vrai casse-tête et une source d'ennuis futurs s'il passe la frontière en situation irrégulière. Il le sait et c'est avec une certaine anxiété qu'il prend le volant. Pourvu que cette voiture ne lui cause pas de problèmes supplémentaires !

ACCORDS
VERBES
ORTHOGRAPHE D'USAGE
HOMOPHONES
SIGNES
ORTHOGRAPHIQUES
CONJUGAISONS

Dont ou donc? Or ou hors?
Près ou prêt?

> **Dont** est un pronom relatif et tend à supplanter tous les pronoms relatifs introduits par *de*.
> **Donc** est une conjonction de coordination (par conséquent).
> **Or** est une conjonction de coordination et *hors* une préposition.
> **Près** est un adverbe ou une préposition, et *prêt* un adjectif qualificatif.

Dont ou *donc*?

☐ *Dont* peut être remplacé par *duquel, de qui*, c'est un pronom relatif.
Les amis dont je vous parle n'habitent plus la région.
Les amis desquels je vous parle n'habitent plus la région.

☐ *Donc* peut être remplacé par *par conséquent*, c'est une conjonction de coordination.
Je suis souffrant; je ne pourrai donc pas venir vous voir demain.
Je suis souffrant; par conséquent, je ne pourrai pas venir vous voir demain.

Or ou *hors*?

☐ *Or* peut être remplacé par *et* ou *mais*; c'est une conjonction de coordination.
Mes voisins ont deux chiens et un chat, or je déteste les animaux.
Mes voisins ont deux chiens et un chat, mais je déteste les animaux.

☐ *Hors* peut être remplacé par *en dehors de, loin de*; c'est une préposition.
Il est hors de portée de nos voix. Il est loin de la portée de nos voix.

Près ou *prêt*?

☐ *Près* peut être remplacé par *proche, à côté de*; c'est un adverbe ou une préposition.
Il habite tout près d'ici. Il habite à côté d'ici.

☐ *Prêt* peut être remplacé par *disposé à* et peut se mettre au féminin : *prête*. C'est un adjectif qualificatif qui s'accorde en genre et en nombre avec le nom auquel il se rapporte.
Ils étaient déjà près de la porte, prêts à partir.
Ils étaient déjà près de la porte, disposés à partir.

Connaissez-vous les mots formés avec *or*?

Or dont l'orthographe pouvait être autrefois *ore* ou *ores* signifiait maintenant. Il est issu du bas latin populaire *hors* équivalent à *hac hora* (à cette heure).

D'ores et déjà conserve l'ancien sens de *or*. Il signifie *dès maintenant*.

Lors est issu du latin *ille hora* (à cette heure-là) et signifie *au moment de*.

Désormais est formé de *dès* (immédiatement), de *or* (maintenant) et de *mais* (plus). Il signifie *à partir du moment actuel*.

Dorénavant est formé à partir d'*or en avant* (XIIe siècle) et signifie, comme *désormais* : *à partir du moment présent*.

■ Exercice 1

Replacez les mots suivants dans les phrases : dont, près, donc, or, prêt, hors

1. Cette nouvelle l'a mis .... de lui.
2. Une personne .... j'ai oublié le nom vous a demandé.
3. Il est .... à accepter cette proposition.
4. .... de quelle grande ville se trouve ce village ?
5. Ils ne parviennent pas à se décider, ... ils font appel à ton jugement.
6. Il voulait passer la frontière, ... il avait oublié son passeport.

■ Exercice 2

Complétez les phrases avec donc ou dont.

1. S'il n'a pas pris ce train, il prendra .... le train de treize heures.
2. Les articles .... je vous ai passé commande ne me sont pas parvenus.
3. Vous a-t-il parlé des vacances .... il rêve ?
4. Nous avons téléphoné plusieurs fois en vain et nous avons .... pensé que vous étiez absents.
5. À qui appartient cette maison .... on aperçoit la façade ?
6. L'équipe .... il fait partie participera au tournoi.
7. Toutes les traces mènent au garage. Il a .... pris sa voiture pour partir.

■ Exercice 3

Reliez ces expressions avec près ou prêt.

se raser de	prêt
ne pas y regarder de si	prêts
le ....-à-porter	prêt
à peu de choses	près
À vos marques .... ? Partez !	près
être .... de ses sous	près
.... à tout	près
être .... de la retraite	près
à peu	près

■ Exercice 4

Trouvez des mots composés contenant hors et correspondant aux définitions ci-dessous.

essoufflé : ....
très cher : ....
furieux : ....
vaincu : ....
un bandit : ....
qui ne fonctionne plus : ....
canot automobile très rapide : ....

■ Exercice 5

Retrouvez pour chaque moitié de phrase l'autre moitié qui lui correspond.

Ils sont prêts	de la gare.
Vous êtes souffrant, donc	de la zone de combat.
Sa banque se trouve près	à négocier.
Nous sommes maintenant hors	vous devriez vous soigner

■ Dictée

Mais qu'est-ce donc enfin qu'une loi ? Tant qu'on se contentera de n'attacher à ce mot que des idées métaphysiques, on continuera de raisonner sans s'entendre, et qu'on aura dit ce que c'est qu'une loi de la nature on n'en saura pas mieux ce que c'est qu'une loi de l'État.

J'ai déjà dit qu'il n'y avait point de volonté générale sur un objet particulier. En effet cet objet particulier est dans l'État ou hors de l'État. S'il est hors de l'État, une volonté qui lui est étrangère n'est point générale par rapport à lui ; si cet objet est dans l'État, il en fait partie. Alors il se forme entre le tout et sa partie une relation qui en fait deux êtres séparés, dont la partie est l'un, et le tout moins cette partie est l'autre.

J.-J. Rousseau, *Du contrat social*.

ACCORDS

VERBES

ORTHOGRAPHE D'USAGE

HOMOPHONES

SIGNES
ORTHOGRAPHIQUES

CONJUGAISONS

Si, s'y ou s'il ? Ni ou n'y ?

Si est un adverbe de qualité et une conjonction, et *s'y* est formé du pronom personnel *se* élidé et de l'adverbe de lieu ou du pronom personnel *y*. On peut le remplacer par *ce*.
Ni est un adverbe de négation et une conjonction de coordination, et *n'y* est formé de la négation *ne* et du pronom personnel, ou de l'adverbe de lieu *y*. On peut le remplacer par *ne*.

▬▬▬ *Si, s'y* ou *s'il* ?

☐ *Si* peut être remplacé par *tellement* quand il est adverbe de quantité.
Ils étaient si impatients qu'ils allèrent à sa rencontre.
Ils étaient tellement impatients qu'ils allèrent à sa rencontre.

☐ *Si* peut être remplacé par *en supposant que*, quand il est conjonction.
Si tu le rencontres, transmets-lui nos amitiés.
En supposant que tu le rencontres, transmets-lui nos amitiés.

☐ *S'y* peut être remplacé par *m'y* ou par *se*. Il s'agit alors du pronom personnel élidé *s'* et de l'adverbe de lieu, ou du pronom personnel *'y*.
Il s'y réfère constamment. Je m'y réfère constamment.

☐ *S'il* peut être remplacé par *en supposant qu'il*. Il s'agit alors de la conjonction *si* et du pronom personnel *il*. On n'écrit pas *si il* mais *s'il*.
S'il ne pleut pas et si la voiture démarre, il s'y rendra.
En supposant qu'il ne pleuve pas...

▬▬▬ *Ni* ou *n'y* ?

☐ *N'y* est placé juste devant un verbe et peut être remplacé par *ne*. Il s'agit alors de l'adverbe de négation élidé *n'* et de l'adverbe de lieu ou du pronom personnel *y*.
Je n'y vais pas cette année (je ne vais pas là).
Il n'y pense déjà plus (il ne pense plus à cela).

☐ Lorsqu'on met la phrase à la forme affirmative, *ni* peut être remplacé par *et*. Il s'agit alors d'une conjonction de coordination.
Il n'a voulu choisir ni l'un ni l'autre.
Ni son discours ni son programme ne l'ont convaincu.

Attention : on ne dit pas *je ne bois pas de thé et de café.*
Il faut dire *je ne bois ni thé ni café.*

CONNAISSEZ-VOUS LEURS HOMONYMES ?

Si : tout est *si* parfait !
Si : viens nous voir *si* tu le peux.
Si : il a joué un *si* au lieu d'un do.
S'y : il *s'y* prépare depuis longtemps.
Ci : pourquoi viens-tu à cette heure-*ci* ?
Scie : pour ce travail, il faut une *scie* à métaux.
Six : il travaille *six* jours de la semaine.
Sis : il a acheté un bois *sis* à Meymac.

Ni : il n'a apporté *ni* plan *ni* carte.
N'y : il *n'y* a pas pris garde.
Nid : les oiseaux ont fait un *nid* dans l'arbre.
Nie : il *nie* avoir commis ce délit.

■ Exercice 1

Complétez ces phrases avec si, s'il, s'y.

1. Ses comptes sont .... embrouillés qu'il ne .... retrouve pas.
2. .... accepte de venir, tous .... rendront aussi.
3. .... l'a achetée, c'est que ce doit être une bonne occasion.
4. .... c'est .... difficile, il faut persévérer.
5. Comment fait-on pour .... rendre ?
6. Il .... plaît beaucoup et parle de prolonger son séjour, ... le peut.

■ Exercice 2

Mettez ces phrases à la forme négative.

1. La France et l'Angleterre y participent.
2. Ils ont gagné le match aller et le match retour.
3. Ils y croient vraiment.
4. Si tu y vas, tu les rencontreras.
5. J'ai visité la Normandie et la Bretagne cet été.
6. J'aime cette boutique ; j'y achète mon pain et mon lait.
7. Il y a pensé, bien sûr.
8. Son frère et sa sœur y ont participé.

■ Exercice 3

Complétez ces proverbes.

1. Il .... a pas de génie sans un grain de folie.
2. Qui .... frotte .... pique.
3. Avec des .... on mettrait Paris en bouteille.
4. Nous serions tous parfaits .... nous n'étions .... hommes .... femmes.
5. Aime comme .... un jour tu devais haïr, hais comme .... un jour tu devais aimer.
6. Il .... a pas de philosophe qui supporte avec patience une rage de dents.
7. Il n'est .... petite chapelle qui n'ait son saint.
8. .... vous achetez ce qui est superflu, vous vendrez bientôt ce qui est nécessaire.

■ Exercice 4

Orthographiez correctement les si contenus dans ce texte.

(si) (si) (si) (si) (si) troncs,

....

(si) cents (si) (si) (si) cents troncs.

....

■ Exercice 5

Combinez un élément de chaque colonne de façon à obtenir 5 phrases.

S'	y	vient, préviens-moi.
Si	y	le sais, dis-le.
N'	il	habituera-t-il ?
Ni	tu	voit-il aucun inconvénient ?
S'	lui	ni moi ne le savons.

■ Dictée

Quand on avait dit Emmelina dans la maison, on avait tout dit : maîtres et valets pensaient tout le jour à procurer à Emmelina la plus grande satisfaction possible. Sans Emmelina, il n'y avait rien, avec elle il y avait tout. Père, mère, tantes, servantes et secrétaire intime riaient, pâlissaient et pleuraient tour à tour, suivant l'accent avec lequel ce nom : Emmelina, était prononcé le matin par la grosse Jeanne, la femme de confiance, à son sortir de la chambre sacrée. (...) M. Irnois faisait peu de bruit de son affection, n'en parlait jamais que je sache, mais la ressentait plus vivement, plus sérieusement que personne. La seule manière dont il manifestât son amour pour sa fille était de ne pas la rudoyer comme il faisait des autres. Il aimait Emmelina sans trop le savoir ; et comment l'aurait-il su, lui qui, de sa vie, n'avait réfléchi ni aux choses, ni aux hommes, ni à lui-même ?

Gobineau, *Mademoiselle Irnois*.

ACCORDS
VERBES
ORTHOGRAPHE D'USAGE
HOMOPHONES
SIGNES
ORTHOGRAPHIQUES
CONJUGAISONS

Les, l'est, l'es ou l'ai ?

Les est un article défini pluriel.
L'est, *l'es* et *l'ai* sont formés du pronom personnel élidé *l'* et d'une forme verbale du verbe *être* ou *avoir*.

Les peut être remplacé par *des* et accompagne un nom : il s'agit d'un article défini pluriel.
Les revendications des mutins seront satisfaites.
Des revendications de mutins seront satisfaites.

Les peut être remplacé par *le* quand il s'agit du pronom personnel qui remplace un nom au pluriel.
J'ai lu tes magazines, je te les rapporte.
J'ai lu ton magazine, je te le rapporte.

L'est peut être remplacé par *l'était* : il s'agit alors du pronom personnel élidé *l'* et du verbe être à la 3ᵉ personne du singulier au présent de l'indicatif. En mettant ce verbe à l'imparfait de l'indicatif, on met sa présence en évidence.
La voiture est-elle réparée ? Si elle l'est, nous pouvons faire les derniers kilomètres aujourd'hui.
La voiture est-elle réparée ? Si elle l'était, nous pourrions faire les derniers kilomètres aujourd'hui.

L'es peut être remplacé par *l'étais* : il s'agit alors du pronom personnel élidé *l'* et du verbe *être* à la 2ᵉ personne du singulier au présent de l'indicatif. En mettant ce verbe à l'imparfait, on met sa présence en évidence, mais il faut aussi s'interroger sur son sujet : quand il est *tu*, le verbe est à la 2ᵉ personne du singulier.
Je suis certes bavard, mais tu l'es plus que moi, et Paul l'est bien davantage.
Je suis certes bavard, mais tu l'étais plus que moi, et Paul l'était bien davantage.

L'ai peut être remplacé par *l'avais* : il s'agit alors du pronom personnel élidé *l'* et du verbe *avoir* à la 1ʳᵉ personne du singulier du présent de l'indicatif. En mettant ce verbe à l'imparfait, on met sa présence en évidence.
Je l'ai entendu vanter les mérites de ce produit. Je l'avais entendu vanter les mérites de ce produit.

CONNAISSEZ-VOUS LEURS HOMONYMES ?

Laid : affreux, repoussant.
Un lai : poème narratif ou lyrique, au Moyen Âge.
Une laie : femelle du sanglier.
Une laie : espace déboisé, rectiligne, tracé dans une forêt pour y établir des coupes.
Une laie : marteau de tailleur de pierres.

Une laie : partie inférieure du sommier de l'orgue.
Un lais : terrain que les eaux de mer ou de rivière laissent à découvert en se retirant.
Du lait : liquide blanc, opaque.
Des lei : pluriel de un *leu*, qui est la monnaie roumaine.

112

■ Exercice 1

Complétez ces phrases avec les, l'es, l'est, l'ai.

1. Est-il coupable ? L'enquête confirmera s'il . . . . .
2. J'ai fait tous . . . . magasins pour trouver son cadeau.
3. Je . . . . vu hier, dans son bureau.
4. Je suis d'accord pour cette visite ; si tu . . . . aussi, allons-y ensemble.
5. Je . . . . ai appelés hier, mais il n'est pas facile de . . . . joindre en ce moment.
6. Si tu es prêt, accompagne-nous. Si tu ne . . . . pas, rejoins-nous dans la matinée.

■ Exercice 2

Formez des phrases complètes en réunissant une ligne de la première colonne à celle des autres colonnes.

Je préfère	l'ai	davantage.
J'ignore quand je	les	journaux d'aujourd'hui.
Habile ? Il	l'es	attendre ici.
Il est robuste, mais tu	les	autant que moi.
Il a acheté tous	l'ai	rencontré sur la grand-place.
Je	l'est	commandé.

■ Exercice 3

Replacez dans le texte les mots ci-dessous :

l'est, l'ai, les, les, l'es, les, les.

Il soigne et surveille ses plantes avec une attention toujours égale. Tous . . . . jours, il . . . . arrose ou . . . . humidifie. Maniaque, il . . . . certainement, mais bon jardinier aussi. Je . . . . vu rempoter ses ficus. C'est une merveille de le voir faire. « Il faut être patient, m'a-t-il expliqué, si tu ne . . . . pas, tu n'auras pas de bons résultats. » Eh bien, moi, mes plantes, je préfère . . . . lui confier !

■ Exercice 4

Découvrez sous cette orthographe fantaisiste des expressions contenant les, l'es, l'est ou l'ai.

jeu laid !	
laiton	
lézard	
laitue ?	
gelait !	
l'étang	
l'état	
Thulé	

■ Dictée

Depuis que les nuits étaient devenues aussi chaudes que les jours, on entendait chanter les hautes montagnes. La fonte des neiges les faisait ruisseler d'eau. Les glaces qui pendaient contre les parois des vallons s'étaient écroulées avec des bruits de tonnerre. Les forêts de mélèzes ayant repris leurs feuillages avaient étoffé les pentes ; l'herbe des pâturages avait adouci le râpement du ciel aigre contre les glaciers. Et tous les échos s'étaient réveillés. Les ruisseaux et les torrents bondissaient partout comme des courses de moutons ou des cavalcades de grosses juments blanches. Très haut dans la montagne, là où les vallons n'étaient plus creusés que comme la paume d'une main et où venait s'appuyer le tranchant des glaces éternelles, on entendait parfois hennir les glaciers ; ils restaient encore un moment immobiles, puis soudain ils se cabraient dans le craquement de leurs muscles de fer et les avalanches libres galopaient vers les fonds.

Jean Giono, *Que ma joie demeure.*

ACCORDS

VERBES

ORTHOGRAPHE D'USAGE

HOMOPHONES

SIGNES
ORTHOGRAPHIQUES

CONJUGAISONS

Qu'elle ou quel ?
Mon ou m'ont ?
Ton ou t'ont ?

Quel est un adjectif interrogatif ou exclamatif, et **qu'elle** est formée d'un pronom relatif, interrogatif, ou de la conjonction de subordination **qu'** et du pronom personnel **elle**.
Mon et **ton** sont des adjectifs possessifs ; **m'ont** et **t'ont** sont composés d'un pronom personnel élidé et d'une forme verbale du verbe **avoir**.

Qu'elle ou quel ?

☐ Si l'on peut remplacer *qu'elle* par *qu'il*, il s'agit alors du pronom relatif ou de la conjonction de subordination élidée *qu'* et du pronom personnel *elle*.
Le film qu'elle a vu hier n'est pas récent (Le film qu'il a vu...).

☐ Si *quel* précède un nom, il s'agit alors d'un adjectif interrogatif ou exclamatif. Il s'accorde alors en genre et en nombre avec le nom auquel il se rapporte.
Quel costume excentrique ! Quelle heure est-il ?

☐ Si *quel* précède un verbe et ne peut pas être remplacé par *qu'il*, il est alors adjectif interrogatif, attribut du sujet avec lequel il s'accorde.
Quelle est la date retenue, finalement ? Quels sont ces enfants ?

Mon ou m'ont ?

☐ *Mon* peut être remplacé par *son* quand il s'agit d'un adjectif possessif.
Ils ont ramené mon chat qui s'était perdu. Ils ont ramené son chat qui s'était perdu.

☐ *M'ont* peut être remplacé par *m'avaient* quand il s'agit du pronom personnel élidé *m'* et du verbe *avoir* à la 3e personne du pluriel au présent de l'indicatif.
Ils m'ont raconté ta mésaventure. Ils m'avaient raconté ta mésaventure.

Ton ou t'ont ?

☐ *Ton* peut être remplacé par *son*, quand il s'agit d'un adjectif possessif.
Ces stages ont permis d'améliorer ton anglais. Ces stages ont permis d'améliorer son anglais.

☐ *T'ont* peut être remplacé par *t'avaient* quand il s'agit du pronom personnel élidé *t'* et du verbe *avoir* à la 3e personne du pluriel au présent de l'indicatif.
Ces huit jours à la montagne t'ont donné bonne mine. Ces huit jours à la montagne t'avaient donné bonne mine.

Ne dites pas...	mais dites...
j'ai une entorse à mon pied	j'ai une entorse au pied
il te tire par ton bras	il te tire par le bras
je me suis coupé à mon doigt	je me suis coupé au doigt
il a écrasé mon pied	il m'a écrasé le pied

■ Exercice 1

Complétez les phrases avec quel, quelle, qu'elle.

1. .... jour sommes-nous ?
2. Pourvu .... se rétablisse vite !
3. Tout ce .... souhaite, c'est qu'il ne pleuve pas.
4. Elle a oublié d'emporter les livres .... m'a empruntés.
5. À .... heure la séance commence-t-elle ?
6. .... embouteillage !
7. Les fleurs .... préfère sont les tulipes.
8. .... est cet ami .... a rencontré et dont elle parle tant ?

■ Exercice 2

Barrez la proposition en italique qui est erronée.

1. Les voisins (m'ont/mon) appris la nouvelle ce matin.
2. Les Montegnie (t'ont/ton) ils déjà invité chez eux ?
3. Ils (t'ont/ton) vu hier, te promenant avec (t'ont/ton) chien.
4. Tes amis (m'ont/mon) pris pour (t'ont/ton) frère.
5. Ils (t'ont/ton) dit qu'il est de bon ton de porter (t'ont/ton) veston ouvert.
6. Où en est (m'ont/mon) dossier ?
7. Quel est (t'ont/ton) problème ?

■ Exercice 3

Replacez les mots suivants dans le texte.

ton	t'ont	m'ont	mon	quelle	qu'elle
ton	ton	m'ont		quels	qu'elle

Je pensais que .... club ne gagnerait pas. Ses performances .... étonné.
.... magnifique compétition ! .... sont vos entraîneurs ? Il faudra me les présenter car ils .... fait bonne impression. Ils .... sans doute chaleureusement félicité pour .... score.
.... association est prête à soutenir financièrement .... équipe, à condition .... continue dans cette voie et .... obtienne des résultats.

■ Exercice 4

Écrivez le mot adéquat dans chacune de ces phrases :

ton, t'ont, (le) thon, (le) ton, (il) tond.
1. Il parle d'un .... calme.
2. Est-ce bien .... tour ?
3. Il .... sa pelouse tous les mois.
4. Ils .... prévenu hier.
5. Il a acheté du .... en conserve.

■ Exercice 5

Faites l'accord : quel, quels, quelle, quelles.

1. Quel.... sont les horaires du train Paris-Bruxelles ?
2. Je me demande quel.... réaction ils auront.
3. Quel.... est le prix d'un billet aller-retour ?
4. Pouvez-vous préciser quel.... semaine vous conviendrait.
5. Pour quel.... raison ne répond-il pas ?
6. Quel.... sont vos conditions ?

■ Dictée

Un jour, il me vint un jeune poète comme il m'en vient tous les jours. Après les compliments ordinaires sur mon esprit, mon génie, mon goût, ma bienfaisance et d'autres propos dont je ne crois pas un mot bien qu'il y ait plus de vingt ans qu'on me les répète, et peut-être de bonne foi, le jeune poète tire un papier de sa poche ; ce sont des vers, me dit-il. — Des vers ! — Oui, monsieur, et sur lesquels vous aurez la bonté de me dire votre avis (...). Je lis les vers de mon jeune poète, et je lui dis : « Non seulement vos vers sont mauvais, mais il m'est démontré que vous n'en ferez jamais de bons. — Il faudra donc que j'en fasse de mauvais, car je ne saurais m'empêcher d'en faire. — Voilà une terrible malédiction ! Concevez-vous, Monsieur, dans quel avilissement vous allez tomber ? Ni les dieux, ni les hommes, ni les colonnes n'ont pardonné la médiocrité aux poètes. »

Diderot, *Jacques le Fataliste.*

ACCORDS

VERBES

ORTHOGRAPHE D'USAGE

HOMOPHONES

SIGNES
ORTHOGRAPHIQUES

CONJUGAISONS

Quand, quant ou qu'en ?
Tant, t'en ou temps ?

Quand est une conjonction de temps, et *quant à* est une conjonction prépositionnelle. *Qu'en* est formé du pronom interrogatif élidé *qu'* et du pronom personnel *en*; *qu'* peut aussi être un élément de la locution adverbiale de restriction *ne... que*.
Tant est un adverbe de quantité ou un adverbe de temps; *t'en* est formé du pronom personnel élidé *t'* et du pronom personnel *en*. *Temps* est un nom commun.

Quand, quant ou qu'en ?

☐ *Quand* peut être remplacé par *lorsque* : il s'agit alors d'une conjonction de temps.
Quand il est entré dans la salle, tous l'ont applaudi. Lorsqu'il est entré dans la salle, tous l'ont applaudi.

☐ *Quant* peut être remplacé par *en ce qui concerne* : il fait partie de la locution prépositionnelle *quant à, quant au*.
Quant à lui, envoyez-le -moi quand il arrivera. En ce qui le concerne, envoyez-le-moi quand il arrivera.

☐ *Qu'en* peut être remplacé par *qu'est-ce que*, lorsqu'il s'agit du pronom interrogatif élidé *qu'* et du pronom personnel *en*.
Quant à Paul, qu'en pense-t-il ? Quant à Paul, qu'est-ce qu'il en pense ?

☐ *Qu'en* peut être remplacé par *seulement* : *qu'* est un élément de la locution adverbiale de restriction *ne...qu'*.
Quant à lui, quand on ne lui parle qu'en anglais, il ne comprend rien. Quant à lui, quand on lui parle seulement en anglais, il ne comprend rien.

Tant, t'en ou temps ?

☐ *Tant* peut être remplacé par *tellement* : il s'agit alors d'un adverbe de quantité.
Pourquoi prendre tant de précautions ? Pourquoi prendre tellement de précautions ?

☐ *Tant* peut être remplacé par *aussi longtemps que* : il s'agit d'un adverbe de temps.
Tant que la lumière clignote, vous ne pouvez faire d'autre opération.
Aussi longtemps que la lumière clignote, vous ne pouvez faire d'autre opération.

☐ *T'en* peut être remplacé par *m'en* : il s'agit alors du pronom personnel élidé *t'* et du pronom personnel *en*.
Il t'en parlera tant que tu en seras lassé. Il m'en parlera tant que j'en serai lassé.

☐ *Temps* peut être remplacé par *climat* ou *moment* : il s'agit d'un nom commun.
Le temps va se gâter. Le climat va se gâter.

SAVEZ-VOUS LES ÉCRIRE ?

Le qu'en-dira-t-on : l'opinion d'autrui.
Ils ne se souciaient pas du qu'en-dira-t-on.

Le quant-à-soi : la réserve de celui qui tient à garder son indépendance.
Il ne donne pas son avis et reste sur son quant-à-soi.

■ Exercice 1

Complétez les phrases avec quand, quant, qu'en.

1. .... on appuie sur cette touche, l'ordinateur enregistre le document.
2. .... dira-t-il ?
3. .... il vient nous rendre visite, il reste peu de temps.
4. Les freins sont révisés ; .... aux pneus, il faudra les changer.
5. .... il se déplace, il ne voyage .... première classe.
6. .... à mes vacances, ce n'est .... mars que je saurai .... je peux les prendre.
7. .... sais-tu ? .... l'as-tu rencontré ?

■ Exercice 2

Replacez ces mots dans le texte ci-dessous :

tant, tant, tant, temps, temps, t'en, t'en.
Faut-il donc .... de .... pour réaliser ce travail ? Si tu .... occupes sérieusement, il sera fini à ..... Mais .... que tu ne .... soucies pas, il restera en suspens. Ce n'est pas .... le coût de la réalisation qui me préoccupe que son urgence.

■ Exercice 3

Choisissez la bonne orthographe parmi les homonymes ci-dessous :

le tan (écorce de chêne), le taon (mouche), le temps, tant, t'en, il tend (verbe tendre) un camp (campement), quand, quant, qu'en.

.... ils arrivèrent au ...., ils ne trouvèrent plus de place pour leur tente. L'endroit était très agréable, mais les .... assaillaient les campeurs. .... de malchance ne les découragea pas. Ils décidèrent de s'installer non loin de là. « Tu .... la toile de tente. .... à moi, je vais chercher de l'eau » décréta Pierre. Leur installation fut terminée juste à ...., avant le coucher du soleil. Ce n'est .... fin de journée qu'ils purent enfin se reposer.

■ Exercice 4

De quel pays viennent ces proverbes ? Complétez ces proverbes et reliez-les à leur pays d'origine.

Le .... c'est de l'argent.	Japon
.... il y a de la vie, il y a de l'espoir.	France
.... va la cruche à l'eau qu'à la fin elle se casse.	États-Unis
La culture, c'est ce qui demeure dans l'homme .... il a tout oublié.	Chine
Mieux vaut maintenant un œuf que dans le .... un bœuf.	Grèce
.... on ne sait pas ce qu'est la vie, comment pourrait-on connaître la mort ?	France

■ Exercice 5

Retrouvez les expressions équivalant aux phrases ci-dessous et contenant toutes tant.

1. Si peu que ce soit.
....
2. Il s'en faut de beaucoup.
....
3. Puisqu'il faut le faire.
....
4. Ni bien ni mal ; médiocrement.
....
5. Cette quantité, et plus encore.
....

■ Dictée

Le soleil se levait et éclairait la face du sphinx quand ils arrivèrent devant les pyramides. Ils décidèrent de visiter la plus grande d'entre elles. Quant au guide, il préféra les attendre là : il avait tant de fois visité ces lieux en compagnie de touristes qu'il n'avait plus rien à découvrir.
Ce n'est qu'en entrant dans la pyramide qu'ils sentirent une fraîcheur bienfaisante. Le temps semblait s'être arrêté. Ils étaient dans un autre monde.

ACCORDS

VERBES

ORTHOGRAPHE D'USAGE

HOMOPHONES

SIGNES
ORTHOGRAPHIQUES

CONJUGAISONS

Davantage ou d'avantage ?
Entrain ou en train ?
Surtout ou sur tout ?

Davantage est un adverbe ou un adjectif indéfini que l'on peut généralement remplacer par *plus*. *D'avantage* est une locution formée de la préposition *de* et du nom commun *avantage*.
Entrain est un nom masculin, *en train* est une locution prépositionnelle toujours suivie de la préposition *de* et d'un verbe à l'infinitif.
Surtout est un adverbe, *sur tout* est formé de la préposition *sur* et du pronom *tout*.

D'avantage ou d'avantage ?

☐ *Davantage* peut être remplacé par *plus* : il est adverbe, adjectif indéfini ou pronom indéfini.
Il en veut toujours davantage. Ses performances comptent davantage que son prix.

☐ *D'avantage* peut être remplacé par *profit*, *intérêt* et il s'écrit en deux mots : il s'agit de la préposition *de* et du nom commun *avantage*.
Cette solution n'offre pas d'avantage supplémentaire. C'est une situation qui comporte beaucoup d'avantages.

Entrain ou en train ?

☐ *Entrain* peut être remplacé par *ardeur* : c'est un nom commun masculin.
Il n'avait plus l'entrain nécessaire pour continuer. Il commença sa journée de travail avec entrain.

☐ *En train* est suivi de *de* et d'un verbe à l'infinitif : c'est une locution prépositionnelle indiquant qu'une action est en cours.
Ne le dérangez pas : il est en train de faire ses comptes.
Le garçonnet était en train de construire avec entrain un château de sable.

Surtout ou sur tout ?

☐ *Surtout* peut être remplacé par *principalement* ou *particulièrement* : il s'agit d'un adverbe.
Il aime la bonne cuisine, surtout les plats en sauce. Surveille surtout l'ailier droit.

☐ *Sur tout* peut être remplacé par *sur chaque chose* : il s'agit alors de la préposition *sur* et du pronom *tout*.
Il a l'habitude de donner son avis sur tout. Ce chien se jette sur tout ce qui bouge.

LES CONNAISSEZ-VOUS ?

Un boute-en-train : une personne qui met en gaieté, un amuseur.
Il aime la compagnie de ce boute-en-train.

La mise en train : le début d'exécution, les travaux préparatoires.
La mise en train du chantier commence bientôt.

Un surtout : une pièce de vaisselle qu'on place sur une table pour décorer.
Un surtout délicatement ouvragé décorait la table basse.

■ Exercice 1

Complétez avec davantage *ou* d'avantage.

1. Tant .... semblent bien tentants.
2. J'en veux un, pas .....
3. Prendre ce modèle ne présente pas .... importants.
4. Il n'en sait pas .....
5. Il possède toutes ces maisons et bien .....
6. S'il s'était .... entraîné, il aurait gagné la course.
7. Il n'y a pas .... à agir ainsi.
8. Il pleut .... que l'année dernière.

■ Exercice 4

Remplacez les mots en italique par leurs équivalents.

1. La conversation manquait *d'ardeur.*
2. Il aime *plus* la musique moderne que la musique classique.
3. Ils ont *particulièrement* apprécié l'efficacité du produit.
4. C'est *plus* un exercice qu'un test.
5. Sa proposition comporte *plus de profits* en nature.
6. Quand je suis arrivé, il était *occupé* à enregistrer des vieux disques.

■ Exercice 2

Reliez les colonnes entre elles de façon à former sept phrases.

Elles sont	entrain	il chanta.
C'est avec	en train	de se plaindre.
Il manque d'	en train	et quelle gaieté !
Quel	entrain	aujourd'hui.
Il le vit	entrain,	qu'il accepte.
Plein d'	en train	de déjeuner.
Il est toujours	entrain	de prendre le thé.

■ Exercice 5

Complétez cette lettre.

> *Chers amis,*
> *Nous espérons vous voir pour l'anniversaire de Stéphanie. Nous pensions être au nombre de six mais nous serons .... Ne vous souciez pas de l'organisation de cette journée. Nous sommes .... de tout préparer, avec beaucoup .... d'ailleurs. Nous avons déjà des idées précises .... ce que nous ferons. Ce sera certainement une réunion sympathique, et même .....*
> *À bientôt.*
> *Marc et Françoise*

■ Exercice 3

Replacez ces mots dans les phrases :

surtout, surtout, surtout, surtout, sur tout, sur tout, sur tout.

1. Ce film intéresse .... les adolescents.
2. Cet endroit est .... très fréquenté l'été.
3. Il aime avoir l'œil .....
4. Et ...., n'oubliez pas de nous écrire dès votre arrivée !
5. Il touche des droits .... ce qu'il a publié.
6. Il est si bavard qu'il réussit à disserter .... et sur rien.
7. Il tient .... à ce que tout le monde soit à l'heure.

■ Dictée

Il se dirigea sans plaisir vers la gare. Faire le voyage en train lui déplaisait. Il aurait préféré prendre sa voiture parce qu'il en avait l'habitude et surtout parce qu'il l'avait prévu ainsi. Faire le trajet en voiture comportait certes peu d'avantages supplémentaires, mais au moins il choisissait son horaire lui-même et s'arrêtait là où il le voulait, surtout pour déjeuner. Cette idée de déjeuner dans le train le renfrogna davantage. Décidément, la journée s'annonçait mal !

ACCORDS

VERBES

ORTHOGRAPHE D'USAGE

HOMOPHONES

SIGNES
ORTHOGRAPHIQUES

CONJUGAISONS

Quelque, quelques ou quel... que ?

Quelque s'écrit avec un *s* lorsqu'il a le sens de plusieurs. Il s'écrit en deux parties devant le verbe *être*.

Si *quelque* a le sens de *plusieurs* : il s'écrit avec un *s*.
Il a perdu quelques kilos en suivant un régime sévère.
Il a perdu plusieurs kilos en suivant un régime sévère.

Si *quelque* a le sens de *quelconque*, sans précision : il s'écrit sans *s*.
Mon père savait me trouver quelque outil pour me distraire.
Mon père savait me trouver un outil quelconque pour me distraire.

Si *quelque* a le sens de *un certain* : il s'écrit sans *s*.
Quelque Maurice Dupont de tes amis vient te voir.
Un certain Maurice Dupont de tes amis vient te voir.

Si *quelque* signifie *environ* : il s'écrit sans *s*.
Ma grand-mère m'a donné quelque trois cents francs.
Ma grand-mère m'a donné environ trois cents francs.
De même : *il a couru quelque 500 m, il pèse quelque soixante kilos.*

Si *quelque* est devant un nom au pluriel, et a le sens de *peu importe les...* : il s'écrit avec un *s* si le nom est au pluriel.
Quelques truites qu'il attrape, il les rejette à l'eau.
Peu importe les truites qu'il attrape, il les rejette à l'eau.

Si *quelque* est devant un adjectif qualificatif ou un adverbe, et a le sens de *malgré, bien que* : il s'écrit sans *s*.
Quelque avares qu'ils soient, ils ont acheté une auto.

Devant le verbe *être*, on écrit *quel que* en deux parties séparées ; la première s'accorde en genre et en nombre avec le sujet. *Quel que* est attribut, l'inversion du sujet est obligatoire.
Quel que soit son âge, quelle que fût son enfance, quels que soient ses amis, quelles que soient ses chances.

LE SAVIEZ-VOUS ?

On écrit *quelquefois* attaché, quand ce mot a le sens de *parfois*.
Quelquefois, quand j'avais été sage, mon grand-père me laissait conduire le cheval.

On écrit *quelques fois*, détaché, quand on veut dire *plusieurs fois*.
Frapper quelques fois à la porte et on vous répondra.

On écrit *quelque chose* au singulier, quand on veut dire *une certaine chose*.
Rapporte quelque chose pour le dîner.

On écrit *quelques choses* au pluriel, quand on veut dire : *plusieurs choses*.
Il avait emporté quelques choses pour le voyage.

■ Exercice 1

Complétez les phrases avec quelque *ou* quelques.

1. Il est resté .... jours à l'hôpital après son accident.
2. .... nuages couvraient déjà l'horizon.
3. Attendez-moi .... minutes dans le vestibule.
4. Il a toujours .... cent francs dans son portefeuille.
5. L'avion se sera posé sur .... piste improvisée.
6. À .... pas de la cabane se dresse la falaise.
7. Le coureur franchit seul l'arrivée à .... kilomètres.
8. Ils ont acheté .... fruits.
9. .... deux siècles nous séparent de la Révolution française.

■ Exercice 2

Complétez les phrases par quelque *ou* quelques.

1. .... fortunés qu'aient pu être ses ancêtres, il n'en était pas moins pauvre.
2. .... chevaux qu'il élève, il en fait des champions.
3. Ici les vendanges sont toujours bonnes, ... coteaux qu'on aperçoive.
4. Il rentrait souvent tard, ... sévères que fussent ses parents.

■ Exercice 3

Complétez les pointillés à l'aide de quelque part, quelques parts, quelque chose, quelques choses, quelque temps.

1. L'alouette volète .... immobile avant de se poser.
2. Quand la voisine avait fait une tarte, nous savions qu'il y en avait .... pour nous.
3. .... dans l'espace tourne un satellite de télécommunication français.
4. Il n'était pas tout à fait rassuré car .... lui disait que ses ennuis ne faisaient que commencer.
5. Rapportez-lui .... amusantes du marché afin de la distraire.
6. Quand je vais .... je suis sûr de le rencontrer.

■ Exercice 4

Complétez la grille avec 1, 2, 3 ou 4 **en respectant les accords.**

A. Quels que soient   1. ses habitudes
B. Quelles que soient   2. sa fatigue
C. Quel que soit   3. ses droits
D. Quelle que soit   4. son talent

A	B	C	D

■ Exercice 5

Complétez les phrases avec quelquefois *ou* quelques fois.

1. Il fallait frapper .... à la porte pour que grand-mère nous ouvre.
2. .... quand il était las, il s'arrêtait pour écouter le vent dans les arbres.
3. Mes parents m'ont déjà raconté .... cette histoire.
4. Quand il eut vérifié .... que la porte était bien fermée, il partit rassuré.

■ Dictée

Les grands froids arrivèrent à la fin de l'hiver. Les bassins du Jardin furent gelés en quelques heures et pour la première fois je vis des mouettes investir la pièce d'eau où d'habitude les enfants faisaient naviguer leurs bateaux. La faim les avait chassées jusqu'ici, elles marchaient avec sûreté sur la glace en poussant leurs cris rauques et se jetaient sur la nourriture lancée par des passants attentifs aux oiseaux. Les pigeons rassemblés au bord n'osaient s'aventurer sur la surface glissante ; quelques-uns, plus affamés ou courageux, tentaient cependant d'attraper quelques morceaux de pain ou de viande, mais la plupart glissaient lamentablement et se faisaient chasser par les mouettes maîtresses des lieux. Quant aux moineaux, ils se tenaient avec ruse et prudence en troisième ligne, mais parfois d'un vol rapide frôlaient la glace et récoltaient d'un coup de bec ce que le pigeon venait de rater.
Un soleil blanc et dur apparut pendant que je traversais le Jardin. Quelques minutes, il étincela ainsi qu'une longue lame étroite, couchée entre les nuages.

Anne Philipe,
Le Regard de Vincent, **Éd. Gallimard.**

ACCORDS
VERBES
ORTHOGRAPHE D'USAGE
HOMOPHONES
SIGNES ORTHOGRAPHIQUES
CONJUGAISONS

Comment utiliser la ponctuation ?

Les signes de ponctuation servent à séparer les phrases, les propositions, les mots entre eux. Ils marquent une pause, une intonation, une nuance de la pensée.
Les principaux signes de ponctuation sont : le point, le point d'interrogation, la virgule, le point-virgule, les deux-points, les points de suspension, les guillemets, le tiret, les parenthèses.

En fin de phrase :

☐ on utilise généralement un point : il marque une grande pause pour la lecture.
Les portières claquèrent. La voiture démarra en trombe.
☐ dans une question directe, on utilise un point d'interrogation à la place du point :
Quand a-t-il prévu de venir ?
☐ quand la phrase exprime une émotion, une vivacité, un ordre sans réplique, on utilise un point d'exclamation à la place d'un point :
Quelle superbe maison ils possèdent ! Tu as encore oublié de lui téléphoner ! Silence !
☐ quand la phrase reste inachevée, on utilise trois points de suspension à la place d'un point :
Monsieur, je ne vous... Il avait apporté ce qu'il fallait pour déjeuner : viande, légumes...

A l'intérieur d'une phrase, on utilise :

☐ **la virgule**
— pour séparer les divers éléments d'une énumération ; la virgule marque une courte pause pour la lecture. *C'est un homme courtois, affable, sympathique.*
— pour marquer une légère pause avant ou après un complément circonstanciel.
Par beau temps, on aperçoit la côte anglaise.
— pour intercaler une proposition.
Mon cher ami, dit-il avec un large sourire, je suis content de te voir.
— pour marquer une nuance, une hésitation.
Il se prépara à sortir, et finalement il resta chez lui.

☐ **le point-virgule** pour marquer une courte pause dans la lecture.
Il n'était que quatre heures ; il était déjà fatigué, pourtant.

☐ **les deux-points** pour annoncer une explication, une conséquence, une énumération.
Il est en retard : sa voiture est tombée en panne.

☐ **les parenthèses** pour ajouter une réflexion à l'intérieur d'une phrase.
Il arriva le premier (ce qui n'étonna personne) et s'installa.
Le double tiret peut remplacer les parenthèses ; à la fin de la phrase, le deuxième tiret est remplacé par le point. *Elle est ravissante — ce que tout le monde remarque.*

Pour rapporter

☐ **les paroles exactes de quelqu'un,** on emploie des guillemets au début et à la fin des propos rapportés : « »
Il répète sans cesse : « Je déteste faire les choses à moitié. »

☐ **un dialogue,** on emploie des guillemets au début et à la fin du dialogue, et on utilise un tiret à chaque changement d'interlocuteur, tout en allant à la ligne.
Son collègue lui demanda :
« Viendras-tu demain ?
— Certainement », répondit-il.

■ Exercice 1

Ponctuez comme il convient la fin des phrases suivantes.

1. Comme il est susceptible
2. Aura-t-il terminé pour demain
3. Je me demande s'ils ont accepté l'invitation
4. Tout le quartier sera reconstruit prochainement
5. Quel magnifique paysage
6. Si j'avais pu
7. Prends donc ce livre

■ Exercice 2

Placez douze virgules dans ce texte.

Zadig avec de grandes richesses et par conséquent avec des amis ayant de la santé une figure aimable un esprit juste et modéré un cœur sincère et noble crut qu'il pouvait être heureux. Il devait se marier à Sémire que sa beauté sa naissance et sa fortune rendaient le premier parti de Babylone. Il avait pour elle un attachement solide et vertueux et Sémire l'aimait avec passion. Ils touchaient au moment fortuné qui allait les unir lorsque se promenant ensemble vers une porte de Babylone sous les palmiers qui ornaient le rivage de l'Euphrate ils virent venir à eux des hommes armés de sabres et de flèches.

Voltaire, *Zadig*.

■ Exercice 3

Ponctuez ces répliques de théâtre et retrouvez leur auteur et le titre de la pièce.

Que diable allait-il faire dans cette galère	Shakespeare *Hamlet*
Parce que vous êtes un grand seigneur vous vous croyez un grand génie	Molière *les Fourberies de Scapin*
Être ou ne pas être c'est là la question	Corneille *le Cid*
Il faut venger un père et perdre une maîtresse L'un m'anime le cœur l'autre retient mon bras	Beaumarchais *le Mariage de Figaro*

■ Exercice 4

Rétablissez la ponctuation de ce texte.

France Allemagne Italie Angleterre Espagne Belgique Luxembourg Grèce tous les pays d'Europe ont leurs propres couleurs Agfa traduit leur personnalité sur papier ou en diapositives Grâce à leur grande latitude d'exposition les pellicules Agfa vous permettent de réussir vos photos même dans les cas les plus difficiles contre-jour sujets contrastés ciel très lumineux et au flash Les pellicules Agfa donnent à l'Europe ses couleurs les plus lumineuses C'est bien le moins que puisse faire le premier fabricant européen de pellicules couleur

■ Exercice 5

Ponctuez ce télégramme en ajoutant des « stop » équivalant à des points.

ARRIVONS DEMAIN VINGT HEURES TAXI PRÉVU BAGAGES DÉJÀ EXPÉDIÉS PRIÈRE LES RETIRER GARE AFFECTION DENISE

■ Dictée

À neuf heures, deux bicyclettes sortaient de Nevers, Benin et Broudier roulaient coude à coude.
« Sens-tu cette petite brise ? disait Benin.
— Si je la sens ! répondait Broudier. Ça me traverse les cheveux, tout doucement, comme un peigne aux dents espacées.
— Tu as quitté ta casquette ?
— Oui, on est mieux.
— C'est vrai. Il semble qu'on ait la tête sous un robinet d'air.
— Entends les grillons à gauche.
— Je ne les entends pas.
— Mais ! Très haut dans l'oreille. Ça ressemble au bruit que fait parfois la solitude... un bruit de petite scie.
— Ah ! Oui ! Je l'ai ! Je devais déjà l'entendre tout à l'heure ! Quel drôle de bruit ! Si haut perché !
— Regarde nos ombres entrer dans cette clairière de lune, et puis plonger de la pointe dans l'ombre des arbres. »

Jules Romains, *Les Copains*.

ACCORDS
VERBES
ORTHOGRAPHE D'USAGE
HOMOPHONES
SIGNES ORTHOGRAPHIQUES
CONJUGAISONS

Où mettre une majuscule ?

> On met une majuscule au début d'une phrase, aux noms de famille, prénoms et surnoms, aux noms de lieux et d'habitants, aux noms de sociétés savantes, politiques ou religieuses, aux noms d'œuvres artistiques, aux noms de monuments, aux titres précédés de *Monsieur* ou *Madame*.

On met toujours une majuscule au commencement d'une phrase.
La circulation est momentanément interrompue.

Prennent une majuscule au début ou en milieu de phrase :

☐ les noms de famille, les prénoms ou les surnoms.
Mademoiselle Cabre, Stéphane Dupret, Lulu.

☐ les noms de lieu.
Paris, la Belgique, l'Asie.

☐ les noms d'habitants.
les Grenoblois, les Français, les Européens.

☐ les titres précédés de Monsieur ou Madame.
Monsieur le Directeur, Madame le Ministre.

☐ les noms des sociétés savantes, politiques ou religieuses.
l'Académie française, les Démocrates chrétiens, l'Église de France.

☐ les noms de monuments, de bateaux, d'avions.
l'Arc de triomphe, le Redoutable, le Tupolev.

☐ le premier mot d'une citation.
Il est entré et a demandé : « Avez-vous du feu ? »

Dans le titre d'une œuvre artistique, le premier nom prend une majuscule s'il est précédé d'un article défini.
Dans ce cas, le tout premier mot du titre, et les éventuels adjectifs placés devant le premier nom, prennent aussi une majuscule.
La Vie errante de Guy de Maupassant. *Le Grand Meaulnes* d'Alain-Fournier.

Cependant, quand l'article accompagnant le premier nom d'un titre est indéfini, ce nom ne prend pas de majuscule. Dans ce cas, seul le tout premier mot du titre prend une majuscule.
Une vie de Guy de Maupassant. *Un balcon en forêt* de Julien Gracq.

NE PRENNENT PAS DE MAJUSCULES :

les noms désignant des langues :
le pakistanais, le zoulou.

les adjectifs indiquant une nationalité :
la délégation française.

les noms de la semaine et du mois :
dimanche 1er mars.

■ Exercice 1

Classez les noms suivants dans le tableau et mettez-leur une majuscule si nécessaire :

le parthénon, molière, la chine, l'angleterre, médecins sans frontières, marseille, un italien, l'italien, picasso, la croix-rouge, le concorde, les danois, raymond poincaré, la sécurité sociale, un pari, la tour eiffel, l'institut géographique national, la joconde.

noms de personnes . . . .
. . . .
noms de lieux . . . .
. . . .
noms d'habitants . . . .
. . . .
noms de sociétés . . . .
. . . .
noms d'œuvres artistiques . . . .
. . . .
noms de monuments . . . .
d'avions . . . .
noms communs . . . .
. . . .

■ Exercice 2

Corrigez ce texte en ajoutant les majuscules omises.

les autorités soviétiques auraient proposé aux dirigeants du groupe italien fiat de construire une nouvelle unité de montage de voitures à togliatti où l'usine vaz (volga automobile plant) produit déjà 600 000 véhicules par an du type fiat 129.
selon un porte-parole de la firme de turin, son président, giovanni agnelli, sollicité par le premier ministre soviétique, nikolaï ryjkov, pour savoir si fiat serait prêt à doubler la capacité de vaz, aurait donné une réponse positive de principe.
de son côté, m. agnelli s'est contenté de déclarer que si tous les grands constructeurs mondiaux (européens, américains et japonais) étaient concernés, fiat était dans une situation privilégiée.

le Monde, **19 octobre 1988**

■ Exercice 3

Reliez d'une flèche chaque invention au nom de son auteur et ajoutez les majuscules nécessaires.

L'enseigne au • • le français léon
néon   gaumont, vers 1900
Le film parlant • • l'italien guglielmo
      marconi, en 1896
La radio • • le français georges
      claude, en 1910
Le talkie-walkie • • l'anglais john logie
      baird, en 1926
La télévision • • l'américain all
      cross, en 1930

■ Exercice 4

Remettez le texte de cette lettre dans l'ordre et ajoutez les majuscules omises.

nathalie martinage   lille, le 10 septembre 1989
12, avenue victor hugo
59000 lille   à

    monsieur le chef du personnel
    de GR industrie
    boulevard de la liberté
    59000 lille

monsieur le chef du personnel.

à cet effet, je vous prie de trouver ci-joint mon curriculum vitae.
j'espère que ma candidature retiendra votre attention et dans l'attente de votre réponse, je vous prie d'agréer, monsieur le chef du personnel, mes salutations respectueuses.
suite à votre annonce du 6 septembre 1989 parue dans la voix du nord, je serais vivement intéressée par un emploi dans votre société en tant que secrétaire comptable.
je suis à votre disposition pour un entretien éventuel.

■ Dictée

Denise était venue à pied de la gare Saint-Lazare, où un train de Cherbourg l'avait débarquée avec ses deux frères, après une nuit passée sur la dure banquette d'un wagon de troisième classe. Elle tenait par la main Pépé, et Jean la suivait, tous les trois brisés du voyage, effarés et perdus, au milieu du vaste Paris, le nez levé sur les maisons, demandant à chaque carrefour la rue de la Michodière, dans laquelle leur oncle Baudu demeurait.

Émile Zola, *Au bonheur des dames.*

ACCORDS
VERBES
ORTHOGRAPHE D'USAGE
HOMOPHONES
SIGNES ORTHOGRAPHIQUES
CONJUGAISONS

Quand employer une cédille ou un tréma ?

On ajoute une cédille au *c* lorsque, placé devant *a, o, u,* il se prononce *s*. On place un tréma sur *e, i, u* lorsque ces voyelles se prononcent séparément des voyelles qui les précèdent.

On met une cédille au *c* devant *a, o* et *u* lorsque le *c* doit se prononcer [s]; même les majuscules reçoivent la cédille.
Un commerçant, un poinçon, un reçu, ça, un garçon, déçu, etc.

Attention : jamais de cédille au *c* placé devant *e, i* ou *y*.
Merci, un cigare, ce, céder, un cyclomoteur, un cylindre, etc.

On met un tréma :

□ sur le *e* du féminin des adjectifs en *gu-* pour conserver la prononciation du *u*.
Aigu devient au féminin *aiguë* (pour éviter de le prononcer comme *ligue*).
Ambigu/ambiguë; bégu/béguë; contigu/contiguë; subaigu/subaiguë; suraigu/suraiguë; exigu/exiguë; etc.

□ sur le *i* de la finale *-guïté* : *ambiguïté, contiguïté, exiguïté.*

□ sur le *e* des mots *Noël, canoë, Israël*. Toutefois, les mots de la famille de *canoë* et *Israël* s'écrivent avec un accent aigu sur le *e* : *canoéiste, israélien, israélite.*

□ sur le *i* des finales *-oïde* et *-oïdal* : *alcaloïde, astéroïde, humanoïde, pétaloïde, ovoïde, sinusoïdal.*

□ sur le *u* des mots *capharnaüm, Saül, Esaü.*

□ sur le *i* de certains mots, pour qu'il se prononce séparément des autres voyelles.
Voici les principaux :

aïeul	celluloïd	haïr	laïque	païen
archaïsme	coïncidence	haïssable	maïs	papaïne
baïonnette	coïnculpé	hébraïque	mosaïque	paranoïa
caïd	coït	héroïne	naïade	Polaroïd
caïeu	égoïne	héroïque	naïf	stoïcisme
caïman	égoïste	héroïsme	oïdium	taïga
camaïeu	faïence	inouï	ouï-dire	troïka
caraïbe	glaïeul	laïciser	ouïe	Zaïre

CONNAISSEZ-VOUS LE SENS DE CES MOTS ?

Bégu (adj.) : se dit d'un cheval chez qui la cavité des incisives persiste au-delà de l'âge normal (10 ans).

Un caïeu (nom) : un bourgeon qui se développe à partir du bulbe principal.

Un camaïeu (nom) : une pierre fine ayant deux tons de la même couleur ; ou une peinture où l'on n'emploie qu'une seule couleur avec des tons différents.

Une égoïne (nom) : petite scie à main composée d'une lame terminée par une poignée.

EXERCICES

■ Exercice 1

Ajoutez une cédille au c quand elle est nécessaire.

Agacant, remercier, un macon, une gercure, un cyclone, un fabricant, un commercant, une caméra, un soupcon, une facon, un négociant, il lancait, un cyclamen, un hamecon, récent, effacant, un glacon.

■ Exercice 2

Placez un tréma sur i, o ou u quand il est nécessaire. Un seul mot de chaque ligne en comporte un.

ébloui, ébahi, égoiste

ambiguité, guider, innocuité

se targuer, exigue, longue

noel, israélien, poète

antiaérien, piano, hair

protéine, astéroide, continuité

■ Exercice 3

Replacez les mots suivants dans les phrases, après avoir ajouté une cédille ou un tréma quand ils sont nécessaires :

décida, oui-dire, mosaiques, cà, inouie, déception, lanca, recu, commencaient, polaroid, glaieuls, garcon.

1. Les . . . . sont des dessins réalisés avec des morceaux de pierre, de verre, de tuile ou de coquillage posés les uns à côté des autres.
2. Quelle . . . . ! Il n'était pas . . . . à son examen.
3. Il . . . . de prendre son . . . . pour se rendre à l'invitation.
4. Le . . . . le ballon avec une force . . . . et marqua le but.
5. Ils . . . . à s'inquiéter car ils savaient par . . . . qu'on projetait de construire une autoroute à proximité.
6. . . . . et là poussaient quelques . . . . .

■ Exercice 4

Retrouvez les mots correspondants aux définitions : leur sens change selon qu'ils ont un tréma ou pas.

avec tréma	sans tréma
détestée	clôture d'arbustes
. . . . ↔	. . . .
plante ayant de gros grains	au contraire
. . . . ↔	. . . .
entendu	réponse positive
. . . . ↔	. . . .
se dit d'une jument	qui parle avec difficulté
. . . . ↔	. . . .

■ Exercice 5

Complétez ces noms de plats avec c ou ç.
— Omelette à la proven. . ale
— Carpe far. . ie à l'alsa. . ienne
— Filets de sole Ber. . y.
— Salade ni. . oise
— Raie à la sau. . e rose

■ Dictée

Fabrice prononçait si mal le français, que ses camarades crurent voir dans ses paroles un ton de supériorité ; ils furent vivement choqués, et dès lors dans leur esprit un duel se prépara pour la fin de la journée. Ils le trouvaient fort différent d'eux-mêmes ; Fabrice au contraire commençait à se sentir beaucoup d'amitié pour eux. On marchait sans rien dire depuis deux heures, lorsque le caporal, regardant la grande route, s'écria avec un transport de joie : « Voici le régiment ! » On fut bientôt sur la route ; mais, hélas ! autour de l'Aigle il n'y avait pas deux cents hommes. L'œil de Fabrice eut bientôt aperçu la vivandière : elle marchait à pied, avait les yeux rouges, et pleurait de temps à autre. « Et dire que ce sont les Français qui m'ont pillée, battue, abîmée...
— Comment ! ce ne sont pas les ennemis ? » dit Fabrice d'un air naïf, qui rendait charmante sa belle figure grave et pâle.
Stendhal, *La Chartreuse de Parme.*

ACCORDS
VERBES
ORTHOGRAPHE D'USAGE
HOMOPHONES
SIGNES
ORTHOGRAPHIQUES
CONJUGAISONS

Où placer les accents ?

> L'accent aigu se place uniquement sur *e*. Il permet d'obtenir un *é* fermé.
> L'accent grave se place sur *a* et *u* dans un petit nombre de mots. Le plus
> généralement, il se place sur *e* et permet d'obtenir un *è* ouvert.
> L'accent circonflexe se place sur *a, e, i, o, u*. Placé sur *e*, il permet d'obtenir un *è* ouvert. Placé sur les autres voyelles, il indique un allongement de leur prononciation.

Si le mot contient un *e* se prononçant *é* fermé, on place un accent aigu sur le *e* (on écrit [e] en alphabet phonétique).
Café, pavé, vélomoteur, élégant, été, délégation, mangé, etc.

☐ Toutefois, on ne met pas d'accent pour obtenir le son *é* fermé :
— quand ce *e* est suivi de *d, f, r, z* à la fin d'un mot : *quartier, pied, chez, clef,* etc.
— dans les mots d'une seule syllabe au pluriel : *mes, tes, ses, des, les, ces,* etc.

☐ Douze mots s'écrivent avec un *é* accent aigu qui se prononce *è* ouvert : *allégement, allégrement, céleri, crémerie, empiétement, événement, piétement, réglementation, réglementaire, réglementer, sécheresse, vénerie.*

Si le mot contient un *e* se prononçant *è* ouvert, on place un accent grave sur le *e* (on écrit [ɛ] en alphabet phonétique).
Frère, carrière, bière, lumière, siège, pièce, chère, etc.

☐ Toutefois, on ne met pas l'accent pour obtenir le son *è* ouvert :
— quand ce *e* est placé devant une consonne doublée (sauf *n* ou *m*).
elle, nette, paresse, pierre, essor, ecchymose, greffe, etc.

— quand ce *e* est placé devant une suite de consonnes différentes dont la seconde n'est ni *r* ni *l*.
terme, espoir, électricité, perte, escalier, exclusif, tester, etc.

— quand le *e* est placé devant une consonne finale prononcée, ou devant un *t* final non prononcé.
chef, net, sel, fer, appel, cartel, pastel, réel, fret, guet, blet, tiret, regret, wagonnet, volet, valet, mulet, etc.

L'accent grave sur *a* et *u*.
— Il permet de distinguer les homonymes :
à (préposition) s'oppose ainsi à *a* (présent de l'auxiliaire avoir); *çà* (ici) s'oppose ainsi à *ça* (cela); *là* (adverbe de lieu) s'oppose ainsi à *la* (article ou pronom); *où* (adverbe de lieu) s'oppose ainsi à *ou* (conjonction *ou bien*).
— Quatre autres mots ont un accent grave sur le *a* : *deçà, déjà, holà, voilà.*

L'accent circonflexe sur *a, e, i, o, u* :
— allonge la voyelle. *Rôle, pâle, mâle, âcre, gâteau, chêne,* etc.
— rappelle l'origine du mot (disparition d'un *s* ou d'un *e* que l'on retrouve dans d'autres mots de la même famille). *Hôpital (hospitalier); côte (accoster); fête (festival);* etc.
— permet de distinguer certains homonymes. Voici les principaux :

âcre/acre	*côte/cote*	*genêt/genet*	*mûr/mur*	*sûr/sur*
bâiller/bailler	*crû/cru*	*hâler/haler*	*nôtre/notre*	*tâche/tache*
boîte/boite	*dû/du*	*mâter/mater*	*pâle/pale*	*tête/tète*
châsse/chasse	*forêt/foret*	*mâtin/matin*	*rôder/roder*	*vôtre/votre*
côlon/colon	*fût/fut*	*mâture/mature*	*rôt/rot*	

■ Exercice 1

Placez si nécessaire des accents sur les e de ces mots et classez-les dans le tableau :

un cachet, regulier, une reclame, un rendez-vous, un gene, laver, un siege, une lettre, reflechir, un legs, un reverbere, relever, apres, reche, un arret, une cle

son é fermé	son è ouvert

■ Exercice 2

Placez les accents omis dans les phrases.

1. Ils ont du rentrer chez eux tres tot.
2. Ce pate de lievre est excellent.
3. Un nouvel itineraire fleche permet d'eviter les embouteillages des villes.
4. Il les a appeles des son arrivee a l'hotel.
5. Ou a-t-elle pu ranger ses clefs ? Ici ou la ?
6. L'interet de ces varietes de fruits est que leur gout differe de celui des varietes commerciales.
7. C'est une creme couteuse mais tres efficace, qui ote toutes les taches.

■ Exercice 3

Corrigez ce texte en supprimant les accents fautifs et en ajoutant les accents omis.

Une sonde spâtiale soviètique a eté lancée recemment pour étudiér la planète Mars. Cette sonde arrivera prés de Mars le 25 janvier 1989. Elle déscendra pour se mettre a la portee de Phobos, là lune principâle de Mars. Quand elle ne séra plus qu'a 50 mètres, ses instruments se mèttront en activite. Un lasér scrutera au millimétre carre la surface de Phobos. Le sol sera étudié et dès photographies seront prises. Grace a cette mission, l'origine de cette planéte sera mieux connue.

■ Exercice 4

Changez une consonne à ces mots et vous obtiendrez un autre mot sur lequel il faudra placer d'autres accents.

arène	
benêt	
chère	
pêne	
crêpe	

■ Exercice 5

Mettez les accents omis sur ces formules de fin de lettres et notez à côté la lettre A pour une formule convenant à une lettre d'inférieur à supérieur, B d'égal à égal, C de supérieur à inférieur.

☐ Veuillez croire, Monsieur, a mes sentiments les meilleurs.
☐ Sincerement votre
☐ Respectueusement votre
☐ Veuillez agreer, Monsieur, l'expression de mon entier devouement.
☐ Veuillez recevoir, Monsieur, l'assurance de ma consideration distinguee.
☐ Devoue a vos ordres

■ Dictée

À ce moment, l'accusé fut introduit. C'était un des derniers généraux vaincus que la Convention livrait au Tribunal, et le plus obscur. À sa vue, Gamelin frissonna : il croyait revoir ce militaire que, mêlé au public, il avait vu, trois semaines auparavant, juger et envoyer à la guillotine. C'était le même homme, l'air têtu, borné, ce fut le même procès. Il répondait d'une façon sournoise et brutale qui gâtait ses meilleures réponses. Ses chicanes, ses arguties, les accusations dont il chargeait ses subordonnés, faisaient oublier qu'il accomplissait la tâche respectable de défendre son honneur et sa vie. Dans cette affaire tout était incertain, contesté, position des armées, nombre des effectifs, munitions, ordres donnés, ordres reçus, mouvements des troupes : on ne savait rien.

A. France, *Les Dieux ont soif.*

ACCORDS

VERBES

ORTHOGRAPHE D'USAGE

HOMOPHONES

SIGNES ORTHOGRAPHIQUES

CONJUGAISONS

Quand mettre un trait d'union ?

Le trait d'union unit plusieurs éléments. Il indique aussi qu'un mot est coupé à la fin d'une ligne, faute de place.

Dans le cas d'un mot composé.

□ Dans un mot composé, on place généralement un trait d'union pour montrer son unité : *un porte-clés; un chou-fleur; le qu'en-dira-t-on; contre-attaquer; c'est-à-dire.* Toutefois, dans un certain nombre de mots composés ayant une préposition, on ne met pas de trait d'union : *un chemin de fer; une boîte aux lettres; peu à peu; tout à fait.*

□ Dans un nombre composé, on place un trait d'union entre les nombres de 17 à 99 s'ils ne sont pas reliés par *et* : *soixante-douze; deux cent quatre-vingt-cinq; dix-huit.*

□ Dans une expression démonstrative dont l'un des termes est *ci* ou *là*, on place un trait d'union avant *ci* ou *là*, ou après : *celui-ci; cet homme-là; de-ci, de-là; ce jour-là; ci-contre.*

Dans le cas d'un verbe.

□ Si le sujet est un pronom personnel et qu'il est placé après le verbe, on place un trait d'union entre le verbe et lui : *venez-vous demain? vos enfants vous accompagneront-ils?*
Lorsqu'un *t* euphonique est nécessaire, il faut alors placer un trait d'union avant et après ce *t* : *pourquoi ne lui demande-t-il pas de venir? sans doute a-t-il oublié de lui en parler.*

□ Si le verbe est suivi de pronoms personnels compléments, de *en* ou *y*, on place un trait d'union entre ces mots et le verbe : *dites-le-lui; prenez-en; donnez-leur une chance; pensez-y; faites-le; allez-vous-en.*

Remarques.

□ Il est admis que l'on omette le trait d'union dans tous les cas cités précédemment, sauf si une confusion est possible avec un mot ne comportant pas de trait d'union : *un quatre-quarts / quatre quarts.*

□ Si le mot est coupé à la fin d'une ligne, faute de place, et qu'on doit le terminer à la ligne suivante, on place un trait d'union à la fin de la première ligne.

COMMENT COUPER UN MOT À LA FIN D'UNE LIGNE?

On coupe le mot à la fin d'une syllabe : *pu-bli-ci-té.*
On ne coupe pas le mot avant ou après une seule lettre : *agréé* ne peut pas être coupé.
On ne coupe pas un mot entre deux voyelles, ni avant ou après *x* ou *y* placés entre deux voyelles : *mais, exact, pays* ne peuvent être coupés.

Si la coupure du mot composé correspond à l'endroit où se place normalement un trait d'union, on met un trait d'union à la fin de la première ligne et au début de la deuxième ligne : *procès--verbal.*

■ Exercice 1

Placez les traits d'union omis :

là bas - une boîte aux lettres - prends en - un arc en ciel - un ouvre bouteilles - ci joint - un réveille matin - allons y - tout à coup - tu le ranges - le lira t elle ? - fais le ! - Qu'en dis tu ? - cent vingt huit - à vrai dire - dis le lui ! - mille deux cents - c'est à dire - un porte avion - tout à fait.

■ Exercice 2

Transformez ces phrases en questions, et placez alors les traits d'union nécessaires.

1. Ils le prendront à leur retour.
2. Il en manque chaque matin.
3. Tu lui as déjà posé cette question.
4. Il ne s'en soucie pas.
5. Nous les lui réclamerons demain.
6. Il les achète en grande quantité.
7. Vous vous y rendez par obligation.
8. Vous nous les rendrez bientôt.
9. Il en aura suffisamment.
10. Je les ai achetés hier ou avant-hier.

■ Exercice 3

Écrivez ces mots en marquant par un trait d'union les coupures possibles.
Exemple : **ta-pa-ge.**

agrandissement ....
après ....
réclamation ....
livre ....
document ....
exactitude ....
pièce ....
alors ....
comptabilité ....
ébloui ....
photographie ....
immobiliser ....
préjudiciable ....
international ....

■ Exercice 4

Retrouvez les mots correspondant aux définitions : leur sens change suivant qu'ils ont un trait d'union ou pas.

sans trait d'union	avec trait d'union
l'organe de la vue d'un ruminant	une lucarne ronde
.... ↔	....
une jolie demoiselle	l'épouse du fils
.... ↔	....
une variété de hibou	le titre d'un prince souverain
.... ↔	....
un garçon de taille réduite	le fils du fils
.... ↔	....
un homme corpulent portant les bagages	un avion de transport de grande capacité
.... ↔	....

■ Dictée

À ce moment, Pierrotte entre dans la chambre ; il amène un nouveau médecin. Celui-ci est l'illustre docteur *Broum-Broum*, un gaillard qui va vite en besogne et ne s'amuse pas à boutonner ses gants au chevet des malades. Il s'approche du Petit Chose, lui tâte le pouls, lui regarde les yeux et la langue, puis se tournant vers Pierrotte : « Qu'est-ce que vous me chantiez donc ?... Mais il est guéri ce garçon-là...
— Guéri ! fait le bon Pierrotte, en joignant les mains.
— Si bien guéri que vous allez me jeter tout de suite cette glace par la fenêtre et donner à votre malade une aile de poulet aspergée de saint-émilion...
Allons ! ne vous désolez plus, ma petite demoiselle ; dans huit jours, ce jeune trompe-la-mort sera sur pied, c'est moi qui vous en réponds... D'ici là, gardez-le bien tranquille dans son lit ; évitez-lui toute émotion, toute secousse. »

Alphonse Daudet, *Le Petit Chose.*

ACCORDS
VERBES
ORTHOGRAPHE D'USAGE
HOMOPHONES
SIGNES ORTHOGRAPHIQUES
CONJUGAISONS

Être

INDICATIF

Présent	Imparfait	Passé simple	Futur simple
je suis	j' étais	je fus	je serai
tu es	tu étais	tu fus	tu seras
il est	il était	il fut	il sera
nous sommes	nous étions	nous fûmes	nous serons
vous êtes	vous étiez	vous fûtes	vous serez
ils sont	ils étaient	ils furent	ils seront

Passé composé	Plus-que-parfait	Passé antérieur	Futur antérieur
j' ai été	j' avais été	j' eus été	j' aurai été
tu as été	tu avais été	tu eus été	tu auras été
il a été	il avait été	il eut été	il aura été
nous avons été	nous avions été	nous eûmes été	nous aurons été
vous avez été	vous aviez été	vous eûtes été	vous aurez été
ils ont été	ils avaient été	ils eurent été	ils auront été

SUBJONCTIF

Présent	Imparfait	Passé	Plus-que-parfait
que je sois	que je fusse	que j' aie été	que j' eusse été
que tu sois	que tu fusses	que tu aies été	que tu eusses été
qu'il soit	qu'il fût	qu'il ait été	qu'il eût été
que nous soyons	que nous fussions	que nous ayons été	que nous eussions été
que vous soyez	que vous fussiez	que vous ayez été	que vous eussiez été
qu'ils soient	qu'ils fussent	qu'ils aient été	qu'ils eussent été

CONDITIONNEL

Présent	Passé 1re forme	Passé 2e forme
je serais	j' aurais été	j' eusse été
tu serais	tu aurais été	tu eusses été
il serait	il aurait été	il eût été
nous serions	nous aurions été	nous eussions été
vous seriez	vous auriez été	vous eussiez été
ils seraient	ils auraient été	ils eussent été

PARTICIPE

Présent

étant

Passé

été
ayant été

IMPÉRATIF

Présent	Passé
sois	aie été
soyons	ayons été
soyez	ayez été

INFINITIF

Présent	Passé
être	avoir été

Avoir

INDICATIF

Présent	Imparfait	Passé simple	Futur simple
j' ai	j' avais	j' eus	j' aurai
tu as	tu avais	tu eus	tu auras
il a	il avait	il eut	il aura
nous avons	nous avions	nous eûmes	nous aurons
vous avez	vous aviez	vous eûtes	vous aurez
ils ont	ils avaient	ils eurent	ils auront

Passé composé	Plus-que-parfait	Passé antérieur	Futur antérieur
j' ai eu	j' avais eu	j' eus eu	j' aurai eu
tu as eu	tu avais eu	tu eus eu	tu auras eu
il a eu	il avait eu	il eut eu	il aura eu
nous avons eu	nous avions eu	nous eûmes eu	nous aurons eu
vous avez eu	vous aviez eu	vous eûtes eu	vous aurez eu
ils ont eu	ils avaient eu	ils eurent eu	ils auront eu

SUBJONCTIF

Présent	Imparfait	Passé	Plus-que-parfait
que j' aie	que j' eusse	que j' aie eu	que j' eusse eu
que tu aies	que tu eusses	que tu aies eu	que tu eusses eu
qu'il ait	qu'il eût	qu'il ait eu	qu'il eût eu
que nous ayons	que nous eussions	que nous ayons eu	que nous eussions eu
que vous ayez	que vous eussiez	que vous ayez eu	que vous eussiez eu
qu'ils aient	qu'ils eussent	qu'ils aient eu	qu'ils eussent eu

CONDITIONNEL

Présent	Passé 1re forme	Passé 2e forme
j' aurais	j' aurais eu	j' eusse eu
tu aurais	tu aurais eu	tu eusses eu
il aurait	il aurait eu	il eût eu
nous aurions	nous aurions eu	nous eussions eu
vous auriez	vous auriez eu	vous eussiez eu
ils auraient	ils auraient eu	ils eussent eu

PARTICIPE

Présent

ayant

Passé

eu
ayant eu

IMPÉRATIF

Présent	Passé
aie	aie eu
ayons	ayons eu
ayez	ayez eu

INFINITIF

Présent	Passé
avoir	avoir eu

ACCORDS

VERBES

ORTHOGRAPHE D'USAGE

HOMOPHONES

SIGNES
ORTHOGRAPHIQUES

CONJUGAISONS

Marcher
1er groupe

INDICATIF

Présent	Imparfait	Passé simple	Futur simple
je march e	je march ais	je march ai	je march erai
tu march es	tu march ais	tu march as	tu march eras
il march e	il march ait	il march a	il march era
nous march ons	nous march ions	nous march âmes	nous march erons
vous march ez	vous march iez	vous march âtes	vous march erez
ils march ent	ils march aient	ils march èrent	ils march eront

Passé composé	Plus-que-parfait	Passé antérieur	Futur antérieur
j' ai march é	j' avais march é	j' eus march é	j' aurai march é
tu as march é	tu avais march é	tu eus march é	tu auras march é
il a march é	il avait march é	il eut march é	il aura march é
nous avons march é	nous avions march é	nous eûmes march é	nous aurons march é
vous avez march é	vous aviez march é	vous eûtes march é	vous aurez march é
ils ont march é	ils avaient march é	ils eurent march é	ils auront march é

SUBJONCTIF

Présent	Imparfait	Passé	Plus-que-parfait
que je march e	que je march asse	que j' aie march é	que j' eusse march é
que tu march es	que tu march asses	que tu aies march é	que tu eusses march é
qu'il march e	qu'il march ât	qu'il ait march é	qu'il eût march é
que nous march ions	que nous march assions	que nous ayons march é	que nous eussions march é
que vous march iez	que vous march assiez	que vous ayez march é	que vous eussiez march é
qu'ils march ent	qu'ils march assent	qu'ils aient march é	qu'ils eussent march é

CONDITIONNEL

PARTICIPE

Présent	Passé 1re forme	Passé 2e forme	Présent
je march erais	j' aurais march é	j' eusse march é	march ant
tu march erais	tu aurais march é	tu eusses march é	
il march erait	il aurait march é	il eût march é	**Passé**
nous march erions	nous aurions march é	nous eussions march é	
vous march eriez	vous auriez march é	vous eussiez march é	march é
ils march eraient	ils auraient march é	ils eussent march é	ayant march é

IMPÉRATIF

INFINITIF

Présent	Passé	Présent	Passé
march e	aie march é	march er	avoir march é
march ons	ayons march é		
march ez	ayez march é		

Gravir
2ᵉ groupe

Présent	Imparfait	Passé simple	Futur simple
je grav is	je grav issais	je grav is	je grav irai
tu grav is	tu grav issais	tu grav is	tu grav iras
il grav it	il grav issait	il grav it	il grav ira
nous grav issons	nous grav issions	nous grav îmes	nous grav irons
vous grav issez	vous grav issiez	vous grav îtes	vous grav irez
ils grav issent	ils grav issaient	ils grav irent	ils grav iront

Passé composé	Plus-que-parfait	Passé antérieur	Futur antérieur
j' ai grav i	j' avais grav i	j' eus grav i	j' aurai grav i
tu as grav i	tu avais grav i	tu eus grav i	tu auras grav i
il a grav i	il avait grav i	il eut grav i	il aura grav i
nous avons grav i	nous avions grav i	nous eûmes grav i	nous aurons grav i
vous avez grav i	vous aviez grav i	vous eûtes grav i	vous aurez grav i
ils ont grav i	ils avaient grav i	ils eurent grav i	ils auront grav i

SUBJONCTIF

Présent	Imparfait	Passé	Plus-que-parfait
que je grav isse	que je grav isse	que j' aie grav i	que j' eusse grav i
que tu grav isses	que tu grav isses	que tu aies grav i	que tu eusses grav i
qu'il grav isse	qu'il grav ît	qu'il ait grav i	qu'il eût grav i
que nous grav issions	que nous grav issions	que nous ayons grav i	que nous eussions grav i
que vous grav issiez	que vous grav issiez	que vous ayez grav i	que vous eussiez grav i
qu'ils grav issent	qu'ils grav issent	qu'ils aient grav i	qu'ils eussent grav i

CONDITIONNEL

Présent	Passé 1ʳᵉ forme	Passé 2ᵉ forme
je grav irais	j' aurais grav i	j' eusse grav i
tu grav irais	tu aurais grav i	tu eusses grav i
il grav irait	il aurait grav i	il eût grav i
nous grav irions	nous aurions grav i	nous eussions grav i
vous grav iriez	vous auriez grav i	vous eussiez grav i
ils grav iraient	ils auraient grav i	ils eussent grav i

PARTICIPE

Présent

grav issant

Passé

grav i
ayant grav i

IMPÉRATIF

Présent	Passé
grav is	aie grav i
grav issons	ayons grav i
grav issez	ayez grav i

INFINITIF

Présent	Passé
grav ir	avoir grav i

ACCORDS
VERBES
ORTHOGRAPHE D'USAGE
HOMOPHONES
SIGNES
ORTHOGRAPHIQUES
CONJUGAISONS

Vendre
3e groupe
auxiliaire Avoir

INDICATIF

Présent	Imparfait	Passé simple	Futur simple
je vend s	je vend ais	je vend is	je vend rai
tu vend s	tu vend ais	tu vend is	tu vend ras
il vend	il vend ait	il vend it	il vend ra
nous vend ons	nous vend ions	nous vend îmes	nous vend rons
vous vend ez	vous vend iez	vous vend îtes	vous vend rez
ils vend ent	ils vend aient	ils vend irent	ils vend ront

Passé composé	Plus-que-parfait	Passé antérieur	Futur antérieur
j' ai vend u	j' avais vend u	j' eus vend u	j' aurai vend u
tu as vend u	tu avais vend u	tu eus vend u	tu auras vend u
il a vend u	il avait vend u	il eut vend u	il aura vend u
nous avons vend u	nous avions vend u	nous eûmes vend u	nous aurons vend u
vous avez vend u	vous aviez vend u	vous eûtes vend u	vous aurez vend u
ils ont vend u	ils avaient vend u	ils eurent vend u	ils auront vend u

SUBJONCTIF

Présent	Imparfait	Passé	Plus-que-parfait
que je vend e	que je vend isse	que j' aie vend u	que j' eusse vend u
que tu vend es	que tu vend isses	que tu aies vend u	que tu eusses vend u
qu'il vend e	qu'il vend ît	qu'il ait vend u	qu'il eût vend u
que nous vend ions	que nous vend issions	que nous ayons vend u	que nous eussions vend u
que vous vend iez	que vous vend issiez	que vous ayez vend u	que vous eussiez vend u
qu'ils vend ent	qu'ils vend issent	qu'ils aient vend u	qu'ils eussent vend u

CONDITIONNEL

PARTICIPE

Présent	Passé 1re forme	Passé 2e forme	Présent
je vend rais	j' aurais vend u	j' eusse vend u	vend ant
tu vend rais	tu aurais vend u	tu eusses vend u	
il vend rait	il aurait vend u	il eût vend u	
nous vend rions	nous aurions vend u	nous eussions vend u	Passé
vous vend riez	vous auriez vend u	vous eussiez vend u	
ils vend raient	ils auraient vend u	ils eussent vend u	vend u
			ayant vend u

IMPÉRATIF

INFINITIF

Présent	Passé	Présent	Passé
vend s	aie vend u	vend re	avoir vend u
vend ons	ayons vend u		
vend ez	ayez vend u		

Aller
3ᵉ groupe
auxiliaire Être

INDICATIF

Présent	Imparfait	Passé simple	Futur simple
je vais	j' all ais	j' all ai	j' irai
tu vas	tu all ais	tu all as	tu iras
il va	il all ait	il all a	il ira
nous all ons	nous all ions	nous all âmes	nous irons
vous all ez	vous all iez	vous all âtes	vous irez
ils vont	ils all aient	ils all èrent	ils iront

Passé composé	Plus-que-parfait	Passé antérieur	Futur antérieur
je suis all é	j' étais all é	je fus all é	je serai all é
tu es all é	tu étais all é	tu fus all é	tu seras all é
il est all é	il était all é	il fut all é	il sera all é
nous sommes all és	nous étions all és	nous fûmes all és	nous serons all és
vous êtes all és	vous étiez all és	vous fûtes all és	vous serez all és
ils sont all és	ils étaient all és	ils furent all és	ils seront all és

SUBJONCTIF

Présent	Imparfait	Passé	Plus-que-parfait
qu j' aille	que j' all asse	que je sois all é	que je fusse all é
que tu ailles	que tu all asses	que tu sois all é	que tu fusses all é
qu'il aille	qu'il all ât	qu'il soit all é	qu'il fût all é
que nous allions	que nous all assions	que nous soyons all és	que nous fussions all és
que vous alliez	que vous all assiez	que vous soyez all és	que vous fussiez all és
qu'ils aillent	qu'ils all assent	qu'ils soient all és	qu'ils fussent all és

CONDITIONNEL

Présent	Passé 1ʳᵉ forme	Passé 2ᵉ forme
j' irais	je serais all é	je fusse all é
tu irais	tu serais all é	tu fusses all é
il irait	il serait all é	il fût all é
nous irions	nous serions all és	nous fussions all és
vous iriez	vous seriez all és	vous fussiez all és
ils iraient	ils seraient all és	ils fussent all és

PARTICIPE

Présent

all ant

Passé

all é
étant all é

IMPÉRATIF

Présent	Passé
va	sois all é
all ons	soyons all és
all ez	soyez all és

INFINITIF

Présent	Passé
all er	être all é

CONJUGAISON DES VERBES IRRÉGULIERS D'USAGE COURANT

Infinitif	Parti-cipes	Présent de l'indicatif	Imparfait de l'indicatif	Passé simple de l'indicatif	Futur simple de l'indicatif	Présent de l'impératif	Présent du subjonctif
acquérir	acquérant acquis	j'acquiers n. acquérons	J'acquérais n. acquérions	j'acquis n. acquîmes	j'acquerrai n. acquerrons	acquiers acquérons	q. j'acquière q. n. acquérions
aller	allant allé	je vais, tu vas n. allons, ils vont	j'allais n. allions	j'allai n. allâmes	j'irai n. irons	va allons	q. j'aille q. n. allions
assaillir	assaillant assailli	j'assaille n. assaillons	j'assaillais n. assaillions	j'assaillis n. assaillîmes	j'assaillirai n. assaillirons	assaille assaillons	q. j'assaille q. n. assaillions
asseoir	asseyant assis	j'assieds n. asseyons	j'asseyais n. asseyions	j'assis n. assîmes	J'assiérai n. assiérons	assieds ou assois assoyons	q. j'asseye q. n. asseyions
atteindre	atteignant atteint	j'atteins n. atteignons	j'atteignais n. atteignions	j'atteignis n. atteignîmes	j'atteindrai n. atteindrons	atteins atteignons	q. j'atteigne q. n. atteignions
battre	battant battu	je bats n. battons	je battais n. battions	je battis n. battîmes	je battrai n. battrons	bats battons	q. je batte q. n. battions
boire	buvant bu	je bois n. buvons	je buvais n. buvions	je bus n. bûmes	je boirai n. boirons	bois buvons	q. je boive q. n. buvions
bouillir	bouillant bouilli	je bous n. bouillons	je bouillais n. bouillions	je bouillis n. bouillîmes	je bouillirai n. bouillirons	bous bouillons	q. je bouille q. n. bouillions
concevoir	concevant conçu	je conçois n. concevons	je concevais n. concevions	je conçus n. conçûmes	je concevrai n. concevrons	conçois concevons	q. je conçoive q. n. concevions
conclure	concluant conclu	je conclus n. concluons	je concluais n. concluions	je conclus n. conclûmes	je conclurai n. conclurons	conclus concluons	q. je conclue q. n. concluions
conduire	conduisant conduit	je conduis n. conduisons	je conduisais n. conduisions	je conduisis n. conduisîmes	je conduirai n. conduirons	conduis conduisons	q. je conduise q. n. conduisions
connaître	connaissant connu	je connais n. connaissons	je connaissais n. connaissions	je connus n. connûmes	je connaîtrai n. connaîtrons	connais connaissons	q. je connaisse q. n. connaissions
construire	construisant construit	je construis n. construisons	je construisais n. construisions	je construisis n. construisîmes	je construirai n. construirons	construis construisons	q. je construise q. n. construisions
contraindre	contraignant contraint	je contrains n. contraignons	je contraignais n. contraignions	je contraignis n. contraignîmes	je contraindrai n. contraindrons	contrains contraignons	q. je contraigne q. n. contraignions
coudre	cousant cousu	je couds n. cousons	je cousais n. cousions	je cousis n. cousîmes	je coudrai n. coudrons	couds cousons	q. je couse q. n. cousions
courir	courant couru	je cours n. courons	je courais n. courions	je courus n. courûmes	je courrai n. courrons	cours courons	q. je coure q. n. courions
couvrir	couvrant couvert	je couvre n. couvrons	je couvrais n. couvrions	je couvris n. couvrîmes	Je couvrirai n. couvrirons	couvre couvrons	q. je couvre q. n. couvrions
craindre	craignant craint	je crains n. craignons	je craignais n. craignions	je craignis n. craignîmes	je craindrai n. craindrons	crains craignons	q. je craigne q. n. craignions
croire	croyant cru	je crois n. croyons	je croyais n. croyions	je crus n. crûmes	je croirai n. croirons	crois croyons	q. je croie q. n. croyions
croître	croissant crû	je croîs n. croissons	je croissais n. croissions	je crûs n. crûmes	je croîtrai n. croîtrons	croîs croissons	q. je croisse q. n. croissions
cueillir	cueillant cueilli	je cueille n. cueillons	je cueillais n. cueillions	je cueillis n. cueillîmes	je cueillerai n. cueillerons	cueille cueillons	q. je cueille q. n. cueillions
cuire	cuisant cuit	je cuis n. cuisons	je cuisais n. cuisions	je cuisis n. cuisîmes	je cuirai n. cuirons	cuis cuisons	q. je cuise q. n. cuisions
déchoir	. . . . déchu	je déchois n. déchoyons	. . . .	je déchus n. déchûmes	je déchoirai n. déchoirons	. . . .	q. je déchoie q. n. déchoyions
défendre	défendant défendu	je défends n. défendons	je défendais n. défendions	je défendis n. défendîmes	je défendrai n. défendrons	défends défendons	q. je défende q. n. défendions
dépendre	dépendant dépendu	je dépends n. dépendons	je dépendais n. dépendions	je dépendis n. dépendîmes	je dépendrai n. dépendrons	dépends dépendons	q. je dépende q. n. dépendions
descendre	descendant descendu	je descends n. descendons	je descendais n. descendions	je descendis n. descendîmes	je descendrai n. descendrons	descends descendons	q. je descende q. n. descendions
détruire	détruisant détruit	je détruis n. détruisons	je détruisais n. détruisions	je détruisis n. détruisîmes	je détruirai n. détruirons	détruis détruisons	q. je détruise q. n. détruisions
devenir	devenant devenu	je deviens n. devenons	je devenais n. devenions	je devins n. devînmes	je deviendrai n. deviendrons	deviens devenons	q. je devienne q. n. devenions

Infinitif	Participes	Présent de l'indicatif	Imparfait de l'indicatif	Passé simple de l'indicatif	Futur simple de l'indicatif	Présent de l'impératif	Présent du subjonctif
devoir	devant / dû	je dois / n. devons	je devais / n. devions	je dus / n. dûmes	je devrai / n. devrons	dois / devons	q. je doive / q. n. devions
dire	disant / dit	je dis, n. disons / v. dites	je disais / n. disions	je dis / n. dîmes	je dirai / n. dirons	dis / disons	q. je dise / q. n. disions
distraire	distrayant / distrait	Je distrais / n. distrayons	je distrayais / n. distrayions	.... /	je distrairai / n. distrairons	distrais / distrayons	q. je distraie / q. n. distrayions
dormir	dormant / dormi	je dors / n. dormons	je dormais / n. dormions	je dormis / n. dormîmes	je dormirai / n. dormirons	dors / dormons	q. je dorme / q. n. dormions
écrire	écrivant / écrit	j'écris / n. écrivons	j'écrivais / n. écrivions	j'écrivis / n. écrivîmes	j'écrirai / n. écrirons	écris / écrivons	q. j'écrive / q. n. écrivions
élire	élisant / élu	j'élis / n. élisons	j'élisais / n. élisions	j'élus / n. élûmes	j'élirai / n. élirons	élis / élisons	q. j'élise / q. n. élisions
envoyer	envoyant / envoyé	j'envoie / n. envoyons	j'envoyais / n. envoyions	j'envoyai / n. envoyâmes	j'enverrai / n. enverrons	envoie / envoyons	q. j'envoie / q. n. envoyions
faire	faisant / fait	je fais, n. faisons / v. faites	je faisais / n. faisions	je fis / n. fîmes	je ferai / n. ferons	fais / faisons	q. je fasse / q. n. fassions
falloir (v. impers.)	.... / fallu	il faut /	il fallait /	il fallut /	il faudra /	.... /	qu'il faille / ....
fondre	fondant / fondu	je fonds / n. fondons	je fondais / n. fondions	je fondis / n. fondîmes	je fondrai / n. fondrons	fonds / fondons	q. je fonde / q. n. fondions
fuir	fuyant / fui	je fuis / n. fuyons	je fuyais / n. fuyions	je fuis / n. fuîmes	je fuirai / n. fuirons	fuis / fuyons	q. je fuie / q. n. fuyions
instruire	instruisant / instruit	j'instruis / n. instruisons	j'instruisais / n. instruisions	j'instruisis / n. instruisîmes	j'instruirai / n. instruirons	instruis / instruisons	q. j'instruise / q. n. instruisions
introduire	introduisant / introduit	j'introduis / n. introduisons	j'introduisais / n. introduisions	j'introduisis / n. introduisîmes	j'introduirai / n. introduirons	introduis / introduisons	q. j'introduise / q. n. introduisions
joindre	joignant / joint	je joins / n. joignons	je joignais / n. joignions	je joignis / n. joignîmes	je joindrai / n. joindrons	joins / joignons	q. je joigne / q. n. joignions
lire	lisant / lu	je lis / n. lisons	je lisais / n. lisions	je lus / n. lûmes	je lirai / n. lirons	lis / lisons	q. je lise / q. n. lisions
maudire	maudissant / maudit	je maudis / n. maudissons	je maudissais / n. maudissions	je maudis / n. maudîmes	je maudirai / n. maudirons	maudis / maudissons	q. je maudisse / q. n. maudissions
mentir	mentant / menti	je mens / n. mentons	je mentais / n. mentions	je mentis / n. mentîmes	je mentirai / n. mentirons	mens / mentons	q. je mente / q. n. mentions
mettre	mettant / mis	je mets / n. mettons	je mettais / n. mettions	je mis / n. mîmes	je mettrai / n. mettrons	mets / mettons	q. je mette / q. n. mettions
mordre	mordant / mordu	je mords / n. mordons	je mordais / n. mordions	je mordis / n. mordîmes	je mordrai / n. mordrons	mords / mordons	q. je morde / q. n. mordions
moudre	moulant / moulu	je mouds / n. moulons	je moulais / n. moulions	je moulus / n. moulûmes	je moudrai / n. moudrons	mouds / moulons	q. je moule / q. n. moulions
mourir	mourant / mort	je meurs / n. mourons	je mourais / n. mourions	je mourus / n. mourûmes	je mourrai / n. mourrons	meurs / mourons	q. je meure / q. n. mourions
mouvoir	mouvant / mû	je meus / n. mouvons	je mouvais / n. mouvions	je mus / n. mûmes	je mouvrai / n. mouvrons	meus / mouvons	q. je meuve / q. n. mouvions
naître	naissant / né	je nais / n. naissons	je naissais / n. naissions	je naquis / n. naquîmes	je naîtrai / n. naîtrons	nais / naissons	q. je naisse / q. n. naissions
nuire	nuisant / nui	je nuis / n. nuisons	je nuisais / n. nuisions	je nuisis / n. nuisîmes	je nuirai / n. nuirons	nuis / nuisons	q. je nuise / q. n. nuisions
offrir	offrant / offert	j'offre / n. offrons	j'offrais / n. offrions	j'offris / n. offrîmes	j'offrirai / n. offrirons	offre / offrons	q. j'offre / q. n. offrions
ouvrir	ouvrant / ouvert	j'ouvre / n. ouvrons	j'ouvrais / n. ouvrions	j'ouvris / n. ouvrîmes	j'ouvrirai / n. ouvrirons	ouvre / ouvrons	q. j'ouvre / q. n. ouvrions
paraître	paraissant / paru	je parais / n. paraissons	je paraissais / n. paraissions	je parus / n. parûmes	je paraîtrai / n. paraîtrons	parais / paraissons	q. je paraisse / q. n. paraissions
partir	partant / parti	je pars / n. partons	je partais / n. partions	je partis / n. partîmes	je partirai / n. partirons	pars / partons	q. je parte / q. n. partions

Infinitif	Parti-cipes	Présent de l'indicatif	Imparfait de l'indicatif	Passé simple de l'indicatif	Futur simple de l'indicatif	Présent de l'impératif	Présent du subjonctif
peindre	peignant peint	je peins n. peignons	Je peignais n. peignions	je peignis n. peignîmes	je peindrai n. peindrons	peins peignons	q. je peigne q. n. peignions
pendre	pendant pendu	je pends n. pendons	je pendais n. pendions	je pendis n. pendîmes	je pendrai n. pendrons	pends pendons	q. je pende q. n. pendions
perdre	perdant perdu	je perds n. perdons	je perdais n. perdions	je perdis n. perdîmes	je perdrai n. perdrons	perds perdons	q. je perde q. n. perdions
plaindre	plaignant plaint	je plains n. plaignons	je plaignais n. plaignions	je plaignis n. plaignîmes	je plaindrai n. plaindrons	plains plaignons	q. je plaigne q. n. plaignions
plaire	plaisant plu	je plais n. plaisons	je plaisais n. plaisions	je plus n. plûmes	je plairai n. plairons	plais plaisons	q. je plaise q. n. plaisions
pleuvoir (v. impers.)	pleuvant plu	il pleut	il pleuvait	il plut	il pleuvra	. . . .	qu'il pleuve . . . .
pouvoir	pouvant pu	je puis ou je peux n. pouvons	je pouvais n. pouvions	je pus n. pûmes	je pourrai n. pourrons	. . . .	q. je puisse q. n. puissions
prendre	prenant pris	je prends n. prenons	je prenais n. prenions	je pris n. prîmes	je prendrai n. prendrons	prends prenons	q. je prenne q. n. prenions
prévoir	prévoyant prévu	je prévois n. prévoyons	je prévoyais n. prévoyions	je prévis n. prévîmes	je prévoirai n. prévoirons	prévois prévoyons	q. je prévoie q. n. prévoyions
produire	produisant produit	je produis n. produisons	je produisais n. produisions	je produisis n. produisîmes	je produirai n. produirons	produis produisons	q. je produise q. n. produisions
recevoir	recevant reçu	je reçois n. recevons	je recevais n. recevions	je reçus n. reçûmes	je recevrai n. recevrons	reçois recevons	q. je reçoive q. n. recevions
réduire	réduisant réduit	je réduis n. réduisons	je réduisais n. réduisions	je réduisis n. réduisîmes	je réduirai n. réduirons	réduis réduisons	q. je réduise q. n. réduisions
rendre	rendant rendu	je rends n. rendons	je rendais n. rendions	je rendis n. rendîmes	je rendrai n. rendrons	rends rendons	q. je rende q. n. rendions
répondre	répondant répondu	je réponds n. répondons	je répondais n. répondions	je répondis n. répondîmes	je répondrai n. répondrons	réponds répondons	q. je réponde q. n. répondions
résoudre	résolvant résolu	je résous n. résolvons	je résolvais n. résolvions	je résolus n. résolûmes	je résoudrai n. résoudrons	résous résolvons	q. je résolve q. n. résolvions
savoir	sachant su	je sais n. savons	je savais n. savions	je sus n. sûmes	je saurai n. saurons	sache sachons	q. je sache q. n. sachions
servir	servant servi	je sers n. servons	je servais n. servions	je servis n. servîmes	je servirai n. servirons	sers servons	q. je serve q. n. servions
sortir	sortant sorti	je sors n. sortons	je sortais n. sortions	je sortis n. sortîmes	je sortirai n. sortirons	sors sortons	q. je sorte q. n. sortions
souffrir	souffrant souffert	je souffre n. souffrons	je souffrais nous souffrions	je souffris n. souffrîmes	je souffrirai n. souffrirons	souffre souffrons	q. je souffre q. n. souffrions
sourire	souriant souri	je souris n. sourions	je souriais n. souriions	je souris n. sourîmes	je sourirai n. sourirons	souris sourions	q. je sourie q. n. souriions
soustraire	soustrayant soustrait	je soustrais n. soustrayons	je soustrayais n. soustrayions	. . . .	je soustrairai n. soustrairons	soustrais soustrayons	q. je soustraie q. n. soustrayions
suffire	suffisant suffi	je suffis n. suffisons	je suffisais n. suffisions	je suffis n. suffîmes	je suffirai n. suffirons	suffis suffisons	q. je suffise q. n. suffisions
suivre	suivant suivi	je suis n. suivons	je suivais n. suivions	je suivis n. suivîmes	je suivrai n. suivrons	suis suivons	q. je suive q. n. suivions
taire	taisant tu	je tais n. taisons	je taisais n. taisions	je tus n. tûmes	je tairai n. tairons	tais taisons	q. je taise q. n. taisions
tenir	tenant tenu	je tiens n. tenons	je tenais n. tenions	je tins n. tînmes	je tiendrai n. tiendrons	tiens tenons	q. je tienne q. n. tenions
tordre	tordant tordu	je tors n. tordons	je tordais n. tordions	je tordis n. tordîmes	je tordrai n. tordrons	tors tordons	q. je torde q. n. tordions

Infinitif	Parti-cipes	Présent de l'indicatif	Imparfait de l'indicatif	Passé simple de l'indicatif	Futur simple de l'indicatif	Présent de l'impératif	Présent du subjonctif
vaincre	*vainquant* *vaincu*	je vaincs n. vainquons	je vainquais n. vainquions	je vainquis n. vainquîmes	je vaincrai n. vaincrons	vaincs vainquons	q. je vainque q. n. vainquions
valoir	*valant* *valu*	je vaux n. valons	je valais n. valions	je valus n. valûmes	je vaudrai n. vaudrons	vaux valons	q. je vaille q. n. valions
vendre	*vendant* *vendu*	je vends n. vendons	je vendais n. vendions	je vendis n. vendîmes	je vendrai n. vendrons	vends vendons	q. je vende q. n. vendions
vêtir	*vêtant* *vêtu*	je vêts n. vêtons	je vêtais n. vêtions	je vêtis n. vêtîmes	je vêtirai n. vêtirons	vêts vêtons	q. je vête q. n. vêtions
vivre	*vivant* *vécu*	je vis n. vivons	je vivais n. vivions	je vécus n. vécûmes	je vivrai n. vivrons	vis vivons	q. je vive q. n. vivions
voir	*voyant* *vu*	je vois n. voyons	je voyais n. voyions	je vis n. vîmes	je verrai n. verrons	vois voyons	q. je voie q. n. voyions
vouloir	*voulant* *voulu*	je veux n. voulons	je voulais n. voulions	je voulus n. voulûmes	je voudrai n. voudrons	veux voulons	q. je veuille q. n. voulions

CORRECTIONS DES EXERCICES

page 5

1. Une conductrice — une paysanne — une épicière — une servante — une héroïne — une artiste — une compagne.

2. 1. Une amnistie — 2. un pétale — 3. une autoroute — 4. une enzyme — 5. un trophée — 6. un ivoire, une ébène — 7. une interview — 8. un antidote — 9. un insigne.

3. 1. Déboîtée — 2. général — 3. appréciées — 4. limités — 5. déposées.

4. Un sanglier/une laie — un verrat/une truie — un lièvre/une hase — un étalon/une jument — un cerf/une biche — un jars/une oie — un bouc/une chèvre.

5. N'ont pas de féminin : ingénieur, professeur, maire, médecin.
Ont des féminins : une sénatrice, une promotrice, une artisane.

page 7

1. 1. Éventails — 2. portails — 3. landaus — 4. vitraux — 5. jumeaux.

2. 1. Sarraus - 2. caribous — 3. chandails — 4. maux — 5. genoux — 6. émeus — 7. généraux, amiraux — 8. cheveux — 9. sérails — 10. clous — 11. émaux — 12. bleus.

3. 1. Bestiaux - 2. brisées — 3. calendes — 4. arrhes — 5. prémices — 6. dépens.

4. 1. Bail/baux — 2. miel/miels — 3. souris/souris — 4. ail/ails (aulx) — 5. ciel/cieux (ciels) — 6. nez/nez — 7. mail/mails — 8. mœurs/mœurs — 9. mas/mas — 10. corail/coraux — 11. legs/legs — 12. régal/régals — 13. mépris/mépris.

page 9

1. Des coupe-gorge — des coupe-légumes — des coupe-feu — des porte-avions — des porte-drapeaux — des porte-clefs (ou clés) — des presse-papiers — des presse-purée — des presse-citrons — des ouvre-boîtes — des ouvre-bouteilles — des ouvre-huîtres — des compte-gouttes — des compte-tours — des compte-fils.

2. Des sans-abri — des réveille-matin — des grille-pain — des hors-d'œuvre — des timbres-poste — des coffres-forts — des chefs-d'œuvre — des chauves-souris — des cerfs-volants — des casse-croûte — des casse-cou — des grille-pain — des chauffe-eau — des pare-soleil.

3. Des courses à pied — des pieds-de-poule — des grand(s)-mères — des mères poules — des poules au pot — des pot-au-feu — des feux de camp — des pots à eau — des eaux-fortes.

page 11

1. 1. Secrète — 2. ancienne — 3. gentille — 4. moyenne — 5. coquette — 6. cruelle — 7. molle.

2. Maternel/maternelle — enchanteur/enchanteresse — combatif/combative — combustif/combustive — maladroit/maladroite — retors/retorse — vif/vive — rêveur/rêveuse.

3. 1. Nouvelles — 2. vainqueur — 3. incomplète — 4. caduques — 5. grecques, turques.

4. Fondue savoyarde — potée bourguignonne — tranche napolitaine — croûte normande — omelette norvégienne — sauce béarnaise — chouée vendéenne — salade mexicaine — rouelle de veau poitevine — crème anglaise.

page 13

1. 1. Songeurs - 2. faux — 3. bancals — 4. tribals (ou tribaux) — 5. automnaux — 6. martiaux.

2. 1. Snob — 2. frugaux — 3. cérébraux — 4. abrupts - 5. originaux — 6. beaux — 7. possible — 8. chic.

3. 1. Mi-closes — 2. kaki — 3. possibles — 4. possible — 5. Étant donné — 6. exceptés.

4. 1. Las, épais, bas, vieux (*francs*) — 2. loyaux, ruraux, (*fatals*), amicaux, sociaux — 3. vieux, beaux, (*gentils*), mous, fous.

5. 1. Dominicaux — 2. médicaux — 3. magistraux — 4. préfectorales — 5. astraux — 6. médiévaux.

page 15

1 1. Bien-pensante — 2. grandes ouvertes — 3. non inscrits — 4. toutes-puissantes — 5. extra-lucides — 6. haut perchés — 7. sourdes-muettes.

2 1. Les pays non alignés — 2. deux clochards ivres morts — 3. les échanges franco-italiens — 4. les rues malfamées — 5. lotions superactives — 6. signes avant-coureurs — 7. ces médicaments contre-indiqués.

3 Sous-cutanées — sous-traitantes — sous-alimentées — sous-titrés — sous-marins — sous-développés — sous-jacentes.

4 1. Une exposition de peinture non figurative — 2. une agriculture péri-urbaine — 3. des manifestations non violentes — 4. certaines entreprises agro-alimentaires — 5. la politique sociale-démocrate — 6. ses fleurs bien-aimées — 7. de sévères mesures anti-inflationnistes — 8. des oiseaux demi-morts.

page 17

1 1. Aux plumes vertes et jaunes — 2. ses cheveux noirs, des reflets bleu sombre — 3. pierres noirâtres — 4. fleurs des champs rouges, vertes et jaune vif — 5. gris cendré — 6. aux teintes rousses et fauves — 7. nappes rouge vif et pourpres — 8. sa période bleue.

2 1. Ils étaient noirs — 2. une peur bleue — 3. la langue verte — 4. une fleur bleue — 5. grise mine — 6. le maillot jaune.

3 Des joues écarlates — une lumière argentée — une robe bleu marine — des peaux bises — des cheveux acajou.

4 Chemisiers vert bouteille — tee-shirts prune — pulls ambre — pantalons blanc cassé — jupes bleu outremer — tailleurs lie-de-vin.

page 19

1

	BPF 1 480 F
Mille quatre cent quatre-vingts francs	
A M. Bertrant	
	A Lille
	Le

2 Dix-neuf — quatre-vingts — six cent vingt — quatre mille trois cents — vingt-cinq — quatre mille cinq cent huit — onze mille huit cent quatre-vingt-douze — deux cent quatre-vingts — soixante-treize — sept cent quatre-vingt-sept — deux millions huit cent cinquante-trois mille neuf cent soixante et onze — mille deux cent six — mille un — cinq cent quatre-vingt-dix-neuf — deux cent quatre-vingt-douze mille cinq — quatre cent cinquante-six.

3 1. Quatorze mille — 2. cinq — 3. quatre-vingts — 4. vingt-quatre — 5. vingt-cinquième — 6. douze — 7. mille neuf cent soixante-dix — 8. mille et une — 9. onze — 10. douze, deux cent cinquante mille.

4 Les Sept Mercenaires — Les Cent un Dalmatiens — Douze hommes en colère — Les Cinquante-cinq Jours de Pékin — Deux mille un Odyssée de l'espace — Les Quatre cents Coups — Le Troisième Homme — La Vingt-cinquième Heure — Les Trois Lanciers du Bengale.

page 21

1 Je suis enchanté — Mes amis et moi irons au cinéma — Les piétons attendent le feu vert — Le livreur viendra à huit heures — vous pouvez le dire — nous aimons les jeux de société — une multitude de questions l'assaillait.

2 1. Il les photographie — 2. les tarifs varient, vous choisissez — 3. mathématiciens, informaticiens et électroniciens trouvent — 4. À quoi servent, ne le sait.

3 Un atoll — ce — des madrépores — ces animaux — une multitude d'individus semblables — ce — qui.

4 Je tente — tu limes — il varie — nous rasons — vous dites — ils avisent.

5 Philippe et moi sommes — c'est — règne — propose ou proposent — indique — semblent — tente — rendons — accompagnent — aimes.

page 23

1 1. Principes revitalisants — 2. décapants — 3. provenant — 4. intéressants — 5. demandant.

2 1. Partants — 2. contraignants — 3. changeant — 4. marquants — 5. désirant.

3 1. Précédant — 2. différents — 3. précédents — 4. provoquant — 5. convainquants — 6. estimant — 7. décevants — 8. navigant.

4 Le bois noueux veut une hache tranchante.
L'eau courante ne se corrompt jamais.
Les armes parlant, les lois se taisent.
Les hypocrites régnant, la vérité se cache.

5 Débutants — possédant — ayant — aimant.

page 25

1 1. Attendus (ues) — 2. détruites/défoncés —
3. vidés — 4. assaillis — 5. recouverte — 6.
réussies.

2 1. Parvenus/harassés — 2. revenue enchan-
tée — 3. retrouvées enfouies — 4. demeurée ina-
nimée — 5. tenus consignés.

3 1. Effaré/effarées — 2. intrigué/intrigué —
3. embarrassé/embarrassée — 4. attiré/attirés.

4 1B — 2D — 3G — 4C — 5I — 6H — 7F —
8A — 9E.

5 1. Épousées — 2. accordé — 3. paru — 4.
sucé — 5. perdu — 6. osé.

page 27

1 1. Coupé/engrangés — 2. passé — 3. rame-
née — 4. reçue/rassurés (ées) — 5. guettés (ées)
lus/empruntés.

2 1. Quitté/retrouvée — 2. disposés — 3. pro-
jeté/réduits — 4. dételé/brossés — 5. donné/éco-
nomisés.

3 1. Rapporté — 2. gardé — 3. affrontée/arrêté
— 4. avalées/rendu — 5. réalisées.

4 *Vouloir* : exiger — demander — consentir —
accepter — souhaiter — essayer — prétendre —
compter — commander — permettre.
Attendre : remettre — languir — différer — guetter — suspendre — espérer — patienter — tenir
— se morfondre.

5 Évacué — mérité — mitigé — cuit — étudié
— mesuré.

page 29

1 1. Vus — 2. entendue — 3. laissés — 4. fait
— 5. vu — 6. senties.

2 1. Pu — 2. eu — 3. commis — 4. cru — 5.
laissées.

3 1. Les ai faits rentrer — 2. l'ai fait réparer
— 3. faite monter — 4. l'ont fait construire — 5.
les a laissés échapper.

4

C laissées R		H dû Q	
D entendu P		E vue M	
A fait N		B appris K	
F porté L		G fait O	

page 31

1 1. Cassé — 2. perdues — 3. déclenchées —
4. partagé — 5. passés — 6. déroulées.

2 1. Donnée — 2. fixées — 3. achetés — 4. fabri-
quée — 5. préparés.

3 1. Entendue — 2. laissé — 3. fait — 4. fait
— 5. fait — 6. vue.

4 *Colonne 1* : s'évanouir — s'envoler —
s'emparer — s'enfuir — s'enquérir — s'encasteler — s'empresser — s'ébrouer — s'arroger —
s'ensuivre.
Colonne 2 : s'aventurer — s'arranger — se dissoudre — se divertir — se succéder — s'effacer
— s'exprimer — s'enivrer — s'ennuager — s'énerver — s'effilocher.

5 A3 — B7 — C4 — D2 — E6 — F9 — G1 —
H5 — I8.

page 33

1 Ils démarrent — tu plains — il lit — vous
remarquez — j'attends — tu vois — nous gran-
dissons — je remercie — il confond — tu cours.

2 1. La famille te transmet — 2. pars-tu — 3. je
résous/je gagne — 4. il repeint — 5. je veux/tu pro-
mets — 6. il ne se plie — 7. choisis-tu.

3 La France rompt ses relations diplomatiques
avec ce pays. — Les candidats s'inscrivent au
concours. — Les arguments de la défense
convainquent le jury. — La nouvelle tenue des
hôtesses plaît beaucoup aux usagers. — Mes
parents et moi vous remercions pour votre invitation. — Jacques attend le livreur. — Bien
entendu, je tiens compte de la situation.

4 Je ou il prie, un prix — un travail, je ou il
travaille — une plaie, je plais — je bats, un bas
— il veut, un vœu — je bois ou un bois dans les
deux cas — un clou, je ou il cloue — le vent, il
vend — je ou il scie ou une scie dans les deux cas
— je ou il vole, un vol.

5 Vends - loue - donne - offre.

1 Tu changeras — il s'installera — nous finirons — j'accourrai — ils enverront — vous clouerez — il appréciera — nous prévoirons — ils entreverront — j'évaluerai — vous parierez.

2 1. Ils viendront/nous montrerons — 2. il le pourra/rejoindra — 3. vous courrez — 4. louerons-nous — 5. nous étudierons/nous vous ferons — 6. ils concluront.

3 Un perron/nous paierons — un verrat/il verra — une orée/j'aurai — un liron/nous lirons ou nous lierons — du tendron/nous tendrons — un couperet/vous couperez — une coudraie/vous coudrez.

4 1. Vous ne saurez — 2. nous achèterons — 3. je finirai — 4. vous le pourrez — 5. il reviendra — 6. les concurrents partiront.

5 Le temps sera — qui se localisera — le vent soufflera — il faiblira.

1 Nous envoyâmes — il écrivit — ils prirent — je conduisis — tu servis — il vint — nous descendîmes — vous répondîtes — ils ouvrirent — tu t'arrêtas.

2 Quand ils arrivèrent devant la maison, ils éteignirent les phares et garèrent la voiture. — Paul ouvrit doucement sa portière. — il s'arrêta un instant devant le portail. — Luc le rejoignit et ils remontèrent ensemble l'allée déserte du parc. — soudain, un bruit de voix leur parvint. — ils s'immobilisèrent et tendirent l'oreille.

3 Il ouvrit, ils ouvrirent — je bus, nous bûmes — il ferma, vous fermâtes — il vécut, ils vécurent — je dis, il dit — tu lus, nous lûmes.

4 Il devina — je pâlis — tu fondas — il casa — nous mîmes — vous vîtes — ils furent — tu payas.

5 Un expert déclara — l'Antarctique connut — ce professeur trouva — qui accréditèrent — le climat fut.

1 1. Je t'appellerai — 2. les joueurs se jettent — 3. il gèle — 4. vous empaquetterez — 5. les sportifs halètent — 6. il recelait.

2 Il regrettait — ils étiquettent — décongelez — il décèlera — il renouvelle — le cristal étincelle.

3 1. Ils créeront — 2. nous achèverons — 3. il amoncellera — 4. son discours soulèvera — 5. nous harcèlerons — 6. il projettera — 7. il suppléera — 8. ils rejetteront — 9. il grognera et maugréera.

4 La chèvre béguète — la cigale craquette — la poule caquette — le merle appelle — le sanglier grommelle - le rhinocéros barète — la cigogne claquette — la grue trompette.

5 1. Vous achèterez — 2. vous empaquetterez — 3. vous ficellerez — 4. vous jetterez — 5. ils décachetteront — 6. ils appelleront.

1 1. Cette lessive nettoie — 2. les sauveteurs déblaient — 3. cette firme emploie — 4. on appuie — 5. vous essayez — 6. les chiens aboient.

2 1. Vous renvoyiez — 2. égayaient — 3. tutoyions/vouvoyions — 4. nous nettoyions — 5. il bégayait.

3 Il effraya — vous rudoyiez — je relaie — tu ennuies — nous délayons — ils essuient — nous nous apitoyions.

4 Il noiera — nous monnayions — ils enraient ou ils enrayent — je ploie — tu raies ou tu rayes — vous broyez — il renverra — ils grasseyaient — nous festoierions.

5 Envoyez-moi — enverrai — je paierai — les renvoyer.

1 Nous exerçons — nous vendangeons — nous dérangeons — ils narguaient — ils arrangeaient — ils fonçaient — il protégea — il interrogea — il navigua — divaguant — déléguant — agaçant.

2 1. Il plongeait — 2. nous avancions — 3. ils exigeaient — 4. les conducteurs ne distinguaient — 5. l'équipe prodiguait — 6. les aboiements dérangeaient.

3 1. Nous conjuguons — 2. nous exigeons — 3. nous lançons — 4. nous encourageons — 5. nous avantageons.

4 Il allégeait — il dérangeait — il louangeait — il avançait — il fonçait — il divergeait — il renonçait — il fatiguait — il encourageait — il irriguait.

5 Voyageons — avançons — héberger.

page 45

1 Enfreindre — contraindre — répandre — prétendre — vendre — étreindre — apprendre — craindre — attendre — descendre — restreindre — plaindre.

2 1. Tel est pris qui croyait prendre. 2. Qui trop embrasse mal étreint. 3. Il ne faut pas vendre la peau de l'ours avant de l'avoir tué. 4. Qui veut noyer son chien prétend qu'il a la rage. 5. Chat échaudé craint l'eau froide. 6. On prend plus de mouches avec du miel qu'avec du vinaigre.

3 Il a peint — j'ai attendu — il a feint — nous avons dépendu — tu as teint — vous avez éteint — cette chemise a déteint — il s'est épris.

4 — Je m'enfuis / Je prends la clef des champs.
— Tu réagis avec arrogance / Tu le prends de haut.
— Il s'embarqua / Il prit la mer.
— Nous nous saisirons de sa proposition / Nous le prendrons au mot.
— Il a cru naïvement ce qu'il a dit / Il a pris ce qu'il a dit pour argent comptant.

5 Tu prends — tu atteins — ne t'attends pas — Paul repeint — tu te perds.

page 47

1 Je sors — je perds — j'entends — je crains — je consens — je transmets — je rejoins — je connais — je dissous — j'extrais.

2 1. Il résout — 2. tu tonds — 3. je descends — 4. promets-tu — 5. il dément — 6. j'admets — 7. je comprends — 8. il se repent — 9. te dévêts-tu — 10. je joins.

3 *Conservent le d* : je fonds, tu fonds (fondre) — je mords, tu mords (mordre).
Ne conservent pas le d : je résous, tu résous (résoudre) — je geins, tu geins (geindre) — je crains, tu crains (craindre) — j'absous, tu absous (absoudre) — je rejoins, tu rejoins (rejoindre).
Conservent le t : je vêts, tu vêts (vêtir) — je mets, tu mets (mettre).
Ne conservent pas le t : je connais, tu connais (connaître) — je ressens, tu ressens (ressentir) — j'accrois, tu accrois (accroître).

4 Qui perd son bien perd son sens.
Tel m'écoute qui ne m'entend.
Quand on fait trop le grand, on paraît bien petit.
Chien qui aboie ne mord pas.

5 1. Je prends — 2. je joins — 3. nous attendons — 4. transmettez — 5. Yves se joint — 6. permettez.

page 49

1 1. Avales-en — 2. mange-les — 3. nettoie-la, remplis-la — 4. franchis/montre — 5. aie/sache/choisis — 6. bois-en/penses-y.

2 1. Souviens-t-en — 2. achète-t-en — 3. ne réponds pas, tais-toi, moque-t-en — 4. préserve-t-en — 5. adonne-toi — 6. efforce-toi.

3 1. Soyez rentrés — 2. aie vérifié — 3. ayons parlé — 4. n'ayez pas bu — 5. aie choisi.

4 *Impératif en E* : enlacer — priver — essuyer — refuser — avoir — ouvrir — assaillir — offrir — inquiéter — noyer.
Impératif en S : admettre — revenir — affranchir — boire — tordre — aller — plaire — conclure — sourire — mourir — dissoudre — répandre.

5 1. Voue — 2. tiens — 3. essuie — 4. tais.

page 51

1 1. Sache — 2. plaise — 3. puisse — 4. voie — 5. sourie — 6. riiez.

2 1. Rit - 2. j'ai — 3. rie — 4. rit — 5. voie — 6. voit.

3 1. Épargnions — 2. tutoyiez — 3. criiez — 4. soyez — 5. gagniez — 6. craigniez.

4 P A S S I O N S
  A   A
  Y   C
  I   H
  E M P L I S S E
  Z

5 Que je pusse (pouvoir) — que je susse (savoir) — que nous missions (mettre) — que vous fumiez (fumer) — que nous passions (passer) — que nous parussions (paraître) — qu'il bût (boire) — que je bâtisse (bâtir).

page 53

1 1. Accourraient — 2. enverrais — 3. entreverrait — 4. verriez — 5. requerrait.

2 1. Verdoieraient — 2. balaieraient (balayeraient) — 3. paieraient — 4. ondoieraient — 5. aboierait — 6. s'appuierait.

3 1. Sentirai — 2. verrions — 3. dirai — 4. se sauveraient — 5. éprouverait.

4 *Conditionnel* : pourrions — noieraient — romprais — essayeriez — fieriez — coudrait — acquerriez — pourrions.
Futur : tondrez — enverront — verront — saurai — gronderez — oublierai — mourra — traduirons.

5 1. Paierions — 2. croirais — 3. rendrait — 4. tendrais.

page 55

1 1. Eut appris — 2. eût — 3. eut regagné — 4. eût échappé/eût corrigé — 5. eût craint.

2 1. Fût tombé — 2. se fût noyé — 3. se fut calmé — 4. fût parti — 5. fut arrivé.

3 1. Remarquât — 2. prît — 3. apparut — 4. vînt — 5. déviât.

4 *Verbes en ER* : sucer — tuer — suer — muer — confier.
Verbe en IR : vêtir.
Verbes en RE : vivre — tendre — naître — rire — moudre — coudre — poindre — omettre — adjoindre — faire — confire.
Verbes en OIR : pouvoir — savoir — choir — mouvoir.

5 1. Peinât — 2. sonnât — 3. adorât — 4. passât — 5. tâtât.

page 57

1 1. Abandonnerait — 2. franchisse — 3. remplissions — 4. partent — 5. se déroulât — 6. annonçât — 7. se stabilisent — 8. sache — 9. révélât — 10. reprenne.

2 1. Viennent — 2. soit partie — 3. ayons pris — 4. se soigne — 5. viennent.

3 1. Est — 2. fait — 3. attend — 4. doit.

4 1. Abandonnât. — 2. pût — 3. dît — 4. vînt — 5. tînt — 6. tâtât — 7. sautât — 8. sondât — 9. dût — 10. tût — 11. prît.

page 59

1 1. Où son père l'a-t-il conduit ? — 2. Aime-t-il les émissions scientifiques ? — 3. Valérie et Jacques sont-ils revenus d'Écosse ? — 4. Bangui est-elle la capitale de la Centrafrique ? — 5. Participé-je à la coupe UNSS ? — 6. Nantes a-t-il gagné la finale ? — 7. Quand achèterai-je une voiture ? — 8. Les orques et les cachalots sont-ils des mammifères ? — 9. La feuille d'érable est-elle l'emblème du Canada ?

2 1. Qui a-t-il rencontré ? — 2. Comment va-t-il ? — 3. Que fait-il ? — 4. Viendra-t-il ? — 5. Pourquoi rit-il ? — 6. Quand mange-t-on ? — 7. Où part-il ? — 8. Prends-tu le bus ?

3 1. Chante-t-il … — 2. danserons-nous … — 3. as-tu lu … — 4. pratiques-tu … — 5. avez-vous retrouvé … — 6. ont-ils emprunté …

4 Cours-je ?/vais-je courir ? — mens-je ?/est-ce que je mens ? — dors-je ?/suis-je en train de dormir ? — fis-je ?/est-ce que je fis ? — sers-je ?/vais-je servir ? — vaux-je ?/est-ce que je vaux ? — lus-je ?/est-ce que je lus ?

page 61

1 1. Abominable — 2. inaccessible — 3. acacias — 4. accidenté/abandonné — 5. occasion/raccrocha — 6. acolyte/raccompagnés.

2 1. Acompte — 2. écologistes — 3. accord — 4. accessoires — 5. occipital — 6. abolition — 7. acclamations.

|3| 1. Accélérer — 2. raccorda — 3. rabrouait — 4. accoster — 5. occuper.

|4| 1. L'oculiste examine la rétine — 2. le peuple acclame le consul vainqueur — 3. le P-DG occupe un poste important — 4. Lincoln a aboli l'esclavage des Noirs. — 5. le feu abolit le danger — 6. la mafia abat le témoin gênant.

|5| 1. Abat — 2. abandon — 3. abbesse — 4. ocarina — 5. acclamation.

page 63

|1| 1. Soufflait, rafales, raffinerie — 2. rafiots, difformes, rafistolés — 3. Africains, affalés, sifflotaient — 4. effaçait, soufre, s'effriter.

|2| 1. Affichent — 2. diffusé — 3. affalé — 4. s'effilocher — 5. offenser.

|3| 1. Raffolent — 2. affamés — 3. affolé — 4. en différé — 5. raffermi — 6. différence.

|4| Ce groupe de rock a effectué une tournée triomphale — Le directeur ne souffre pas qu'on arrive en retard — Le maquillage efface les empreintes du temps — Ce taquin s'offusque des plaisanteries d'autrui — Le théâtre municipal affichait une représentation de l'*Avare*.

|Charade| rat-fils-taule (rafistole).

page 65

|1| 1. Une salicorne — 2. un palissandre — 3. une valériane — 4. un paliure — 5. un mollah — 6. un ellébore.

|2| 1. Élaboré — 2. iliaque — 3. pallier — 4. valides — 5. salubrité — 6. mollusque.

|3| *Végétal* : salicorne — valériane — paliure — ellébore — pollen — palissandre. *Non végétal* : salive — palombe — molosse — salarié — palourde — mollet — électeur — mollusque.

|4| 1. EB — 2. GL — 3. AJ — 4. KD — 5. IH — 6. CF.

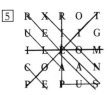

page 67

|1| 1. Vélocité — 2. escalade — 3. décèle — 4. renoncules artificielles — 5. velléitaire — 6. libellules/familiers.

|2| 1. Professionnel — 2. maternelles — 3. artificielles — 4. éternels — 5. superficielle.

|3| 1. Craquelle — 2. dételle — 3. appelle/dégèle — 4. chancelle — 5. martèlent — 6. nivelle.

|4| 1. Bulle — 2. niveler — 3. pendule.

|5| *L'intrus* : cassoulet.

|6| 1. Mollet — 2. velours — 3. familier — 4. tentacule.

page 69

|1| 1. Comestible — 2. commissaire — 3. comédien — 4. commentaire — 5. comète — 6. communiqué.

|2| B O R D E A U X.

|3| Domanial : qui appartient au domaine public — dominical : relatif au dimanche — dommageable : qui cause préjudice — démarcatif : qui indique la limite — damassé : se dit d'un tissu dont le fil constitue un dessin.

|4| Prestement — consciencieusement — élégamment — précédemment — excellemment — récemment — galamment — réciproquement — arrogamment — brillamment — insolemment — contrairement — présentement — indolemment.

|5| 1. Comètes — 2. domaine — 3. gamines — 4. maman.

page 71

|1| 1. Canne — 2. canonisée — 3. canal — 4. canotier — 5. cannelle.

2̄ 1. Pénalité — 2. sonars — 3. pénates — 4. pennes — 5. pénible, péniches, pénétrer.

3̄ 1. Manèges — 2. manoir — 3. manège — 4. manette — 5. manège — 6. mannequin.

4̄ *1 N* : canif — canoë — maneton — panique — canonnier — canonique — manie — pénalty — panache — canaille.
2 N : canneton — sonnette — manne — cannelle — panne — sonneur — panneau — cannelé.

5̄ Tanner : transformer en cuir la peau — canner : garnir avec du jonc ou du rotin — canneler : orner de rainures creusées — faner : retourner l'herbe d'un pré — paner : couvrir de chapelure — panneauter : tendre des pièges — vanner : secouer le grain.

page 73

1̄ Approvisionner — conditionner — téléphoner — planer — raisonner — émaner — enrubanner — s'époumoner — tanner — faner — détrôner — cloisonner — ramoner — chicaner.

2̄ Traditionnel — régional — perfectionniste — passionnel — émotionnel — national — unioniste — professionnel.

3̄ Destiné aux professionnels — il a réussi à glaner — tous les rayonnages — les navires de gros tonnage — sa réussite exceptionnelle — c'était un perfectionniste — il a commencé à collectionner.

4̄ Passionnel — notionnel — intentionnel — talonner — unioniste — illusionniste — chicaner.

5̄ Professionnelle — relationnelle — prévisionnelle — rationalisation.

page 75

1̄ 1. Correction — 2. correspondance — 3. corruption — 4. érosion — 5. corrosion — 6. corroboration.

2̄ 1. Carrière — 2. coriace — 3. carillonneur — 4. corridas — 5. carrure — 6. corail.

3̄ *1 R* : corolle — carème — érafler — horoscope — marotte — maroufle — paravent — féroce.
2 R : corriger — carrousel — erroné — horrible — parrainer — ferrure — carrefour.

4̄ A5 — B8 — C2 — D6 — E7 — F3 — G4 — H9 — I1.

5̄ B A R D O T.

page 77

1̄ 1. Torrentielles, territoire — 2. garagiste, garantie — 3. garrigue, torrides — 4. périr, garenne — 5. barrière, verrous — 6. baroque.

2̄ 1. Territoire — 2. bariolé — 3. irriter — 4. irascible — 5. ironie.

3̄ 1. Irrattrapable — 2. irrécusable — 3. irremplaçable — 4. irrespirable — 5. incorruptible — 6. irréfutable — 7. irrecevable — 8. irrévocable — 9. irréductible — 10. irréparable.

4̄ 1C — 2B — 3A.

5̄ G A R R O T.

page 79

1̄ 1. Bateliers — 2. battue — 3. pitoyable, pittoresque — 4. latitudes — 5. otage.

2̄ 1. Otalgie — 2. liturgie — 3. otarie — 4. litote — 5. litée — 6. lattes.

3̄ 1. Cote — 2. métamorphose — 3. cotte — 4. météores — 5. côtelettes.

4̄ P A R I S.

5̄ *Battre* : étriller — souffleter — assommer — cravacher — culbuter — défaire — brosser — bâtonner.
Bâtir : fonder — agencer — élever — établir — ériger — échafauder — créer.

page 81

1̄ 1. S'aliter — 2. éviter — 3. s'acquiter — 4. quitter — 5. visiter.

2̄ 1. Marotte — 2. sifflotant — 3. carotte — 4. marcotter — 5. toussoter — 6. échalote.

3̄ 1. Robinetterie — 2. papeterie — 3. billetterie — 4. chaussetterie, bonneterie — 5. coquetterie — 6. briqueterie.

4 1. bibeloter

5 *Colonne 1* : toussoter — frisotter — trembloter — siffloter — dorloter.
Colonne 2 : balloter — annoter — ligoter — calotter — canoter.

6 1E — 2G — 3B — 4C — 5F — 6D — 7A.

---

page 83

1 1. Appréhende — 2. apportent, application,
apaisement — 3. appareillaient, appontaient —
4. approvisionnement — 5. apostropher.

2 1. S'éplucher — 2. apercevoir — 3. s'aggrave
— 4. nappe — 5. cape — 6. apprivoiser — 7.
syncope — 8. additionne — 9. adore — 10. épargner — 11. échoppe — 12. s'agrippe.

3

2	6	9	3	7	1	8	5	4	10
A	L	A	I	N	D	E	L	O	N

4 1. Épépine — 2. irrite — 3. apaise — 4. appris
— 5. remède.

---

page 85

1 1. Récompense — 2. balance, chance — 3.
conférence — 4. danse — 5. dépense.

2 1. Artificelles — 2. officielle — 3. partielles
— 4. révérenciel — 5. confidentiel.

3 Vaquer — échoir — redevoir — défaillir —
tendre.

4 A2 — B3 — C4 — D1 — E6 — F5.

5 M A N I G A N C E.

---

page 87

1 1. Révocation — 2. altercation — 3. liquation
— 4. démarcation — 5. convocation — 6. application.

2 1. Claquage — 2. blocage — 3. pacages — 4.
dépiquage.

---

3 1. Irrévocable — 2. remorquable — 3. inat-
taquable — 4. impraticable — 5. convocable.

4 1. Bocage — 2. reliquat — 3. rocaille — 4.
vocation — 5. vicaire.

5 1. Masticage — 2. décalquage — 3. avocat —
4. certificat.

---

page 89

1 1. Émotion — 2. répercussions — 3. conven-
tions — 4. obtention — 5. suspicion.

2 1. Détient — 2. admis — 3. convertir — 4.
exempter.

3 1. Passion — 2. exécution — 3. exhibitions
— 4. exagérations — 5. extension.

4 La commission départementale — la sécrétion de la vésicule biliaire — la passation des pou-
voirs — la subvention de l'État — la tension entre
les États rivaux — la prévention routière.

5 1. Hydrocution — 2. adoration — 3. conversation.

---

page 91

1 1. Gâteau, grumeaux — 2. château, joyau —
3. finaud, nigauds — 4. levraut — 5. faux, chaux.

2 1. Matelot, cargo, flots, hublot — 2. escroc
— 3. crocs, accroc — 4. sirops — 5. héros, repos
— 6. paquebot, commando.

2 Garrot — repos — rôt — plumeau — panneau — complot — saut — sot — solo.

4 1. Finaud — 2. nigaud — 3.cargo — 4. broc
— 5. indigo — 6. fléau — 7. ribaud.

---

page 93

1 Le haillon — le hachoir — l'hallucination —
l'haltère — le hameau — le hanneton — la hanse
— l'hébergement — l'hélice — l'hémorragie —
l'herbage — l'hérédité — le héron — le hêtre.

2 1. La rhinite, la rétinite — 2. le phare, le fard
— 3. le thon, le ton — 4. le phantasme, le
fantasme.

3 1. Anthropophage — 2. hydrophobe — 3. hydrophile — 4. hydrothérapie — 5. philanthrope.

4 1. Exil — 2. exact — 3. examen — 4. exhumer — 5. exhorter — 6. exhaustif — 7. exaltation — 8. exhalaison — 9. existentiel.

page 95

1 1. Leur — 2. leurs, leurs — 3. leur, leurs — 4. leurs — 5. leur — 6. leur, leurs, leurs — 7. leurs, leurs.

2 1. Il les leur achète — 2. elle les leur a commandés — 3. nous les leur prenons — 4. il les leur donne — 5. elles les leur louent.

3 1. Ils sont partis rejoindre les leurs à l'étranger — 2. Les leurs sont sains et saufs — 3. Les leurs se rendront à Madrid pour la finale — 4. Ils n'ont pu s'habituer à la vie des villes et ont rejoint les leurs — 5. Malheureusement, les leurs ont fini avant-derniers.

4 Pronom personnel — nom — adjectif possessif — pronom possessif — nom — pronom personnel — adjectif possessif — pronom personnel.

page 97

1 1. Toutes — 2. tout — 3. le tout, le tout — 4. tout — 5. toute — 6. toutes — 7. tous — 8. des touts — 9. toute — 10. toute — 11. toutes — 12. toutes — 13. tout — 14. toute.

2 En tout cas : quoi qu'il en soit — à tous égards : sous tous les rapports — à tous les vents : partout — de toute façon : quoi qu'il arrive — tout un chacun : chaque homme.

3 1. Tout — 2. tous — 3. tous — 4. tout — 5. toutes — 6. toutes — 7. toutes — 8. tout — 9. tout — 10. tous — 11. tous — 12. tout.

4 Tout est bien qui finit bien — Tout feu tout flamme — Tous les chemins mènent à Rome — Tout nouveau tout beau — Tous les goûts sont dans la nature — Tout arrive à qui sait attendre — Toute vérité n'est pas bonne à dire — Toute peine mérite salaire.

5 À tout bout de champ — à toute allure — de toute évidence — courir à toutes jambes — rouler à toute allure — toutes réflexions faites — tout compte fait — toutes affaires cessantes — vivre en toute liberté — boire tout d'une traite — contre toute attente — tous feux éteints.

page 99

1 1. Se, se — 2. ce, se, ce — 3. se, ce — 4. ce, ce, ce — 5. ce, se, ce — 6. ce, se — 7. ce, se.

2 1. Ce — 2. se, ce, se — 3. se, ce, ceux — 4. ce, se, ceux — 5. ceux, se, se — 6. se, ceux, ce.

3 1. Sont — 2. sont, son — 3. sont, son — 4. son — 5. son, sont — 6. sont, son — 7. sont.

4 Les beaux esprits se rencontrent. — Ce que femme veut Dieu le veut. — Cœur qui soupire n'a pas ce qu'il désire. — Comme on fait son lit on se couche. — En mai fais ce qu'il te plaît. — Il ne faut pas plaindre ceux qui partent mais ceux qui restent. — Les conseilleurs ne sont pas les payeurs.

page 101

1 1. Peut — 2. peut — 3. peu — 4. peu — 5. peut — 6. peut — 7. peu — 8. peut — 9. peu — 10. peut — 11. peu.

2 Peut (inextinguible) — peu (sobre) — peut (éligible) — peu (inflammable) — peu (économe) — peut être (préjudiciable) — peut (inéluctable) — peu (insomniaque) — peut (vraisemblable).

3 1. Peut être — 2. peut être — 3. peut-être — 4. peut-être — 5. peut être — 6. peut-être, peut être — 7. peut-être — 8. peut-être — 9. peut être — 10 peut être — 11. peut être.

page 103

1 1. Sans, sans — 2. s'en — 3. c'en — 4. s'en — 5. sans, sans — 6. s'en — 7. sans, s'en — 8. s'en, sans — 9. sans, s'en.

2 S'en/sans/sans/c'en/sans/s'en/sans.

3 1. S', s' — 2. c' — 3. c' — 4. c' — 5. s', s' — 6. c'.

4 1. Sans tambour ni trompette. — 2. S'en remettre à Dieu. — 3. Sans feu ni lieu. — 4. Sans foi ni loi. — 5. S'en prendre à son destin. — 6. Ne pas s'en laisser conter. — 7. Il n'y a pas de fumée sans feu. — 8. S'en aller au diable vauvert.

5 Tant s'en faut : il s'en faut de beaucoup — C'en est fait de : c'est fini de — Sans mot dire : sans parler — Non sans peine : avec difficulté — S'en moquer : dédaigner.

page 105

1 1. A — 2. a — 3. a, à — 4. a, à — 5. a, à, à.

2 1. Ont — 2. on — 3. on n', on — 4. on n' — 5. ont — 6. on, on.

3 On n' - à - on - a - à - on - on - a - à - on - ont.

4 1. Seuls les anges ont des ailes. — 2. À bout de souffle. — 3. Sait-on jamais — 4. On achève bien les chevaux — 5. À l'Est d'Eden. — 6. Maman a cent ans. — 7. Le ciel est à vous.

page 107

1 1. Et — 2. et — 3. est — 4. est — 5. et — 6. est, et — 7. est, et — 8. et, est.

2 1. S'est — 2. c'est — 3. s'est — 4. s'est — 5. c'est — 6. c'est — 7. s'est, c'est — 8. c'est, s'est — 9. s'est, s'est.

3 1. Ses — 2. ces — 3. ses — 4. ses — 5. ces — 6. ces, ses — 7. ces, ses — 8. ces.

4 1. Elle s'est enrhumée. — 2. C'est encourageant. — 3. Ces gars-là sont sans gêne. — 4. Ses lecteurs l'ont littéralement dévoré. — 5. C'est rageant de terminer second. — 6. Ces armures tombent sous le poids des ans. — 7. C'est arrivé hier.

page 109

1 1. Hors de lui — 2. dont — 3. il est prêt — 4. près de quelle grande ville — 5. donc ils font appel à ton jugement — 6. or il avait oublié son passeport.

2 1. Il prendra donc — 2. les articles dont je vous ai passé commande — 3. des vacances dont il rêve — 4. nous avons donc pensé — 5. cette maison dont on aperçoit la façade — 6. l'équipe dont il fait partie — 7. il a donc pris.

3 Se raser de près — ne pas y regarder de si près — le prêt-à-porter — à peu de choses près — à vos marques. Prêts ? Partez ! — être près de ses sous — prêt à tout — être prêt de la retraite — à peu près.

4 Essoufflé : hors d'haleine
Très cher : hors de prix
Furieux : hors de lui
Vaincu : hors de combat
Un bandit : un hors-la-loi
Qui ne fonctionne plus : hors d'usage
Canot automobile très rapide : un hors-bord.

5 Ils sont prêts à négocier. — Vous êtes souffrant, donc vous devriez vous soigner. — Sa banque se trouve près de la gare. — Elle a trouvé un travail de secrétaire, or elle ne connaît pas la dactylographie. — Nous sommes maintenant hors de la zone de combat.

page 111

1 1. Si embrouillés, il ne s'y retrouve — 2. s'il accepte, tous s'y rendront — 3. s'il l'a — 4. si c'est si difficile — 5. pour s'y rendre — 6. il s'y plaît, s'il le peut.

2
1. La France et l'Angleterre n'y participent pas.
2. Ils n'ont gagné ni le match aller ni le match retour.
3. Ils n'y croient pas vraiment.
4. Si tu n'y vas pas, tu ne les rencontreras pas.
5. Je n'ai visité ni la Normandie ni la Bretagne cet été.
6. Je n'aime pas cette boutique ; je n'y achète ni mon pain ni mon lait.
7. Elle n'y a pas pensé, bien sûr.
8. Ni son frère ni sa sœur n'y ont participé.

3
1. Il n'y a pas …
2. Qui s'y frotte s'y pique.
3. Avec des si …
4. … si nous n'étions ni hommes ni femmes.
5. … comme si un jour … comme si un jour …
6. Il n'y a pas …
7. … si petite chapelle …
8. Si vous achetez …

4 Si six scies scient six troncs, six cents scies scient six cents troncs.

5 S'y habituera-t-il ?
Si tu le sais, dis-le.
N'y voit-il aucun inconvénient ?
Ni lui ni moi ne le savons.
S'il vient, préviens-moi.

---

page 113

1 1. S'il l'est — 2. tous les magasins — 3. je l'ai vu — 4. si tu l'es — 5. je les ai appelés, de les joindre — 6. si tu ne l'es pas.

2 Je préfère les attendre ici.
J'ignore quand je l'ai commandé.
Habile ? Il l'est autant que moi.
Il est robuste, mais tu l'es davantage.
Il a acheté tous les journaux d'aujourd'hui.
Je l'ai rencontré sur la grand-place.

3 Tous les jours — il les arrose ou les humidifie — il l'est — je l'ai vu — si tu ne l'es pas — je préfère les lui confier.

4 Je l'ai ! — l'est-on ? — les arts — l'es-tu ? — je l'ai ! — les temps — les tas — tu l'es.

---

page 115

1 1. Quel jour — 2. pourvu qu'elle se rétablisse — 3. tout ce qu'elle souhaite — 4. les livres qu'elle m'a empruntés — 5. à quelle heure — 6. quel embouteillage — 7. qu'elle préfère — 8. quel est cet ami qu'elle a rencontré.

2 1. Les voisins m'ont appris — 2. les Montegnie t'ont-ils — 3. ils t'ont vu, ton chien — 4. tes amis m'ont pris pour ton frère — 5. ils t'ont dit, ton veston — 6. mon dossier — 7. ton problème.

3 Je pensais que ton club ne gagnerait pas. Ses performances m'ont étonné. Quelle magnifique compétition ! Quels sont vos entraîneurs ? Il faudra me les présenter car ils m'ont fait bonne impression. Ils t'ont sans doute chaleureusement félicité pour ton score. Mon association est prête à soutenir financièrement ton équipe, à condition qu'elle continue dans cette voie et qu'elle obtienne des résultats.

4 1. Un ton calme — 2. ton tour — 3. il tond — 4. ils t'ont prévenu — 5. du thon.

5 1. Quels sont les horaires — 2. quelle réaction — 3. quel est le prix — 4. quelle semaine — 5. quelle raison — 6. quelles sont vos conditions.

---

page 117

1 1. Quand on appuie — 2. qu'en dira-t-il — 3. quand il vient — 4. quant aux pneus — 5. quand il se déplace, qu'en 1re classe — 6. quant à mes vacances, qu'en mars, quand je peux les prendre — 7. qu'en sais-tu, quand l'as-tu rencontré.

2 Tant de temps — tu t'en occupes — à temps — mais tant que tu ne t'en soucies pas — ce n'est pas tant le coût.

3 Quand ils arrivèrent au camp ... — mais les taons assaillaient ... — tant de malchance ... — tu tends la toile ... — quant à moi ... — juste à temps ... — ce n'est qu'en ...

4 Le temps, c'est de l'argent. Etats-Unis
Quand il y a de la vie, il y a de l'espoir. Grèce
Tant va la cruche à l'eau qu'à la fin elle se casse. France
La culture, c'est ce qui demeure dans l'homme quand il a tout oublié. Japon
Mieux vaut maintenant un œuf que dans le temps un bœuf. France
Tant qu'on ne sait pas ce qu'est la vie, comment pourrait-on connaître la mort ? Chine

5 1. Tant soit peu — 2. tant s'en faut — 3. tant qu'à faire — 4. tant bien que mal — 5. tant et plus.

---

page 119

1 1. Tant d'avantages — 2. pas davantage — 3. d'avantages importants — 4. il n'en sait pas davantage — 5. et bien davantage — 6. s'il s'était davantage entraîné — 7. il n'y a pas d'avantage — 8. il pleut davantage.

2 Elles sont en train de prendre le thé. — C'est avec entrain qu'il accepte. — Il manque d'entrain aujourd'hui. — Quel entrain et quelle gaieté ! — Il le vit en train de déjeuner. — Plein d'entrain, il chanta. — Il est toujours en train de se plaindre.

3
1. Ce film intéresse surtout les adolescents.
2. Cet endroit est surtout très fréquenté l'été.
3. Il aime avoir l'œil sur tout.
4. Et surtout, n'oubliez pas de nous écrire...
5. Il touche des droits sur tout ce qu'il a publié.
6. Il est si bavard qu'il réussit à disserter sur tout et sur rien.
7. Il tient surtout à ce que tout le monde soit à l'heure.

4 1. Ardeur/entrain — 2. plus/davantage —
3. particulièrement/surtout — 4. plus/davantage
— 5. plus de profits/davantage d'avantages —
6. occupé à/en train de.

5 Nous serons davantage — nous sommes en
train — avec beaucoup d'entrain — sur tout ce
que nous ferons — et même davantage.

---

page 121

1 1. Quelques — 2. quelques — 3. quelques —
4. quelque — 5. quelque — 6. quelques — 7. quelques — 8. quelques — 9. quelque.

2 1. Quelque — 2. quelques — 3. quelques —
4. quelque.

3 1. Quelque temps — 2. quelques parts — 3.
quelque part — 4. quelque chose — 5. quelques
choses — 6. quelque part.

4 A3 — B1 — C4 — D2

5 1. Quelques fois — 2. quelquefois — 3. quelques fois — 4. quelques fois.

---

page 123

1 1. Comme il est susceptible ! — 2. Aura-t-il
terminé pour demain ? — 3. Je me demande s'ils
ont accepté l'invitation. — 4. Tout le quartier sera
reconstruit prochainement. — 5. Quel magnifique paysage ! — 6. Si j'avais pu... — 7. Prends
donc ce livre !

2 Zadig, avec de grandes richesses, et par
conséquent avec des amis, ayant de la santé, une
figure aimable, un esprit juste et modéré, un
cœur sincère et noble, crut qu'il pouvait être heureux. — Il devait se marier à Sémire, que sa
beauté, sa naissance et sa fortune rendaient le
premier parti de Babylone. — Il avait pour elle
un attachement solide et vertueux, et Sémire
l'aimait avec passion. — Ils touchaient au
moment fortuné qui allait les unir lorsque, se
promenant ensemble vers une porte de Babylone, sous les palmiers qui ornaient le rivage de
l'Euphrate, ils virent venir à eux des hommes
armés de sabres et de flèches.

3 Que diable allait-il faire dans cette galère ?
Molière, *les Fourberies de Scapin*.
Parce que vous êtes un grand seigneur, vous vous
croyez un grand génie ! Beaumarchais, *le Mariage
de Figaro*.
Être, ou ne pas être, c'est là la question. Shakes-
peare, *Hamlet*.
Il faut venger un père, et perdre une maîtresse :
L'un m'anime le cœur, l'autre retient mon bras.
Corneille, *le Cid*.

4 France, Allemagne, Italie, Angleterre, Espagne, Belgique, Luxembourg, Grèce : tous les pays
d'Europe ont leurs propres couleurs.
Agfa traduit leur personnalité sur papier ou en
diapositives. Grâce à leur grande latitude d'exposition, les pellicules Agfa vous permettent de
réussir vos photos, même dans les cas les plus
difficiles : contre-jour, sujets contrastés, ciel très
lumineux, et au flash.
Les pellicules Agfa donnent à l'Europe ses couleurs les plus lumineuses. C'est bien le moins que
puisse faire le premier fabricant européen de pellicules couleur.

5 ARRIVONS DEMAIN VINGT HEURES
STOP TAXI PRÉVU STOP BAGAGES DÉJÀ
EXPÉDIÉS STOP PRIÈRE LES RETIRER
GARE STOP AFFECTION STOP DENISE.

---

page 125

1 *Noms de personnes* : Molière — Picasso —
Raymond Poincaré.
Noms de lieux : la Chine — l'Angleterre — Mar-
seille.
Noms d'habitants : un Italien — les Danois.
Noms de sociétés : Médecins Sans Frontières —
la Croix-Rouge — la Sécurité sociale — l'Insti-
tut géographique national.
Noms d'œuvres artistiques : la Joconde.
Noms de monuments, d'avions : le Parthénon —
le Concorde — la tour Eiffel.
Noms communs : l'italien — un pari.

2 Les — Fiat — Togliatti — Vaz — Volga Automobile Plant — Fiat 129 — Selon — Turin — Giovanni Agnelli — Nikolaï Ryjkov — Fiat — Vaz —
Mais — De — M. Agnelli — Fiat.

3 L'enseigne au néon : le Français Georges
Claude, en 1910.
Le téléphone : le physicien américain Alexander
Graham Bell, en 1876.
Le film parlant : le Français Léon Gaumont, en
1900.

La radio : l'Italien Guglielmo Marconi, en 1896.
Le « talkie-walkie » : l'Américain All Cross, en 1930.
La télévision : l'inventeur anglais John Logie Baird, en 1926.

4

Nathalie Martinage Lille, le 10 septembre 1989
12, avenue Victor-Hugo
59000 Lille

à
Monsieur le chef du personnel
de GR industrie
boulevard de la Liberté
59000 Lille

Monsieur le chef du personnel,

Suite à votre annonce du 6 septembre 1989 parue dans la *Voix du Nord*, je serais vivement intéressée par un emploi dans votre société en tant que secrétaire comptable. À cet effet, je vous prie de trouver ci-joint mon curriculum vitae. Je suis à votre disposition pour un entretien éventuel.

J'espère que ma candidature retiendra votre attention et dans l'attente de votre réponse, je vous prie d'agréer, Monsieur le chef du personnel, mes salutations respectueuses.

---

page 127

1 Agaçant — remercier — un maçon — une gerçure — un cyclone — un fabricant — un commerçant — une caméra — un soupçon — une façon — un négociant — il lançait — un cyclamen — un hameçon — récent — effaçant — un glaçon.

2 Égoïste — ambiguïté — exiguë — Noël — haïr — astéroïde.

3 1. Les mosaïques — 2. déception, reçu — 3. décida, polaroïd — 4. le garçon lança, inouïe — 5. commençaient, ouï-dire — 6. çà, glaïeuls.

4 Haïe/une haie — le maïs/mais — ouï/oui — béguë/bègue.

5 À la provençale — farcie à l'alsacienne — Bercy — niçoise — sauce.

1
Son é fermé : un cachet — régulier — une réclame — un rendez-vous — laver — réfléchir — révéler — une clé.
Son è ouvert : une gêne — un siège — une lettre — un legs — après — rêche — un arrêt.
Un mot contient é et è : réverbère.

2 1. Dû, très, tôt — 2. pâté, lièvre — 3. itinéraire, fléché, éviter — 4. appelés, dès, arrivée, à l'hôtel — 5. où, là — 6. intérêt, variétés, goût, diffère, variétés — 7. crème, coûteuse, très, ôte.

3 Une sonde spatiale soviétique a été lancée récemment pour étudier la planète Mars. — Cette sonde arrivera près de Mars le 25 janvier 1989. — Elle descendra pour se mettre à la portée de Phobos, la lune principale de Mars. — Quand elle ne sera plus qu'à 50 mètres, ses instruments se mettront en activité. — Un laser scrutera au millimètre carré la surface de Phobos. — Le sol sera étudié et des photographies seront prises. — Grâce à cette mission, l'origine de cette planète sera mieux connue.

4 Arène/arête — benêt/béret — chère/chêne — pêne/père — crêpe/crème.

5 C Veuillez croire, Monsieur, à mes sentiments les meilleurs.
B Sincèrement vôtre.
A Respectueusement vôtre.
A Veuillez agréer, Monsieur, l'expression de mon entier dévouement.
B Veuillez recevoir, Monsieur, l'assurance de ma considération distinguée.
A Dévoué à vos ordres.

---

page 131

1 Là-bas — une boîte aux lettres — prends-en — un arc-en-ciel — un ouvre-bouteilles — ci-joint — un réveille-matin — allons-y — tout à coup — tu te ranges — le lira-t-elle ? — fais-le ! — qu'en dis-tu ? — cent vingt-huit — à vrai dire — dis-le lui ! — mille deux cents — c'est-à-dire — un porte-avions — tout à fait.

2 Le prendront-ils à leur retour ?
En mange-t-il chaque matin ?
Lui as-tu déjà posé cette question ?
S'en soucie-t-il ?
Les lui réclamerons-nous demain ?
Les achète-t-il en grande quantité ?
Vous y rendez-vous par obligation ?
Nous les rendrez-vous bientôt ?
En aura-t-il suffisamment ?
Les ai-je achetés hier ou avant-hier ?

3 Agran-dis-se-ment — après — ré-cla-ma-tion — li-vre — do-cu-ment — exac-ti-tude — pièce — alors — comp-ta-bi-li-té — ébloui — pho-to-gra-phie — immo-bi-li-ser — pré-ju-di-ciable — inter-na-tio-nal.

4 Un œil de bœuf/un œil-de-bœuf.
Une belle fille/une belle-fille.
Un grand duc/un grand-duc.
Un petit fils/un petit-fils.
Un gros porteur/un gros-porteur.

COMMENT CONJUGUER ?

INDEX

Édition : Valérie d'Anglejan
Coordination artistique : Claire Baujat
Maquette : Frédérique Buisson

Achevé d'imprimer sur les presses de l'imprimerie Jean-Lamour, 54320 Maxéville - N° 94100012
N° d'éditeur : 10024649 - (V) - 31 - (OSB) - 80 - CP - Octobre 1994